给你讲个笑话：
我是创业公司CEO

蒲　同◎著

百花洲文艺出版社
BAIHUAZHOU LITERATURE AND ART PRESS

图书在版编目（CIP）数据

给你讲个笑话：我是创业公司CEO / 蒲同著. — 南昌：百花洲文艺出版社，2018.5
ISBN 978-7-5500-2495-3

I.①给… II.①蒲… III.①创业 IV.①F241.4

中国版本图书馆CIP数据核字（2018）第080185号

给你讲个笑话：我是创业公司CEO
蒲同 著

出版人 姚雪雪
责任编辑 袁 蓉
封面设计 末末书装
版式设计 书情文化
出版发行 百花洲文艺出版社
地 址 南昌市红谷滩新区世贸路898号博能中心A座20楼
邮 编 330038
经 销 全国新华书店
印 刷 天津中印联印务有限公司
开 本 720mm × 1000mm 1/16
印 张 15
字 数 245千字
版 次 2018年7月第1版 2018年7月第1次印刷
书 号 ISBN 978-7-5500-2495-3
定 价 48.00元

赣版权登字：05–2018–184

邮购联系 0791-86895108
网 址 http://www.bhzwy.com
图书若有印装错误，影响阅读，可向承印厂联系调换。

谨以此书献给

我的父母，爱人，朋友

感谢他们给予我的支持、宽容和理解

序

对创业来说，这是最好的时代，也是最坏的时代

本书的创作初衷源于5个月前和一位朋友的聊天。在一个伸手不见五指的夜晚，他开了两个小时的车，从河北跑到北京找我。目的是喝酒，原因是公司即将破产。而就在数月前，他还兴奋地通知我：

“再过一阵子就可以考虑上市的问题了！”

这位朋友大学毕业的第三年开始创业，到现在已经12个年头了，做过外贸，开过制造业工厂、软件公司，从风投获得一笔200万元的资金，准备把手中颇有前途的项目做起来。这个美梦做了一年便宣告结束。

接下来，他不知何去何从，但脸上写满了不屈，眉宇间仍然斗志昂扬。

于是，我有了写下这本书的动力。创业很辛苦，有付出才有回报，需要有面对挫折的勇气，更需要坚韧的意志。这是大道理，我们都知道。但还有一些你不知道的东西。当你开始创业时，就意味着一些奇妙的事情即将发生在你的身上：

一夜之间，大部分的亲朋好友好像都和你变得“不熟”了。

从打工者思维变成老板思维，你发现过去的自己突然变得陌生起来。那个整天咒骂上司的家伙，真的是我吗？

你开始身兼两职：创业者和梦想家。第一个身份不停地打击你，把你扔进地狱；第二个身份又把你拽上来，给你希望，给你撑下去的动力。

你开始为了钱发愁：以前，身上有几万块就觉得怎么都花不掉；现在，账上有几十万，每天都在为了下个月的开支愁眉苦脸。

……

如果一个人开始创业了，我们要恭喜他，因为他终于开启了自己的人生。一个人这辈子不创一次业，他可能永远体会不到：成功和失败的冲击是如此强烈。当你创业时，就会发现人生真的像过山车一样，没有什么事情是不可能发生的，只有你想象不到的。

重要的是，你做好准备了吗？

生存还是毁灭？创业是向死而生

那些已经取得巨大成功、跨过原始资本仙境的大佬们，他们现在站在演讲台上回顾历史时，告诉你的和他们当时想的、经历的并不一样。成功者善于美化、掩饰过去的自己。他们会把失败当成蛰伏，把重大的挫折视为阶段性的调整，而你认为这是天纵英才所必须经历的过程，心甘情愿地走向毁灭。

事实上，对绝大多数的创业者而言，成功就是上帝掷骰子。

本书除了与读者分享成功的经验，更主要的目的是揭示创业的巨大风险和创业者所需要承受的压力以及正确的应对之策——也许你已经从无数的商业公众号或名人讲座中得到了如获至宝的创业指南，但我要说的是，对一个一无所有，背景一片空白，却迫切地要做一番事业的创业者来说，你要经受的艰苦卓绝不是读几篇创业指南就可以了解并且做好准备的。

从一开始，你就必须彻底地放弃成功的幻想，做好随时掉进地狱，失去一切并不被人理解的心理准备。

你必须在任何环节都要想象到那些“想象不到”的困境，设想到最恶劣的情况，它们有极大的可能并且在某一时段必然会发生，打你一个措手不及。

你永远都不要给自己带上神圣的、悲情的或富有梦想的光环，因为在大多数时候，身为一家创业公司的 CEO 并不值得荣耀，这个头衔只是一个笑话。

你要预想到合伙人的背叛，他可能会给你挖一个置你于死地的坑，就在你和他推杯把盏、对他倾尽信任之时。

你要做好下一分钟就会断粮的准备，制订一份应急计划：当第二天全体员工找你辞职并索要解散费时，你该怎么办？

面对这些可能性，不要把它们当成笑话，而要视作一个严肃的命题。

在 15 年的创业生涯中，我一直处于即将成功的期待和随时可能毁灭的恐惧中，从来都没有从中获得过一分钟的安全感。期间有过短暂的成功，赚到了大钱，做成了大项目，但它带来的快感没有在我的人生中留下深刻的印迹。

这毫不奇怪，在我的少年时代——大概 11 岁时，做木材生意的父亲在运货的路上受伤，我站在床前痛哭的场景至今在脑海中挥之不去。从那时起，做生意在我的潜意识中就是一件危险的事情。从小最讨厌的，长大后却成了你去做的，这就像宿命。安全感一直是我追求的东西。父亲在十几年的经商中起起伏伏，最终放弃生意归于平静，他的经历给了我极大的冲击。

当我走出学校开始创业时，便一直在思考这个问题：“我真的能成功吗？”这也是每一名创业者会不断问自己的问题。遗憾的是，对于 99% 的创业者来说，根本没有机会给出最后的回答，也没有时间去想象成功，因为生存和毁灭才是创业者每天要重点面对的。

很多有抱负的年轻人都希望通过自己的创业来获得人生事业的成功。在这个万众创新的时代，似乎人人都可以创业，人人都在创业，但成功者毕竟是少数。有一个数据表明，每年新创办的企业中，至少有 50% 在半年之内就倒闭了。倒闭的主要原因是，他们没有把握创业的基本法则。

没有做好准备，就迈出了行动的步伐，走上了创业的不归路，这是创业者失败的最主要原因。

本书要讨论的另一个问题是，创业成功的标准是什么？

是像王健林说的那样，“先赚上一个亿”才是成功，还是像马云主张的那样，“认认真真做好一件事”就是成功？没有标准答案，因为这完全取决于你创业的动机。如果你和自己的家庭非常需要钱，那么赚到钱就是你创业成功的标准。

自称是代孕妈妈的桔子酒店创始人吴海，三次创业，三次都把企业做到不小的规模。在常人看来，他是成功的。然后，吴海的三个企业都卖掉了，根本没能够等到江湖人人羡慕“IPO”，按照他自己的意思，又是失败的。

然后，最可怕的是，我们很多人倾家荡产举债创业，最后赔掉了许多钱，却仍然用心灵鸡汤安慰自己，不死不休。这些年中，我见到了太多不明智的创业者——如果不能自知，不能面对现实，不能在关键时刻踩下刹车，对创业者而言是致命的弱点。

让你死掉的，总是最不起眼的环节

十几年的创业经历中，我有很多的成败得失与经验教训，也有许多有趣的见闻。我经常想，假如在创业之初就能多学习一些前人成功之经验和失败之教训，我也许会有比今天更大的成就。

在书中，我结合自己在不同时期的决策、境遇总结出的一些创业经验，或许对更多的朋友是一种较好的借鉴。尤其对缺乏足够资金的中小企业 CEO 来说，如何在各种复杂艰难的形势下管理好公司，把握好方向，会是一个具有正反馈的样本。而我也希望达到这样的效果。

创业公司 CEO 也许是世界上最烫屁股的一张椅子，稍有不慎，就会既烫坏了屁股，又把椅子坐塌。迅雷公司和网心科技 CEO 陈磊曾经说："在创业公司，人人都是 CEO。"每个人都是老板。这句话很对，但有一个前提，你拥有的是一支由优秀人才组成的优秀团队。如果不具备这个前提，那么 CEO 只是戴在你自己头顶的帽子，椅子也是你一个人的。

在让创业者"死掉"的所有因素中，除了资金和业务两大传统难题外，大部分原因都来自于最不起眼的环节。不起眼的位置用错了人；不引人注意的环节花错了钱；不那么重要的流程没有设计好顺序……即使在这些地方犯了当时看来很小的错误，都可能悄无声息地逐渐发酵，最终为你的事业掘下了坟墓。

创业的条件，你已经准备好了吗？

要创业，就要有足够的资源。创业，既要置之死地而后生，又要不打无把握之仗。创业不是纸上谈兵，也不是热血上涌的一次理想秀。

很多人在初次创业的时候，资源都是十分欠缺的。这恰恰也是人们创业的动力之一：因为没钱、没地位、没名声、没有成就感，所以想创业拥有这些东西。资源不足，使企业创业成功的概率降低，但对刚开始创业的人，要有完全充分的资源也是不可能的。马云这样的天纵奇才当年也没有做到。

在资源层面，创业者要看一看自己是否具备下面几个主要条件：

业务条件——你靠什么赚钱，赚钱的模式是什么？

客户条件——谁来购买，谁是你的市场群体？

技术条件——你拿什么赢取客户的信赖，为他们提供优质服务？

经营条件——你的经营能力、市场眼光如何？

人才条件——有没有、能不能建立一支过硬的团队？

管理条件——你的管理能力如何？

资金条件——你是否有足够的启动资金？

经验条件——对该行业，你了解多少，有没有掌握行业规律，看清长远的趋势？

政策条件——政策环境是否有利于这个行业，以及你这个主营项目的发展，是否需要较高的准入门槛？

对这些条件，我们可以不需要 100% 的具备，但至少应该具备其中一些重要的条件（三到五项），然后以市场化的方式逐步获取其他条件。例如，如果你有足够的财务、技术和客户资源，其他欠缺的资源也可以弥补。但缺乏关键的两项，比如没有技术和客户，其他资源就很难获取，创业便是一种空想。

所以，一旦创业就要勇往直前，但创业前则要慎思。你必须认真思考、反复评估，并在考虑成熟后再行动。除了要足够的资源准备外，心理层面的准备则最为重要，甚至是决定性的。

第一，想清楚你为什么要创业？

对于创业，你已有了足够的决心，愿意承担风险，并对创业目的有了明确的认识，为此已树立了坚定的方向。

第二，判断自己是否具备应有的能力和素质。

比如，有专项的技术特长，有充足的知识储备和敏锐的市场眼光和综合全面的素质，并能承受任何可能的挫折。

第三，分析自己的核心资源优势是什么？

没有核心优势，创业就是九死一生。这个优势既可以是行业经验、核心产品、技术专利，也可以是强过竞争对手和潜在对手的客户资源、商业运作能力。

第四，计算自己抵抗风险的能力。

如果你不知道创业最大的风险是什么，最坏的结果是什么，是否能承受，就不要去创业。如果只想到乐观的一方面，对失败的结果没有心理准备和处理风险的能力，就不要去创业。否则，一旦碰到现实状况与想象不一样，局面便无法收拾。

理清这四个问题后，再决定是否创业不迟。现实中许多创业者的失败，并不是他的经营能力不足，而是在创业前的准备不够，满怀激情地实施计划，以为很快就能实现梦想，最后却失败得一塌糊涂。

梦想可以感性，行动却需要理性。这是我从自己十几年的创业经历中总结出来的一条原则。

本书的建议

这些年来，我接触过很多计划创业的梦想家，也回答过他们的问题。当有人咨询我“创业如何才能成功”的问题时，我的回答总是一句话：“先有业务，再去创业。”这是任何一个行业的成功者之所以能够成功的唯一真谛。

事实上，很多人创业的动机并不是为了实现一个酝酿长久的梦想，而是迫于生存的压力。他们希望赚多一点儿钱，让自己和家人过上较好的生活。因此，在创业之初，他们的选择具有盲目性，是为了创业而创业。他们对于盈利模式、商业模型等基础性的东西一片茫然，对自己要做什么也不是太清楚，就把公司注册好了。一些人常常是等钱花得差不多了，才开始考虑业务范畴。这样的创业，是一定会失败的。

我在书中会详细地阐述创业者应该遵循的步骤——要为自己找到一个明确的创业方向，再启动自己的项目计划，让每一步都走得扎扎实实，投入与产出实现较高的性价比，至少要少走弯路，为后面的发展赢得一些时机，积攒下应对困难的“元气”。对 99% 的创业者而言，这关键的第一步并没有走好。

例如，我总是建议人们选择了某一个行业后，最好先进入该行业为别人打工，积累经验，收集资讯，通过打工的经历交足“学费”。在这个过程中，有了基本的行业知识、客户资源、盈利模式，再去创业的成功率就会大大提升，至少不会两眼一抹黑。

本书给出的另一个建议是：提高自己的经营能力是最重要的一个课题。公司是一个利益集合体，利大则人至，利小则人散。你和合伙人的经营能力是维系公司生死存亡的核心要素，这个能力有了保障，就不愁没有投资者，也不愁招不到合适的人才。反之，创业也就只能在家里想一想，最好不要付诸实施。

今天，我们面对的是一个全民创业的时代。许多人成功了，改变了自己的命运。但更多的人失败了，失败者是没有资格发出声音的，市场也不会记住他们的声音。但对准备创业和正在创业的人来说，坐在创业公司 CEO 这个让人羡慕同时又酸苦自知的位置上，从别人的失败中发掘有益的经验，远比从成功者那里听取他们的成功汇报更有意义。我希望本书的经验能够帮助更多的人，客观地理解创业，理性地对待创业。创业的酸甜苦辣，个中滋味只有自己清楚。

这是一个梦想飞扬的时代，祝愿每一位创业者都可以成功地渡过危机重重、脆弱无比的“原始社会”，早日完成自己的梦想。

目录

第一章

“我想创个业！”

——当你再也不想上班的时候，

你就染上了“狂热型创业综合征”。

“永远有更加伟大的事情可以做，

唯一限制你的只是你的雄心壮志和想象力。”

对创业者来说，

经过大火焚烧能够存活下来的树木才是最强的。

创业者需要有屡败屡战的能力和永不熄灭的激情，

更需要有理性的定位和宏大的格局。

一次突发奇想，带来百万债务

当公司欠下 150 万元的债务，并且连续数月的流水仅够用来支付员工薪水时，我想到的是数年前父亲给我的忠告：

“如果你决定做一件事，先想想自己能否经受最恶劣的局面。如果你对于最危险的后果没有耐受力和解决的能力，就不要去做这件事。”

多年来，我避免被自己脑海中的“第一个念头”左右，努力与之搏斗。我和“另一个我”的战争已经持续很多年了。每个人的心中都有另一个自己，他代表的是我们潜意识中的另一面，而且总会站在理性的对立面。

我们做过很多后悔的事情，它们都是“第一个念头”被迅速地、坚定地执行的结果。其中有一些成功了，得来意外之喜，更多的带来的是失意、挫败甚至是灾难。对于激情四射的创业者，许多想法恰恰都来源于忽然闪现的一次冲动。

首先需要澄清的是，因美好的憧憬而举债虽然是创业的常态，但本书无意否定感性的力量对于创业成功的影响。史蒂夫·乔布斯、马云、刘强东等人都是非常感性的人。没有感性的爆发，就不会有对传统商业模型的突破。

向感性致敬，它代表了我们内心中最原始、纯粹和勇敢无畏的品质。

向感性致敬，它让大部分人都化为籍籍无名的铺路石，成就了那些能够走到最后的最顶尖的天才。

“我再也不想上班了！”

“我不想上班。”这句话我平均每年听到 60 次，分别由不同的人告诉我。

没有人想早晨 5 点便起床去挤地铁，但不愿上班，代表你具备当老板的基因了吗?

我的一位亲戚的女儿，今年 22 岁，大学刚毕业，在一家公司上班不足 3 个月。然后突然有一天，她对自己的母亲大发脾气，拒绝再去上班。她的母亲迅速拿我举例子，狠狠打击了女儿“妄图创业当老板”的梦想。

母亲：“你听着，看看那个人，他从来都不上班，但他半夜 3 点就得起床，晚上 12 点才能睡一会。他每月给别人发十几万，自己拿不到一分钱的工资。快看看吧，他当老板五六年，给别人发了几百万，自己连房子和车子都买不上，被人四处追债。你想成为这种人？”

女儿：“你是不是说假话？我去过他的公司，高端大气上档次，他怎么会没钱？他一定赚了钱不告诉你，现在的老板都装穷！”

母亲：“他向我借钱发工资的时候，我没告诉你罢了。”

“不想上班给人打工受人控制”是人们潜意识中创业的动机之一，也曾是我决心离开公司自己打拼的重要驱动力。我记得在辞职的前一天晚上，刘总把我叫出去吃宵夜，跟我说过这么一段话：

“你们中的一些人是我一手带出来的，倾注了极大的心血，希望你们成为公司的顶梁柱。但若论独当一面，我最不看好的就是你。你做业务的能力是一流的，可不要想着管理和业务一样简单。假如出去后一年内就做自己的公司，你就死定了！相信我，我看人的眼光不会错！”

我对刘总的评价谨记在心。离开原公司做创业计划时，我竟然一步未敢逾越，准备工作持续了一年，期间攻读了大量的管理课程——后来我清楚所有的管理课程都是唬人的，要管好一家公司最重要的是实践、实践、再实践！以及自己对于管理独到的理解。这不是书本能教会你的。

当你因上班劳苦功低而萌生创业的想法时，请你先思考三个问题：

对公司的本质是否了解？你可能了解什么是生意，但你绝对没有理解什么是“做生意”。两者的差别有十万八千里。

对自己的能力是否知根知底？超过 90% 的创业者在起步时都大大高估了自己的能力。他们天真地认为能摆平一切，抱着“问题来了再想办法”的心态，结果问题来了他们解决不了。

对创业的辛苦是否有清醒的预判？创业不是玩足球经理游戏，也不是在纸上写写画画，在电脑上敲几个字，做几个 PPT，而是充满血与火的实战，是丛林搏杀，你尽可想象最残酷的画面——创业比它还要血腥百倍。

和母亲有过一番辩论的女儿没做什么思想挣扎，她很快开了一家年轻人都喜欢的店铺——爱美莱化妆品——充分运用互联网思维的经营理念和直通海外的进货渠道，还有几十万元的本钱和几个得力助手。创业需要的重要元素她都具备，但店铺维持了2个月就关门了，有一多半的投资打了水漂。

为什么呢？她百思不得其解。她打电话给我，认为她一定做错了什么，请我告诉她，给她出个主意。我回复说："不要光看到事物的表面，我也不知道你的生意为什么做不起来，因为许多比你条件差的同行做得风生水起。"

这就是创业。你输了，也不一定能找到原因。

千万不要突发奇想

我第一次创业的失败，完全源于一次"灵机一动"。

我第二次创业的成功，得益于理性规划和精准的运营。

我第三次创业的失败，又是过度膨胀、相信直觉的结果。

任何一次成功的创业，都不是突发奇想。不要相信那些人站在演讲台上告诉你的，要相信逻辑，相信市场。未经严密考察分析的创业，失败是顺理成章的，符合商业的规律，成功才是"规律之网"中的漏网之鱼。

创业一旦开始，就再也停不下来了

A君和我一样，有近20年的创业史。换句话说，A君脑袋上"创业公司CEO"的头衔已经戴了19年。他很想转正，成为一家成熟公司的董事长，放手让职业经理人替他打理，而他可以钓钓鱼，打打球。

停，这是痴心妄想！

这里简单介绍一下，A君今年40岁，有3个小孩。这些年他一直在创业，而且从2002到2008年，他的确赚了很多钱，曾经身家上亿。他玩过炒股，失败；投资过大理石，失败；开过很多间玉器店，半死不活；投资了科技公司，公司猝死；开过网店，月均赔掉30万后关门。最近10年，他没赚到什么钱，反而把过去赚来的钱又撒了出去。

但他依然动力十足，浑身有使不完的劲儿。

创业的日常：解决永无止境的问题

锤子科技的创始人罗永浩是无数年轻创业者的偶像。他说，人一旦开始创业，基本上停不下来。创业是一种停不下来的旅途。我有时都好奇怎么会每天有那么多需要解决的事、需要面对的人，可是后来发现这就是创业的日常。

罗永浩的话和A君二十年如一日的坚持正好吻合。创业者失败了不知多少次。这么痛苦，为何不停下来呢？创业者都是受虐狂吗？可叹的是，每一位创业者的心中都有一个“某天功成名就”的梦想，但是永远触不可及。

在国内创业非常不易。人们多数时候看到的都是创业成功者表面的光鲜，看到了各大互联网公司的大佬们呼风唤雨的荣耀，于是自己也急忙做一个PPT，拿着商业计划去找融资。多数人并不理解创业的本质——创业就是丛林法则，需要你不断去适应和变化。

创业最大的特点就是没有规律，也没有规则，时时刻刻处于高度的变化之中。对一个公司、一个团队，这个月的成功做法，下个月也许就会成为失败的罪魁祸首；这个月流行的东西，下个月就不知道被什么取代了。坐在CEO的位置上，你必须时刻保持警觉，并且这是永无尽头的一条道路，你别想停下来歇歇。

你开展了一项新业务，做了一次新尝试，努力拼搏，结果失败了。这是问题，因为公司损失了宝贵的资金，团队士气受到影响。

你更换了几个不称职的员工，招聘新人，调整团队结构，效果很好。这也是问题，因为公司将面临一次严峻的考验：跟着你这个创始人一起出生入死的元老，他们的离职本身就代表着危险，总会引起或大或小的震动。

这是创业公司CEO最幸福，也最悲哀之处。解决了融资的问题，又面对市场的问题；解决了产品的问题，又面对管理的问题。在日常的工作中，每一天都让人又惊又喜，既有新问题，又有新希望。

A君的人生经验是，在高压的创业氛围中对于人是极珍贵的锻炼。他自嘲地说，学会了什么叫作“人前一套，人后一套”。很多客户都是这样的，千万不要天真。但他也懂得了契约精神到底是怎么回事，以及如何严格与灵活兼备地执行。他也领悟了一个充斥着灰色收入、潜规则的市场对行业的伤害。这不是创业者个人能解决的问题，但就公司本身来说，大大小小的问题是源源不断的。

你会放弃什么？你能放弃什么？

2007年，当我以工作室的形式筹备成立品艺公司时，这是我想到的两个问题。为了这份事业，我会放弃什么？我能放弃什么？我愿意拿什么换来自己和公司的不断成长？

有人说，既然创业，你很有钱。没钱也开始赚钱，所以谈不上放弃。创业如果没有金钱的收益，还有什么意义？这话没有说错，是朴素的道理。但当你经过几个月或几年以后，就不会再觉得赚钱是一件轻松愉快的事——至少它和写在蓝图上的计划有天壤之别。

对创业来说，你永远不要觉得这钱是你的，也不要觉得创业带给你的物质回报一定可以按计划实现。恰恰相反，创业需要我们第一个放弃的就是“赚钱”的目标，而且你也必须放弃它，才能做好心理准备。

你要考虑别人，因为利他主义是公司运营的一个基础，它也会成为未来三十年的商业主流。所以，第二个放弃的就是我们自己。别再想象自己成为第N个马云的样子。你成不了，没有人可以实现这样的目标。任何人做事情都要想明白，自己有什么，要什么，将会舍弃什么。在你拥有了一家公司时，情况更是如此。

要学会把钱当资源。我也一直朝着这个方向努力着，推动和等待着这样的商业局面。但对一家刚起步的小公司来说，实现这一目标无比痛苦。这表明作为公司的创始人和领导者，你的生活中没有钱的概念，同时你又需要源源不断的钱，把它送给别人。

这是一个停不下来的旋转木马。在大学时，我认识了上海地区一家风投机构的创始人萧先生。“在创业的孵化阶段，你必须不停地接触到优秀的人才、前辈，快速学习，积累经验。但是不要奢望就此可以成功，你随时可能倒下。也许是一个不起眼的环节，投资人就撤资了。”他忠告我。

公司筹备期间，我发现自己有做不完的事情。每天上午都好像准备好了，第二天就可以开张了，但到下午时又发现一堆的问题。品艺公司的业务模型十分简单，我们希望运用互联网产品的传播特点，打造一种新的广告模型，实现传播的跨界。公司初期招募的产品经理只有两个人，他们联系所有传统行业的商家，从餐馆、酒吧、工厂、写字楼的中小企业到行业的独角兽，希望引起对方的兴趣。同时，财务的准备工作似乎总是距离目标只差一步，我们离“完全准备好”还差不少钱。

“假如6个月内没有收入，公司可能支撑不下去。”我说，“但有什么问题呢？我们试试吧。”

作为满腔热血的创业者，第一个念头都是边做边筹钱。正式开业之前，我们已经准备好了大大小小十多个项目。我最擅长在遇到需求的时候就立刻展开创业，行动起来，才能抓住机会。为了把一个又一个的机会变成果实，我和团队的小伙伴都不想等了。

很快，公司在济南东部的一栋居民小区开张。一个被命名为“夜猫子师”的只有5个人的创业团队正式成立了。从开张的第一天起，我和这支骨干团队就开启了一段永无终点的马拉松。

不久——远远短于预计的6个月，公司的项目便资金不济，第一阶段的本金80万元很快就花得精光。这个年轻的公司需要融资了，而我也迎来了质疑、动摇和真正的考验。

立刻爬起来

回忆当初，现在的心情已很平淡。和钱打交道是创业公司CEO的日常，缺钱更是脑海中出现频率最高的一个词。在起步的第一年最难，由于找不到有实力的投资人——出于对行业的看衰，投资人不大相信我们能把事情做起来。而事情的确没有快速做起来，让投资人看到发展的希望。这时，之前攒的所有的钱也都投进去了。那么，除了跌倒，你还有第二个结局吗？

总结原因，我认为是自己能力不足。

让项目快速盈利的能力是创业公司CEO必须具备的第一能力。不能盈利，或不能让投资人看到盈利的前景，公司就不可能筹集到资金，只有依靠自有资金运营。这种情况下，你就是有一座金山，也有搬空的那一天。

融资能力是创业公司CEO必须具备的第二能力。在山穷水尽的时刻，没人指望你取得一个不俗的业绩，没人再对蓝图有兴趣。人们关心的只是钱。员工关心工资能否兑现，投资人关心前面的投入是否会打水漂。此时解决问题的唯一办法就是融资。缺乏这种能力的结果是可怕的。

所有的公司总会遇到为生存而战的时刻。如果你发现自己在此时蒙头逃路，就要问问自己：“如果我是一个随时停下来的人，公司还有存在的必要吗？我做其他的事情恐怕也不能取得成功吧？”

跌倒之后，我的选择是立刻爬起来。品艺公司在工商注册之前的试运营中就遇到了资金难题，我只能找亲人借钱救急。同时，希望能寻找到一位具有资金实力的合伙人。在随后一个月的努力中，我筹集到了20万元的阶段性资金，但是合伙人计划失败了。

其中一位潜在的投资者在拒绝我时说：“你可以一年后再来找我，我也会观察你接下来的发展。”

为自己的公司寻找合伙人，美好的理想总会碰上现实的墙壁。

你的“小目标”是什么？

创业公司最喜欢谈的就是目标。不管是一帆风顺，还是遇挫后的重新出发，管理层每天都在讨论目标，并试图灌输给团队中的每一个人。可是，一旦我们把目标落地，它们就像吹起来的泡泡一样破裂，被风吹散。

我的朋友、合作伙伴之一张志远出资500万元在杭州成立了一家传媒公司。在2007年到2011年的四年间，他几乎每周都跟我谈他的目标。搞笑的是，我认为他是比王健林更早地站在创业者的角度提到“先实现一个小目标”的说法的人。

他在发给我的一封邮件中写道：

“人生应该有一个小目标，我们有两个小目标。第一，在今年底实现营收1000万元，相比去年的200万元，这是一个5倍的成长率。第二，我个人要赚到300万元，距年底只有7个月了，这不是一个多难的目标。”

对于一家新锐公司的老总这两个目标听起来一点儿都不难，但他用了四年都没有实现。2011年5月，我飞到杭州和他沟通一个项目的合作，张志远又说：“没人会在意你赢不赢，除了你自己。”创业5年，他的身家从500万缩水到了20万。不过在他的眼中，仍然闪耀着希冀的火花。

我们从中午聊到深夜，抽光了两个人身上所有的烟。当窗外的凉风吹进来，感受着杭州夜晚的些许凉意，他突然站起来大声地说：“也许这个项目可以成功呢？”我和他都不抱有信心能说服一个传统的酒厂客户在那时能接受互联网模式的营销。但至少可以肯定的是，张志远又带着希望和微笑着进入了梦乡。

许多人在开创自己的事业时，都跌倒在失败的深渊，从此一蹶不振。创业就是这么一个残酷的单程车票。但是我始终相信，每次打击，只要你扛过来了，就会变得更加坚强。一步步地往前走，重要的不是赚了多少钱，是你人生的抗打击能力增强了，你对生活的了解越来越深刻，对人性的洞察和对商业的认知也在发生蜕变。这个过程中，要有坚强的毅力支撑自己走下去。

谈到创业时，马云的理解是：

> 所谓的毅力就是你期望的最好是“失败”，你不要寄希望于自己成功。这个可能跟大家的想法都不一样。我觉得对我来讲，从第一天创业到现在为止，我经常提醒自己这句话，就是我创业是为了经历，而不是为了结果。人的结果都是差不多的，都要去一个地方，就是火葬场。

创业一旦开始，就成了毅力的竞赛。没有毅力，你什么都做不好，即使有好的想法和匹配的市场，你也做不下去。因为你经受不起连续的必然的挫折。公司的成功是由很多因素造成的，努力并不一定会成功，但如果你不努力，不能一路走下去，走到底，就一定会失败。就像马云说的：永远不要忘记我们自己在第一天的梦想。这是我们终生的目标！

从济南到北京

公司的搬迁是一件复杂的事情，要考虑很多重大的因素。最直接的因素是，从一座城市搬到另一座城市，是否更有利于公司的发展，并且能增加成倍的回报？对我来说，品艺公司从济南搬到北京还有一层原因：

我们需要获得更广阔的空间，改变客户单一的现状，增加公司的话语权。

从 2007 年到 2012 年，公司在济南经历了三个发展时期：

小步快跑的工作室阶段——创业公司以工作室起步有许多优势，最大化节约成本的同时，也船小好掉头，易于建设一支精干的团队并灵活地选择经营方向。公司在这一阶段顺风顺水，没有遇到太大的问题。期间，我们参考很多电影工作室的模式铺开产品线，取得不错的效果。

公司化运营阶段——2010 年底，我们开始酝酿公司化转型。到 2011 年 5 月份正式迁址开张营业，从居民小区搬到了写字楼。公司化运营带来的局面是可想而知的，首先是成本支出的成倍增加，其次人员招聘遇到了复杂的考验。在团队结构和人员素质方面，公司化和工作室模式是截然不同的，前者显然有更高的要求。

艰难调整期——公司化运营持续不到 4 个月，由于投资的连续增加和资金链的断裂，管理层的压力大到了极致。这期间，我们开始调整经营模式，对各个层面进行尝试性的改变以图挽救危局。最终，没有灵丹妙药，一支有着狂热创业综合征的团队决定解散，我和合伙人做出了从济南搬去北京的决定。

城市和当地的政策环境也成为我们决定搬迁的重大因素。作为一家资金不足又缺乏融资能力的创业公司，我们在济南只能选择居民小区办公。工商注册成了一个大问题。首先有一堆手续要办理，必须拿到上下五个楼层至少 10 户居民的签名，请他们在“不扰民声明”上签字同意并留下电话联系方式，然后去物业办手续，再去办理工商注册。其次，我们在工商注册的第一步就碰了钉子——公司核名时，工商人员用一种观察外星生物的眼神接待了我和合伙人。

工商：为什么叫策划公司？

我：经营范围就是文化和互联网相结合的策划、广告设计和媒体传播，我们是新媒体策划。

工商：你是济南第一家叫策划公司的，我需要请示。

我：为什么要请示呢，直接按规定办事不行吗？

5 分钟后。

工商：领导说不能叫策划公司。

我：那该叫什么？

工商：图文设计。

就这样，往工商部门跑了五六次，经过反复沟通，我们抱着成为新锐创业公司的梦想，被核准了一个路边图文复印店的名字。这是一个十分沉重的打击，把我的梦想浇了一个透心凉。出师不利，让我对济南的创业环境感到失望。核名的结果很快对业务产生了负面影响。有些客户听到“图文设计”四个字时，露出轻蔑的笑意：我在路边找家店最多花几百块钱就能解决的事情，为什么找你花几万、十几万解决，当我是傻子吗？

但创业公司更换城市所在地毕竟是一个极为重大的问题，做决定用了两个月。在公司的那段艰苦时光中，我每夜失眠，时常在深夜一个人来到公司，在每个房间来回踱步，抚摸着一台台的设备，看着各种文件和墙上的标语、计划、业绩统计，内心充满了酸涩。

我们怎么知道公司的明天会是什么情景呢？任正非说：“冬天很快要来了！”对我的事业而言，在济南那个骄阳似火的 8 月，我感受到的就是创业者必然遭遇的浓浓的萧瑟寒意。

但是从一座城市搬到另一座城市，对创业公司不亚于一次生死难关。成熟公司因为已有稳固的市场和业务渠道，出于更上一层楼的需要，搬迁通常是积极之举。但对遇到大麻烦的创业公司来说，搬迁就成了一次死中求生的无奈之举。

对有搬迁想法的创业公司，我有以下几个建议：

不要考虑城市的环境因素，要优先考虑已有的业务积累。北上广深是创业公司的最爱，但一定就是最佳之地吗？无数事实可以否定这个观点。除了城市的环境是否利于公司的发展，关乎生死存亡的因素其实是你已经取得的业务积累。如果什么都带不过去，到另一座城市重新白手起家，公司当下的糟糕局面将难以逆转。

市场在未来 5 年的动态变化，是分析考量的重中之重。我们知道市场一直在变，今天赚钱的东西明天可能是赔钱的大路货。我们所从事的行业在未来 5 年的发展趋势，是你需要重点分析的。假如有利于公司的发展，搬迁就是正确的，否则得不偿失。

不论是死中求生，还是更上一层楼，都要有一个长远规划。长远规划的意义在于，你能画出一条明晰的前进路线。至少在 10 年内，你要有一个 80% 正确度的发展蓝图——未来我要做什么，我可以怎么做？战略层面的行动计划，对创业公司至关重要。

我的“跨界”之梦

我第一次见到张志远时，他是一个自诩为“跨界流浪者”的文艺青年。25岁成为一家拥有500万元资产的传媒公司总裁。在今天这算不了什么，但在2006年，他算得上一个意气风发、引领创业潮流的年轻人。而且，这些钱是他个人在证券公司打拼4年的积蓄，没有从父母或亲戚那里拿一分钱。

马云说，创业是一条很艰辛的路，100个人创业，有95个人会“死掉”。让人顶礼膜拜的商界大佬、无数年轻人心中的偶像、创业史上的奇才对后来者说出了这一句不亚于死刑宣判的定语。创业是这么难，想跨界创业更难。

“可笑”的是，我和张志远都有一个跨界之梦。我们想把不同的行业用一个平台串联起来，并给予文化概念。这不是一个产品，但是一种模式。对创业而言，创造一种模式本身就是一个好目标，但成功的概率太低了。

尽管这些年互联网大数据的发展使行业边界日益模糊，准入门槛不断降低，但许多创业者意图跨界创业时一开始就步入了错误的轨道而不自知。行为是在跨界，思维却仍停留在传统的商业模式中。面对全新的领域，不能迅速转换思维，专业能力不足，又缺乏切实可行的商业计划，走了很多弯路后只能黯然离场。

25岁的张志远和28岁时的我一样，已经尝试了许多行业并企图在不同的行业间建立联系。他最早做酒吧生意，和杭州当地的一位老板合伙开了一家主题酒吧，并和影院联合，推出一系列品酒观影特色服务，很成功，然后一发不可收拾。互联网商业兴起后，他发现电子商务是一个大趋势，又投资100万元做购物平台，做电子阅读杂志。这次运气没有眷顾他，从酒吧赚的钱全赔进去了。在一次投资影视剧本失败后，张志远决心成立自己的传媒公司，自己当老板做文化产品，不受那些人的气。

那时，我的“跨界”之梦也正值兴头。我对文化产品的理解和张志远不同，他希望做一个跨界的平台，而我想做一种全新的服务模式。两种理解碰撞到一起时，反而擦出了猛烈的火花。他的执着给我留下了深刻印象，一如我自己就是一个死也会坚持到底的人。但就公司的实际运营层面，构想和现实还是有差距的。

因为我们从一开始就是跨界创业，又没有任何互联网的从业经验，所掌握的各行业规律也十分有限。重要的是，我们没有雄厚的资金招募真正优秀的人才。年薪 50 万元以上的高级人才不会屈尊到一家注册资本只有 100 万元的创业公司当职业经理人。你不要太天真地认为一定能够找到志同道合又有非凡能力的知己。史玉柱、马云他们能找到，不代表你也可以。

正因为如此，我们对成功的渴望更加迫切，担心时间的拖延会凸显自己的弱点和不足。这是创业者的普遍心态。怎么才能离成功近些，再近些呢？在这种心态的主导下，管理层往往采取较为激进的商业策略，提出不切实际的构想，让公司更快地走向毁灭。

那些跨界创业的大佬

跨界创业是一个时髦的商业名词，好像有钱、有想法就可以随便跨界，做出一番成绩来。实际上，即使你是名人、大佬，也不一定能玩得起跨界。例如，歌手汪峰跨界创业做了几年的耳机，现在发展得怎样了？当歌手、做音乐只需要完整地表达自己，但做产品却需要考虑用户。演员黄奕也跨界创业当老板，做起了纸尿裤的产品。不过，这都属于玩票的性质。

最成功的跨界创业者是拉卡拉的董事长孙陶然。他用 20 多年的时间创办或联合投资了 6 个行业的 6 家公司，都在本行业做到了名列前茅的水平。为此，他还写下了畅销书《创业 36 条军规》。作为金融行业的优秀公司，孙陶然创办的拉卡拉一贯的特点就是稳扎稳打，以谨慎的布局和精准的定位闻名业内。

创业公司实现跨界的“难点”

在文化产品、互联网与纷繁复杂的传统行业之间，我试图找到一个连通的桥梁，但最终发现这是一个很难实现的目标。创业公司要实现跨界，首先面临三个巨大的难点：

第一，定位。你要做什么？这个问题关系到市场和需求，定位决定了你能走多远，你能做多大。

第二，资金。现有资金和可融资是否可以长期维系公司的发展，支撑到盈利？

第三，人才。有没有可胜任的人才？跨界需要一大批高素质的人才，因而你要有一支创造力与执行力同样强悍的团队。

初次创业者一般觉得跨界创业是一种高端的事物，似乎前景无限。但高端和流行并不代表就一定赚钱，赚大钱，也不代表就适合你。因此不能仅凭一时的热情，需要准确把握市场需求，结合自身能力，选取那些有市场发展前景的领域进行跨界，同时找准切入点，以务实的态度，制定系统的计划，而不是空有一个梦想。

屡败屡战

世界上只有一种英雄主义，就是知道生活的真相后依然热爱它。

从 2007 年到 2017 年的 10 年间，公司遇到了三次重大的失败，每一次失败都足以让一个人打心底畏惧创业并誓死远离它。作为公司 CEO，我和团队一起经历了过山车式的生活，牺牲了正常人应该享有的快乐。这期间，团队数次更易骨干员工，人走人留，如同影院。这个比喻是我在一次团队会议上说的：

> 创业公司就像一座电影院，创始人是电影放映师，员工就是观众、影院的粉丝。电影不好看，观众里没有回头客，影院就没有铁杆粉丝。作为公司的带头人，不能提供好的影片给大家，就是我的失败，不是你们的失败。

“影片”就是公司这座影院的项目，多数创业公司的失败都是因为选错了项目。但创业的激情并不会受到这些挫败的影响。一个成功的 CEO 不是因为他做出了多大的业绩，而是他永不言败的精神。不言败，你才对得起当初想创业的冲动，不辜负这么多年的梦想。一旦你向现实低头，影院就人走茶凉，该关门大吉了。

悟空单车的创始人雷厚义在项目破产后反而出名了。接受采访时他说到了四个字：“屡败屡战。”作为一个共享单车领域的创业失败者，他被媒体评为“2017 年最失败的互联网创业者”。为此，他调侃地说：“我以为自己被大家知道的那一天是因为成功，结果是因为失败。”

雷厚义对失败一点也不陌生，甚至失败就是他逆流而上的代名词。从大一退学，到北大当保安做旁听生，再到数次的创业，二十多岁的雷厚义从不停止自己创业的脚步。他是一个赌徒，喜欢下大注并坚持到底。

风口上的猪

从某种程度上讲，共享单车投资在 2016 年就已进入泡沫状态，但创业者仍带着雄心试图挤进来分一杯羹。这是十分可怖的场景，一条狭窄的胡同塞满了挥舞钞票（从银行借来的钱）的掘金者，在风口处跳舞。

创业的结果很难如我们所愿。对大部分人而言失败是一个不可回避的问题，因为这个社会很公平，你承担了应该承担的风险。悟空单车的项目破碎了一地，雷厚义身穿白衬衣，短裤起了褶子，几乎无法安静地坐在沙发上，也顾不上鞋子掉在一旁。这时，微博上面铺天盖地都是他失败的消息。

当业务不见起色，资金越来越少时，你的选择是什么，当初的激情还在吗?

我的第一次创业即将以失败告终时，团队一起聚餐，每人叫了一份沙县小吃。在此之前我们已经吃了一个月的“路边摊烤饼 + 咸菜的创业组合套餐”。我们连盒饭也叫不起，每天省下几十块钱也能支付公司的电费。最后，我开口向朋友借了两万块钱，作为启动资金的一部分，准备到北京开始新的计划。

两万块钱在北京创不了业，只能去西部地区。北京是融资天堂，但融资的大门不是那么容易敲开的。在掉到谷底时，我遇到的麻烦超出了自己的预想。2014 年到 2017 年，我在北京待过三年。但四年过去，北京变化太大了，已经有些陌生。过去积累的那些人脉时过境迁，能起到的作用十分有限。

结果是，我决不妥协退让，杀到北京寻找新的机会。

在重大失败时，创业公司会发生下述事情：

争吵是开会的主旋律。大学时我和几个同学就在一间宿舍里面开始创业，我们做工地外卖生意。但每天除了争吵，团队没有任何进展。在济南的公司即将被失败的飓风撕碎时，争吵再一次登场，出现在会议室、办公室和任何一个有人讨论问题的地方。

解散团队有 80% 的可能性。失败并不可怕，失败引发的连锁反应才是对创业公司最致命的打击。据我的统计，84% 的创业公司都在遭遇第一次重大失败时便解散了团队。满怀激情走到一起的人，对于困难的抵抗能力和团结度并不像他们自己预期的那么强大。

作为 CEO 你会恍然发现自己的幼稚。我突然意识到仅凭一腔热血，什么都做不了。我想到这一点时已经 32 岁。公司的管理运营是一个精密的过程，需要超级理性作为基础。公司的管理层坐满了有理想的人，但理想只是走向成功的第一步。只有认识到自己昨天的幼稚，你才能避免在明天成为一个笑话。

年轻的我们似乎一直被这个时代的创业洪流裹挟着往前走，却没有找到自己的方向。现在回头看去，我会用一句话评价那时的自己：“遇到失败时，幸运的是我凭借一股争口气的精神挺了下来。我是一个冲动而狂热的人，但我正在逐步走向理性的坚定。”

遇到莉莎

2011 年，在我最心浮气躁和好高骛远的时候，我生命中最重要的一个人出现了。我遇到了莉莎——我最爱的女人，也是公司的合伙人，是我人生及事业的精神支柱和得力的助手。那时正值公司的转型期，她的加入为我带来了将这份事业持续做下去的勇气。直到今天，这股内心的热情仍然旺盛，没有熄灭。我在生活和公司中的所有动力都来源于她的支持，以及对她的承诺。

每一位创业者都需要一个精神支柱。你创业是为了什么呢？把事情做好、实现目标的直接动力是什么呢？公司合伙人章辉先生的观点是，如果我们能遇到一个对的人，所赚得的每一分钱都有了它至高无上的价值；如果我们能做一件对的事，即使失败也是满足的。

“假如时间重来一次，你还会在那个时间点遇到那一个对你的人生最重要的人吗？”

在公司的经营问题上，莉莎和我的观点不同。遇到她之前，我是一个狂热度 120 分的好战分子。我从不顾及风险，只考虑想不想做；我也极少计算成本问题，只关心能不能把项目上马；我对未来充满了不切实际的期待，认定公司的明天是阳光普照。但莉莎的出现让我开始郑重思考自己的缺点，并很快受她的影响，变得理性平和起来。尽管和团队其他人相比，我依然是一个极度乐观

与冲动的人。

莉莎有四个字经常挂在嘴边：“落袋为安。”对公司而言这简直是一个生存发展的基础。任何一个伟大的商业计划都必须以“收益到位”作为成功的句号，任何一家创业公司想度过前几年的危险期都必须保证业务回款的及时。这些年来，我见过的开张两年内便倒闭的公司大部分不是死于没有业务，而是回款出现问题，导致资金链断裂才经营不下去。不论你是传统行业还是互联网公司，只出不进，钱总有烧完的那一天，公司也总有开不下去的那一日。乐视就是一个最大的反面案例。

在莉莎身上，我也学到了一条最重要的生活规则——不要问自己想做什么，要问问自己能做什么。在自己力所能及的范围内，尽量不要跳过安全线。中小型公司中的冒险家大多数违反了这一规则，在生死一线中搏杀，希望运气降临。我们发现，能闯过生死关的人是极少数。大部分公司最终成了市场上的“尸体”供人祭奠。

从火焰变成海水

在一次创投论坛上，投资人针对全民创业的现象提出了自己的观点：初创企业应少谈平台多做事。怀有平台梦想的公司倒下是如此之快，踏实做事的公司则更容易从激烈的竞争中杀出一条血路。

前者是火焰，后者是海水。

创业永远是一个诱人的话题。众多的年轻人、中年人怀着炽热的梦想，拿着各种各样的商业模式，企图改变市场，改变这个世界，掀起了一浪又一浪的创业热潮，其热情就像火焰一样燃烧。但残酷的商业市场却像海水一样冰冷无情。

以为自己能做一个全新平台、颠覆旧格局的创业者，就是火焰一样的梦想家。但华山资本执行董事刘明豫说，创业公司最忌讳的一点就是一上来就做平台，因为平台是一个积累的过程，由用户积累顺势而成，非巨头不能撑起。站在资本的角度，他们不建议创业团队扎堆地涌向平台模式，还是应该从技术角度搭建自己的业务模型。

市场不同情弱者，投资人也不关心弱者，不会给任何人实习的机会。创业是一个极其艰辛的管理过程。无论是有钱的富二代，还是白手起家的创业者，都必须面对这一现实：失败是大概率事件，你应该学会脚踏实地，并能理性而坚韧地苦熬下去。

解释不清的问题："你是做什么的？"

问：听说你创业了，成立了一家公司，是做什么的？

答：文化产品。

问：名人字画，图书，电影，企业宣传？

答：都不是，也都是，用互联网思维包装这些产品。

问：是不是放到网上卖，淘宝那种？

答：我不知道怎么跟你说，但我觉得你猜得有道理。

这是一个创业者最难回答又不得不经常被迫回答的问题。从开始创业至今的 10 年间，我对这个问题有了细致的思考。人们总以为做一家公司就是"做销售"卖东西。当你拿不出、形容不出公司的产品实物时，就会勾起人们的兴趣：你到底是做什么的？

是啊，我到底是做什么的呢？就连公司管理层的其他人有时也说不清楚。

A 说：文化 + 培训 + 社交 + 传播，这是我们现在的模式。

B 说：产品 + 文化 + 社交 + 销售，这是我们的方向。

C 说：广告 + 互联网 + 文化 + 传播，这是我们的业务核心。

在"共享经济"这个什么都能解释的概念大行其道的时代，为自己的业务寻找一个统一的令人耳目一新又容易理解的明确解释总是一件不容易的事。公司 CEO 在关注增长的同时，也面临这个不大不小的问题。你做的是什么生意？这个问题关系到公司的定位，更重要的是人们对你的认知度。假如你认识的 20 个人中有 10 个人不能理解你的业务（除非这 20 个人都常年住在乡下），便说明它是一种前沿商业，具有一定程度的风险。

这不是一件好事。莉莎有一次跟我说，春节回家时有亲戚向她提问。谈到公司的业务，她解释了三遍对方都没有听懂。"不知道该怎么说，他们以为我不务正业，觉得你是一个骗子，我们的公司是瞎搞。"这很有意思。当你的公司成立后，一切看起来没什么问题。你有业务，有人才，有成长前景良好的市场，奇怪的是人们并不知道你在做什么，至少身边的人向你表示疑惑。

大多数创业者想到一个点子就容易热血沸腾，认为这是自己的核心竞争力，走遍天下都不怕。可却无法向人解释自己是做什么的。尤其在你的公司遇到困难时，不会有人理解你。他们更会抓住这个问题试图否定你的想法。创业充满了快乐、成就感和对未来的恐惧，而你将一直与麻烦作战。

但核心的问题是——你将一直受制于这些大大小小的问题。

章总结：所有的亲戚都不想接同一个人的电话时，说明这个人开始创业了

创业是一个非常严肃的话题。没有人能够凭借一腔热血或简单的几个奇思妙想就能创业成功。创业既充满艰辛又趣味无穷。它意味着我们人生的升华，也意味着你跳出了一个安全的笼子，成为纯粹的野生动物（除非你依靠体制内的资源进行资源交换式的创业）。

有一点可以确定的是，当你成为一家创业公司的 CEO，向全世界宣告自己开始创业时——主要是你的生活圈子，你会发现所有的亲戚都不想接你的电话。有一种情况是例外的，你从父辈那里继承或接收了一笔不菲的启动资金，否则亲朋好友都不想在这时候跟你发生联系。因为人们知道，这个身份可以用另一个词形象的形容：一个到处借钱的家伙。

对创业的动机和身为 CEO 要经历的一切，我做过许多次的探讨与分析。对于目标、资源、路径的推演，使我对创业的认知上升到了抽象的程度。我一度觉得创业就如同禅宗的顿悟，是一个悟透生活的人采取的入世步骤。那时对我而言，其他公司和 CEO 的精彩表演如同舞台上的浮光掠影，让我忽略了一个最根本的问题。

创业（Startup）是什么？

答案是：创业（Startup）= 增长（Growth）。

这个公式像最枯燥的物理公式一样，但它就是全部的答案。你能设想的最美妙的项目能存活下去并变成现实的唯一路径，就是“增长”。不能增长的项目是写在纸上骗人的，重要的是骗了你自己。

假如你也想开始自己的创业之旅（或在读到本书前尚有理想化的希冀），那么此时明白这一点对你的未来将非常重要。创业是如此的困难，又是如此复杂的一项思维工程，以致于我们不能将其晾在一边（或种在土里）来期待获得成功。你必须明白的是，增长是公司管理层需要自始至终追寻的，是公司 CEO 最主要的责任。没有增长，你注定以失败告终。就像傅盛说的，中国有一个词叫作迎刃而解，“高增长率”就是这个刃。解决问题的根本便是增长率。只有你的公司是赚钱的，才能让创业中遇到的所有问题都变得“不是问题”。

第二章

我们真的适合创业吗?

——当问题裂变式增长，你才能发现自身能力的上限。

李开复说，特别聪明的人不适合创业。

因为聪明人点子太多，思维太发散，结果什么都做不好。

创业者不仅要聪明，更关键的是专注、坚韧和耐心，

以及非常快的学习能力。

否则，一旦达到自身能力的上限，

不管之前的成绩有多么辉煌，创业都会失败。

别告诉我你仅有一个“好点子”

每个创业公司 CEO 或即将成为 CEO 的梦想家都有一个关于生意的好点子，但是有一个“好点子”就可以成功创业并让公司取得稳定成长吗？一个人是否适合创业，不在于他有没有让人惊喜的项目，而是其他因素决定的。

如何把一个“好点子”变为美好的现实，拥有培育它成长的资金？这个能力决定了你能否做大公司的规模，让它走上正轨。说服投资人，从他们手中拿到钱不是一件容易的事，至少不像你想象或者融资教材告诉你的，只要说明项目的潜力和成长性就可以了。事实是，投资者的关注点多变，许多视角是你事前无法预料的。

美国全球竞争力研究院院长瑞茨杨克（Richyounker）说，要留下深刻的印象，你需要对自己的创意进行口头说明，以响应潜在的投资者做出判断，关键是影响他们提出的问题，最后成功地说服这些人把钱从口袋里拿出来。口头说明，这是比准备商业计划书更要紧的工作。投资人可以回家慢慢看你的商业计划书，但口头说明却很难记录下来，因此他们更为重视。

“可以说这个环节决定生死，你必须有能力在 30 分钟内讲清楚关键的 12 个问题，每个问题不能超过 2 分钟，而且打动他们。”

“你在浪费我的时间，回家去吧！”

我知道你有一个很好的创业点子，但是苦于缺乏资金让它变成现实。你和我一样，多少个日夜为了钱愁眉不展，幻想拿到一笔投资，招募团队，开拓市场，把项目做起来。或者，你的公司规划出一个全新的产品，但是需要外界有人愿意合作，需要一个合伙人。但是，怎样才能说服别人投资你这个看起来很好的仅仅写在纸上的“点子”呢？

公司成立半年后，我在 1 个月内见了 31 个投资人和 4 个有合伙意向的人，为此准备了十几万字的说明材料，四处奔走，满怀诚意，但没有说服任何一个（有些则是我很不感冒的）。面对创业公司，投资人是绝对理性的。当你一厢情愿地热情期盼他们的回应时，他们想的却是另一个问题：

“我凭什么相信你，你能让我赚钱吗？我连银行都不相信，你拿什么保证？”

坐在某机构的会议室，我见到了一位业内颇有名气的天使投资人。他曾经

孵化了许多知名品牌，媒体说他对自己看好的项目一掷千金，赔了钱也从不眨眼。这让我对他有天然的好感，但当面对面交流时，你会发现媒体讲的东西都是不靠谱的。你要相信自己的双眼，相信资本的残酷原则。你面对的不是一个人，而是在接受资本苛刻的审视。

投资人：这个点子不错，至少很有说服力，市场空间很大。你做了一年，自己投了多少钱进去？

我：已经投了 100 万。

投资人：哦，不少，这一年效益怎么样？

我：盈亏持平吧。如果能再投 100 万，扩大团队，未来两到三年实现年 30% 的利润率是可行的。

投资人：我不感兴趣。

交流戛然而止，我尴尬地走了出来。既然项目的利润率这么高，为什么对方突然不感兴趣了？你有没有揣测过投资人是怎么想的？后来我想明白了，他的关注点是自己的回报率，而不是公司的利润率。两者并不是相等的，而你在启动创业和融资时必须算清楚这笔账。一个年利润 30% 的公司，能拿出多少回报给注资 5 成的投资人呢？抛开股权而言，实质的回报率和项目的上升空间才是对方关注的焦点。

处于融资阶段的创业者大部分有一个特点，喜欢介绍自己的商业计划，但往往“抽象概括千言万语，具体举措空无一物”。这是创业者准备不足的表现，因为抽象概括可以巧妙地跳过、绕开具体的细节。创业者不懂具体的措施和利益分配，或者说不够自信，不由自主地想把它掩饰过去。但投资人不是傻子，他们绝不会说你不适合创业，而是送上一杯热茶然后让你出门回家。

拿什么说服创投公司？

第 1 个问题：公司要为客户解决的问题是什么？

公司的盈利支柱是什么？你能为客户解决什么问题？比如，基于互联网平台的旅行社希望给乘客提供自行订机票的渠道，以节省时间和付给一般旅行社的费用。这是客户关心的。假如你提供的业务是客户愿意主动上门的（不需过多的营销投入），创业的难度更低，投资人也更好说服。一般而言，创投公司会主动找你。

第 2 个问题：为什么在解决这个问题上，你可以比别人做得更好？

就是说，公司的竞争优势何在？大家都做同样的事情，为何你能胜出呢？比如，公司有更高的性价比，有更先进的技术，有更突出的创新能力和更优质的平台，或者拥有某些专利，可以阻断对手跟进。

第 3 个问题：为什么你的团队有资格来做这件事？

这个问题关系到团队的能力。创业公司 CEO 自己的能力仅占一小部分，投资者更关心你的团队——团队的构成和过去的成绩，团队成员的性格特点等。没有一个好团队，你可能什么都干不成。

第 4 个问题：你的经营模式如何做好这个点子，创造营收？

公司的经营模式是什么？换言之，你的商业架构与盈利方式。比如，你是以互联网为主，还是走线下，怎样创造营收，周期长不长？市场是否稳定？

第 5 个问题：为什么你的商业计划只要执行起来，规模能越来越大？

创投公司对一次性的生意不感兴趣。你的点子必须是可以持续发展，不断获得成功的，是可以上规模且不断成长的，不只能成功一次或者短期内有市场。比如，在某种疾病爆发时，你做一个针对性的保健产品公司，就无法融到钱，因为这是短期的。当流行疾病消失时，你的公司就失去了市场。

第 6 个问题：这个项目为什么会有客户？

这里要说明的是目标客户，用 2 分钟讲出来。客户是哪一类人、哪一个社会阶层，为什么会有这些客户？提供市场研究的数据，最好是过去的成果，拿出过硬的证据。

第 7 个问题：将来如何与客户接触、联系和拓展？

如何找到你的客户，并扩大客户的数量？（通过广告、线下或网络），怎样巩固既有的客户，建立社群，也就是如何与他们保持稳定的联系？这个问题是所有问题中投资者最关心的部分，是需要你投入心血思考和回答的。但公司 CEO 有时极少考虑到这个问题，他们把过多的注意力放到了对产品的优化上，忽视了客户的拓展。如果你以为有好的产品就有源源不断的客户，说明你自己还没有做好创业的准备。

第 8 个问题：你的执行团队里面是否有明星？

比如，你的公司拥有一名超级销售员，或者一名明星级别的开发、策划、渠道从业者。拿出辉煌的成绩证明这一点，相比对未来的展望，资本更信赖过去的成绩。

第 9 个问题：你的竞争对手呢？

不要回避竞争对手的问题。你的公司有哪些潜在的、现有的对手，他们在哪些方面做得很好，哪些方面又做得不好？这个部分的说明越明确详细越好，因为这意味着你的机会。而且最好不要自负地告诉创投公司“我没有对手”——这只会让对方看到一个即将惨败的自大狂。

第 10 个问题：公司的风险在哪里？

每一个计划都会有对手，每一种经营模式也都会有风险。那么，你的公司未来的风险是什么？主动提出来，客观面对，理性说明，会让投资者更放心。诚实是高贵的品质，这意味着你是一个能够诚实面对现实的人。投资者愿意把钱交给这样的人。

第 11 个问题：利润会有多少？

除了利润率，利润的上限更加重要。如果一个项目属于冷门市场，每年最多只能赚 100 万，没人愿意投钱。投资人希望项目的投资报酬率越高越好，利润上限越高越好。但你不要用高到不切实际的利润来诱骗投资者。同时你要估算随着竞争对手的增加，利润会如何改变，给出动态的数值。

第 12 个问题：投资者将来如何从公司获利退出？

这是最紧要的环节。比如，3 年或 5 年后，创投机构可以从你的公司拿到多少钱安全抽身？或者说，把公司推动上市的机会有多大，获利前景如何？简要明确地表述这个问题，但不要许以不切实际的承诺。越是站在公司立场上据理力争，越容易引起投资者的兴趣。

“我们真的做好准备了吗？”

创业需要足够的心理准备，尤其是面对失败和崩溃的准备。马云认为，创业者就是要面对困难，困难是不可缺少的日常，就像吃饭喝水一样每天都在。他曾经说过：“随便去创业是可以毁人一生的，在你准备创业时，要做好失败的心理预期。”在我看来，马云口中的“随便”就是指一个人没有想好可能遇到的问题和挫折就盲目地创业，没有为失败做好准备就急匆匆地坐上了公司 CEO 的位置，结果一定是不太妙的。

这几年，在创业大潮迅猛来袭之际，新东方集团的董事长俞敏洪也在不停地给人们泼冷水。他说：

> “千万不要以为创业是一件容易的事。我们这些创业成功的人，总会跟大家谈论创业成功的美妙和好处。这就像一个谈恋爱成功的人告诉你，谈恋爱不难，结果你去试一试，被每一个女人打一个耳光。成功者总是善于讲自己成功的故事，所以我想给创业者泼一泼凉水！想要创业成功还是要先打好基础。”

这段话是俞敏洪在“2014中国创业者峰会”上讲给一群大学生听的。有不少学生问他，创业如何成功，怎样迅速地做起市场。他反感这样的问题，因为就创业的准备而言，关注点不应该放到赚钱和市场上。创业的准备是一个基础性的课题。它需要我们提升自己内在的能力，然后才能去胜任一家公司的创始人这个称号。

有些书是必须读的

我在学生时代两次创业，均以失败告终。这段经历给我的教训是，想要在未来能创大业，学生时代就一定要读好书，并不一定在学校时就去创业。不是谁都能做比尔·盖茨和扎克伯格。这两个人的成功影响了全世界的年轻人。人们由此产生的一个错误观念就是“大学未毕业就可以创业”。没错，天才人物提前走出校园开办公司，然后成功了。但你就可以吗？没有他们的条件，你就一定不可以。

有些书是必须认真读的。包括专业和思想性的书籍，从读书中获得创业的知识基础，学会理解这个世界，洞察人和人的关系、人和钱的关系。一家成功的公司对CEO的要求是全方位的，不仅要懂得经营好一个项目，管理好一个团队，更重要的是具有独特的人格魅力、学识修养和价值观。

你要把书里的思想变成自己的，并且能用自己的语言说出来。要为自己列一张书单（每年有所变化），制订读书计划，形成读书习惯。在此前提下，去广交朋友，学习与人相处，积累人脉资源。当你有和人相处的能力时，也就具备了做生意的能力。正如俞敏洪说的：“做生意就是跟人相处，和人打交道。”从读书交友中，你也能辨识和找到未来的合作伙伴。

作为成功的创业者和公司的管理者，俞敏洪将创业的准备概括为四个方面。

第一是情商，第二是突破思维，第三是商业判断，第四则是长久能力。对优秀的公司 CEO 来说，这四个方面不可或缺。有了这四种准备，你创业时才不会成为一个笑话，而是创造一个奇迹。

情商的准备

俞敏洪说：

> “创业者的情商主要体现在三个方面：第一是被人充分相信的能力，第二是关注别人感受的能力，第三是让利于公的能力，三者结合起来就叫团队能力。因为只有这三种能力才能将团队成员比较长久地凝聚起来。”

我在管理者情商方面的欠缺是比较严重的。莉莎的评价是：“你既雷厉风行，又优柔寡断，因为你不擅长跟员工交流，总是混淆员工和朋友的区别。你以为自己是为员工着想，但他们并没领情。所以，你在情商层面是失败的，在员工那里显得不可理喻。”这是中肯、犀利、不留情面的批评。而我的这些缺点也是导致公司几经坎坷的重要因素。

必须具有突破思维

俞敏洪举例说：

“有一个企业家，他从小不喜欢学习，但是喜欢把家里的东西拆了装、装了拆。后来家里买了一辆摩托车，他又拆了装、装了拆。一般人就到此为止了，但是他想，既然我做这个这么熟练，就开一个修理厂吧，一年也能赚个几十万元。这个人最后不只开了修理厂，而且开始生产摩托车和汽车。”

突破思维要求我们在风险可控的时候，要勇于尝试，敢于迈出一大步。比如面对一个业务难题，想想有没有更好的办法？你敢不敢突破旧的思维，颠覆旧的办法，闯出一条新路来？在风险和机遇中间，公司 CEO 有做出选择的义务，这对思维能力和决策能力是极大的考验，而你应提前做好准备。

商业判断的能力

判断趋势是一种流行，人人都在阐述未来的趋势。但在我看来，眼睛只盯着趋势的有99%的人会失败，因为你没有看好脚下。卓越的商业判断才能，指的是既能看到趋势，又能专注于当下。不要现在没做好，就开始探讨未来的模式。你不是马云，也不是刘强东。只谈未来，你玩不起，也不要奢望运气的庇佑。

俞敏洪的观点是：

> “想可以想得宽阔，但是做事情一定要从小而美入手。然后是做事情一定要不断和成功者或有经验的人去探讨。因为这些过来人对你会有方向上的帮助。只要方向正确了，事情做长久就有可能。”

在做创业准备时，树立一个原则：做任何事情时先看看当下的商业价值，再分析未来的走势。你可以看到20年后，但一定要先看清5年之内。一个伟大的创意固然在20年后改变世界，但也有更大的可能在5年内就饿死你。我在最近两年才理解了俞敏洪的观点。对于创业公司而言，生存才是第一重要的。

能做长久的事情

什么是长久的事情？既是指能持续经营的业务模式，又是指能长期坚持的意志品质。假如你没有这两样，尤其不具备强大的耐受力和足够坚韧的意志力，就不要轻言创业。这是一条九死一生的路，不是谁都能挺住的。在没有经验，没有好的产品，没有好的渠道并且没有资金时，就必须做好受苦的准备——牺牲自己10年甚至更长的时间。

乐天派和悲观主义者

有一对性格迥异的兄弟，大哥是彻头彻尾的悲观主义者，而弟弟则是纯天然的乐天派。圣诞节兄弟俩收到了父母准备的礼物。拆礼物的时候，哥哥发现自己收到的是一辆崭新的自行车，而弟弟收到的是一盒马粪。结果，哥哥对着礼物竟然大哭起来，“你们知道我不会骑自行车！况且外面还下着大雪！我的腿会摔断的！”弟弟却对着一盒马粪欢呼：“快告诉我，你们把马藏哪里了？”

这是莉莎讲给我的无数个故事中的一个。她问我：“你真的相信外面有一匹马吗？”

我坚定地说：“相信。”

莉莎却说：“也许外面是更多的马粪。”

在初期有创业想法的时候，每个创业者都对未来抱着一种近乎狂热的盲目乐观。人人都幻想着从无到有，由小做大，融几轮资便可以上市，成为牛哄哄的商业大佬……这是创业之梦的默认版本。尽管对即将遭遇的挫折会有一定的心理准备，但绝对没人把这种担忧真的当回事。至少 99% 的创业者都不会相信失败的噩梦将发生在自己的身上。

相信我，你只会沉浸在创业并挣大钱的美好幻想中，绝对料不到今后的大多数夜晚你都能焦虑到恨不得从楼上跳下去。

我从过去到现在一直是乐天派阵营里的一员，而且是坚定的死硬派，因为对自身的技术（能力）抱有天然膨胀的乐观，认为自己永远不会失败。确切地说，是认为自己“不会永远失败”。这种乐观不论在创业之初说服父母消除对我成立公司的忧虑，还是在创业中说服合伙人听从我那些不太着调的冒险想法，甚至是忽悠天使投资人拿出支票对我施以 200 万元的投资，都起到了至关重要的作用。

与我截然不同的是，莉莎是一个不折不扣的悲观主义者。她对未来总是充满了不祥的预感。从我们在济南决定要扩大团队规模那天开始，一直到北京计划公司转型，她都对我说：“我们这样干行吗？如果失败，那我们可就完了！”

这种针锋相对的风格在生活中无伤大雅，但放在工作中，起初令我们都很不适应。这就像一个董事长的思路总是被总经理否定一样。两个人的冲突每天都在发生。本着相敬如宾的原则，最开始我们心平气和，好好说话。可拉锯战的时间久了，谁也争不过对方，我们都绷不住了，开始吹胡子瞪眼和掀桌子。

特别是面对那种利润很可观、风险也较大的项目找上门时，思路的冲突在所难免。在利润的诱惑和风险的警示面前，公司该如何决策呢？

我总是极尽能事地描绘项目即将带来的回报。我认为，只要做得好，风险没有问题，不需要担心，生怕莉莎说出一句“但是”把这个项目搅黄。而莉莎却想尽办法找到这些宏图计划中的纰漏，好像我是她的竞争对手。很多时候，我们都觉得自己面对的不是管理公司的搭档，也不是相伴多年的爱人。我觉得她是高冷、残酷、总是在说“不”的风险投资人，而她觉得我是只想赚钱、完全不计后果的赌徒。

后来我们谈起那些在办公室“斗殴”的场面，互相承认对方是这辈子遇到的最难搞的人，在各自的立场上从不轻易退让。但也正是两个人不同的性格特点和行事作风，帮助我们在管理公司的过程中取得了一种平衡，在无数项目的决策中采取了较为理智的行动，从而能走到今天。

在当时看来，我们是一对最不和谐的搭档，一个固执的乐天派和一个更固执的悲观派，共同担负起公司CEO各个环节的责任。现在我对此感到万分庆幸，幸好我们两个人具有如此鲜明和对立的性格，否则公司早就误入歧途。

“挺过这个阶段就好起来了！”

过去的四年中，如果不是莉莎充满嘲讽的提醒，我都不知道自己经常说这句话。

这是我们遭遇的第N次资金问题，项目的回款遇到了大麻烦。公司又无法在短时间内向银行借到钱。员工有两个多月的薪水没有发下去，该季度的奖金也没有着落。我和莉莎从公司是不拿一分钱工资的，而且时不时地从别的地方往公司垫钱。这是创业公司CEO的日常之一，你必须不停地去搞钱。两个月前的燃眉之急没有解决。这两个月新产生的问题也已经如同潮水般汹涌而来。

说一千道一万，公司的问题只有一个字：钱。

一个周末的凌晨2点钟，我和莉莎在公司的会议室对视而坐。她坐在一张靠窗的小茶桌上，一身黑色的衣服蒙了一层烟雾。我坐在已经折了半条腿的椅子上。我们各自吞云吐雾，互相喂着对方二手烟。

从晚上8点直到凌晨，我们讨论了半宿，该吵的早已吵了八百遍。这时我们觉得把公司经营成了婚姻，就像在一起生活了六七年的贫贱夫妻，开始对未来提不起半点兴趣。创业公司就像新成立的一个家庭，假如几年过去还没有开花结果，就有分崩离析的可能。

最后，我把烟头狠狠地摁进烟灰缸，吸了口气准备开口说话。莉莎无精打采地递上一句：“又是挺过这个阶段就好起来了，是吗？”

“是的。”这就是我要说的。但莉莎已经懒得和我争辩了。

“你每次都这么说。”

事实上，我已经不记得自己无数次说这话的时候是什么心态了。打心眼里就这么想？还是随口那么一说？现在想来，也许我就跟那经常调皮捣蛋的小孩一样，从第一次挨揍时保证的“下次不敢了”，到习惯性挨揍都说这句话。刚开始时的确是这么想的，后来人变得皮实了，大概也没什么意义了。

“不这么想能怎么办？反正我不相信这是最后一次。以前经历过那么多的困难公司都挺过来了，这次肯定也不例外。”我说。

“我真的没你那么乐观，而且，不得不强迫自己乐观起来。这真的是痛苦万分。公司的未来在哪里？”莉莎深吸一口烟，苦大仇深。她顺手拿起会议桌上的账目，上面密密麻麻地写满了公司被拖欠的回款数额以及欠款方的单位名称和负责人电话。

这些电话已经被打烂了，两个月前客户就信誓旦旦地承诺“这两天就会结款”。但这两天到底是哪两天？这个世界上再也没有比“这两天”更不靠谱的日期了。在一家创业公司遇到的所有问题中，没有比“回款被拖延”更可怕的。这直接会让一家公司陷入缺氧状态。

面对这个问题，莉莎信心尽无。她觉得回款无望，或者无法保证一个及时的对公司有利的时间。而我的态度则是，即使有几个客户是劣质的，我们还可以开发那些守合同、重信用的优质客户。我对市场是乐观的，里面既有侥幸的成分，又有无能为力的因素。因为在这种糟糕的情况下，除了乐观，你真的什么也做不了。

你只能安慰自己：“我大概没那么倒霉吧？”

莉莎每次吵架都要大骂：“我跟了你这么多年，怎么一直这么倒霉呢？”

这就是一个人开始创业后的生活基本面。我完全没有资格指责她的悲观主义。她对问题总是想到最消极的一面是理所当然的，也理直气壮。从公司到婚姻，从生活到工作，我们这几年遭遇的重大困境，几乎都是由于我的盲目乐观造成的。在这时，我平息不了她的怒气，只能尽可能地从技术层面解决问题。

我们最终挺过了那次难关，但靠的不是我的乐观，而是莉莎自始至终都怀疑我这人从来没有的东西——山穷水尽之时，好运突然从天而降，我们接到了一个愿意提前预付 50% 业务款的项目。这个项目很大，大到不仅可以救公司一命，还能让公司获得一笔超过过去 8 个月的营收。这笔钱将完全解决员工的工资问题且还有盈余。

我像故事里那个乐观的弟弟一样欢呼着胜利，并且对莉莎耀武扬威：“瞧见了吧？外面确实藏着一匹马！”

“他们把马牵走了，投资方撤资了！”

哪一家公司会拒绝从天而降的大运呢？我想连最没有欲望的傻瓜都不会。我和莉莎从没有那么意见一致过——我们直接跳过了讨论风险和吵架的环节，毫不犹豫地答应接下这个项目。

当公司需要钱救命时，你就不会怀疑这种大运为什么突然降临，就像穷困潦倒的人忽然中了500万，哪有心思考虑为什么幸运砸中的是他而不是别人？

后来我问莉莎，她几年来都在坚定不移地践行“小心驶得万年船”的人生原则，为什么那次好像完全不在乎？莉莎说：

“我们正在倒大霉，掉坑里了。现在有个人站在坑外面，向我们递了一根绳子。即使有再多的忧虑，也得等到爬上去再说。”

有了这笔业务，公司顿时看到了一片曙光。连续几天，团队的干劲十足，办公室里也有了欢声笑语。但我怎么也没想到，有一个人把你从坑里拉出来，突然有一天，却在你的身后挖了一个更加巨大的坑，然后把你推了下去。这么多年来，我在工作中从没说过任何一句悲观的话，但那次，我惊慌失措地从广州给正在睡梦中的莉莎打电话。

早晨四点半，我强压住几近崩溃的情绪，告诉她：“这次我们估计要完了。”

莉莎反应了半天，才回过神来：“难道真的是更多的马粪？”

“他们把马牵走了，投资方后期撤资了，业务取消！”

那些走了“狗屎运”的人

我与合伙人谈论过几次创业者到底应该保持悲观还是乐观的问题，并且借鉴了许多成功人士的经验。马云和任正非是彻头彻尾的悲观主义者，他们是凭借悲观取得了成功吗？事实真的如此吗？在我看来，除了基础条件、视野和运作能力外，公司能否成功的另一个重要因素与悲观和乐观的关系并不大，真正决定了你最终能否成功的是“运气”。

创业成功是一件很偶然的事，简直比中彩票的概率还小。成了，是运气所致；败了，也是意料之中。这不是运气论，而是概率论的结果。你必须接受这样的现实。罗振宇就曾经说自己的成功是走了狗屎运，听起来颇有玩世不恭的味道，其实这才是真相。想要成功，运气是100%的关键。事实上，能够创业成功的人没有一个是运气差的。

不过，成功者极少会告诉你他的成功是运气所致，这与成功之后“标榜”“洗白”“包装”自己的主旋律不相符，观众也不愿意为这样的故事埋单。人们渴望听到一个经历坎坷并凭能力翻身的励志传奇，这符合人们对自身的定位。

如果有人问你：“我想和你一样去创业，你觉得我会成功吗？”你白眼一翻地告诉他：“你先去找个算命先生打一卦，看看有没有这个好运？”对方一定会觉得你什么都不懂，他转身去读乔布斯的传记。

人们总是喜欢那些跌宕离奇、振奋人心的故事。即使那是编造的。运气即便是一句真话，却也虚无缥缈，让人感受不到希望，所以人们宁可不相信运气，只相信无限的努力。

很多创业失败的人怨天怨地。很多公司的管理者对自己的失败表示难以理解，觉得自己参考了许多成功的经验，不应该不成功。这没什么奇怪的，因为他们从最初就搞反了成功和失败的性质——想当然地认为付出努力之后成功就是必然的，跟运气无关，失败了才把责任全推到运气不佳上。但失败才是创业的必然，是人生的常态。

我相信爱拼才会赢。但我更想说的是：

> 运气不是命，不是你手掌的纹路，也不是你天庭饱满、地阁方圆的富贵相。所谓的运气，就是我们常挂在嘴边，又觉得玄而又玄的“天时地利人和”。想要成功，三者缺一不可。
>
> 很多人谈到创业会联想到资金、项目、人脉、政策、机遇，以为有了这些，创业一定会成功。以上条件的确是成功必备的基础，每个创业者都在准备这些。甚至于很多人准备得十分充分，条件绰绰有余，最后还是失败了，这就是运气。

你可以这么理解，每天揣着商业计划和奇思妙想到处奔走的创业者有成百上千万。什么人都有，做技术的，卖产品的，耍嘴皮子的，玩理念的……各个公司的创始人到处找钱找项目，有几个人能在电梯间里面遇到“孙正义”？大部分人经历了所有的创业者该经历的磨难，历尽沧桑，始终遇不到自己的“好运”，公司只能关闭，理想只能夭折。这些人是那失败的99%，其中也包括我们自己。对此一点也不用意外。

为什么我说你不适合创业？

A是一个很懒的人，既不爱运动，也不爱锻炼。有个马拉松比赛的活动，听说奖励丰厚，他蠢蠢欲动，想报名参加。好心的B建议他不要参加。A认为B是个胆小鬼，没听他的话，毅然选择去跑马拉松。

最后：A卒，享年27岁。

我们生活中有很多个A：有梦想，有冲劲，但积累不够。创业不是勇敢者的游戏，也不全是梦想家的乐园，本质上是智者的战场。浑身是胆并不能帮你赢得胜利，最后胜出的都是带了10个脑子的，有10颗心脏和10双腿的，而不是有10个梦想的。

创业到底是什么？

今天人人都在说创业，创业到底是什么样子的？对人生来说，创业究竟是什么？

我有一个表弟，大学毕业刚一年，有很多想法，但不想上班，是想创业。他很快嚷嚷得家里面人尽皆知。长辈们夸他年轻有为，志向远大，好像已经看到了他成功的样子。

“这个小伙子有前途！”

他特地打电话征求我的意见，问我该干点儿什么。我说有想法是好的，但你不能光想，得有一份具体的计划。我指的计划不是怎么开公司，而是怎么才能赚到钱。表弟兴奋地去做计划了。过完年后，我听说他在当地开了一家高档衣物翻新店。这当然不是他口中人尽皆知的那个创业计划。我不清楚为何最后他做了这门生意。三年过去了，他的生意依旧入不敷出，连基本的房租都挣不出来，却咬着牙既不关门，也不想新的出路。

问其原因，他一脸凄苦地说：“现在生意不好做，创业难。”这已经不是三年前那个激情四射的年轻人了。

据我所知，他的店开起来之后，只是像模像样地发了几天传单，到外面做宣传招揽生意，之后再也没做过一件像在创业的事。他守着梦想，天天等着客人上门，就像蹲在庙里等着游客上山进香的神仙。

这几年我见过太多像表弟这样的“创业者”，雷声大雨点小。他们以为创业就是租一个门面房，搞个店铺卖卖东西。至于成不成——反正我也是创过业的人了，满足了一个心愿罢了。这也是为什么遍地都是创业公司，到处都有公司 CEO 的原因。

没错，创业成了一个面子工程，一个安置理想的地方。他们需要的是一间办公室，一个街边的铺子。在互联网时代，甚至不需要实体地址，只要你能卖出产品，在家里或者互联网上都能创业。因此，越来越多的全职妈妈做微商代理成了创业，推个车子上街卖煎饼果子也是在创业。

在这个时代，创业的门槛已经被踩烂。十个人有九个在当老板，全心全意在上班的反而成了稀有动物。有些人觉得，我虽然什么都不懂，什么都不会，一无所有，但我觉得这个事儿挣钱，比上班给人打工强。我辞去工作，去做那一个挣钱还有面子的事儿，折腾一番，这就是创业。

事实上，这不叫创业，叫再就业，也叫瞎折腾。

做一个好公司需要折腾，但不能没有目的、不讲策略地浪费宝贵的资源。创业不是拥有挑战精神就够了——很多创业成功的人甚至没有挑战精神，他们只是觉得这个事儿我必须去做了，被形势推着走，到了不得不创业的这一步，他们只有做一家公司才能把现有的资源最大化利用和开发出来。他们不是理想主义者，从来不碰运气，而是做运气之外的一切要做的事，用这些必要因素去促成一件重大事项的成功。所以，创业是一个有计划、深谋远虑的过程，要有发展、积累、开拓创新的觉悟，要有责任心，有开疆拓土的事业心，要有不成功便成仁的意志，而不是听几节振奋人心的营销课，加入一个拉帮结伙的团队，发展几个下线就可以。

比如，微商是现在“万众创业”的主力军，但 99% 的人并不是通过做微商来开始创业，成为一个事业和一支团队的管理者，而是通过微商这个平台实现了“再就业”。说白了，他们只是加入了一支销售队伍，成了一名没有底薪、只拿提成的业务员。他们只是一种商业模式下游的某个链条。

不管是想创业的还是已经在创业的人，我们都可以看看自己正在做的这件事情——这真的是所谓的创业吗？我们是在管理一项事业吗？

从就业到创业，你缺乏的几种能力

创业首先是一个“角色改变”的过程，从打工者到创业者，对心态必须强制性地扭转过来。你不能再怀着一种就业的心态去创业，因为你根本没有机会像上班那样不断地试错，不断地推倒重来。管理一家创业公司，成功的机会可能只有一次。你不再是听指挥采取行动的船员，而是指挥一条船前进的船长。就算哪一天船翻了，别人都可以弃船逃跑，唯独你不能。

这就是担当，是创业公司 CEO 必须具有的风险觉悟。很多人创业之前只想着未来能赚多少钱，从未认真地想过自己能不能承受失败的代价，能够承受多少。千万别觉得这是未来才需要思考的问题，你现在就该想好。我见过无数因为创业失败而赔得倾家荡产，从此一蹶不振、妻离子散的团队管理者和公司创始人，他们无法承受惨重的结果。创了一次业，整个人生都废了。

因此，当别人对我说他渴望创业时，我不会像几年前鼓动不成熟的自己那样，说一些“放手去做吧！要相信自己！”之类的不负责任的话，我不会灌输给人狂热的创业冲动，而是会严肃地问他一个问题：你真觉得你适合创业吗？

下面几种能力，如果你还不具备，便不适合管理一家公司。

1. 思维高度

创业者与就业者在思维的高度方面有着截然不同的差别。创业者是“造钟人”，成长期的公司就是一间造钟室，始终清楚自己的目标是什么，不需要别人告诉他该做什么、不做什么。为了实现目标，创业者的目光将会放得很长远。不仅要看到行业内的当下，还要看到未来五年、十年，甚至更远的未来。就业者不需要考虑这个问题，对于职业的第一要求，更多的会考虑工作的安全感、稳定性。他们不必在乎一个行业的未来能走多远，只要眼下能够挣钱就可以及格。

创业者为了做成一个项目、一件事情，经常要果断地放弃当下的利益，前期是不赚钱甚至是赔钱的——他们要关注的是公司未来的发展潜力。脸书（Facebook）创立初期曾经接收到无数的收购邀约，雅虎更是开出了 10 亿美元的天价，最终扎克伯格却拒绝了雅虎，转而与微软达成了一项协议，而今脸书的市值已经高达 2.89 万亿人民币（4000 多亿美元）。当年的扎克伯格一定不知道公司未来能做到这么成功。拒绝 10 亿美元的现金，在任何时候都是需要极高的战略眼光的。

创业是对一个人的前瞻力、思维性的极度考验。很多的创业者只是小打小闹，或者做不久就放弃，大多是思维的高度不够，只能看到眼前的一亩三分地，对未来缺乏战略眼光。

2. 执行力

在工作的性质上，就业者只需要正确地接收指令，完成自己职责范围内的工作，就可以下班休息了。对于不属于自己负责范畴的工作，完全有理由不去关注。但对于创业者来说，没有“这不是我的工作”这种情况。一切工作内容皆在你的管辖范围内。有一些人在创业后，身份转变了，心态却完全还是个打工的，既想赚钱又想准时上下班，额外的工作总想拖到第二天再说。他们没有加班精神，也没有强悍的执行力。这种人也是不适合创业的。

3. 高度的责任心

如果你变成了一个胖子，你生活中的一切都与体重有关：你担心椅子会坐塌，害怕裙子穿不进去，精心计算食物的卡路里。

假如你变成了一个创业公司 CEO，你的生活甚至你的生命，一切都将与工作有关。你担心做得不到位，担心有纰漏，担心明天再去处理来不及。

你不再为任何人打工，没人替你承担风险。你只有自己去承担那一切，好的坏的都要自己埋单。你不敢应付，只能做到最好，即使超出自己的能力范围也要硬着头皮上。因为公司是你的，你自己都没有责任心，还能期待谁呢？

4. 成本概念

很多人都对“老板”有一种不好的印象：抠。越是有钱人越抠门，确实如此。但他们不是抠门，而是有清醒的成本概念。我以前认识一位公司老总，名下有十几套海滨别墅，自己拥有一家资产十几亿的建筑公司，但他出门极少坐自己的私家车，能坐公交也绝不打车。到目的地如果不足千米，他就一定步行过去。有一次他为了谈下一份重要的合同，围绕几万块的成本核算就半宵没睡。他不会允许公司多花一分冤枉钱。

对于创业公司来说，“抠”是一种习惯，是创业者入门必须学会的一课，因为每一分钱都来之不易，每一分钱都要算作公司成本。哪怕一张纸，一个快递，一杯咖啡，一张打车票。公司每多花掉一分钱，利润就会减少一分。

互联网上流传着一个关于洛克菲勒的故事：

这位美国的超级富豪来到一家旅馆，要了最普通的房间。服务员问他：“你儿子每次来都开最贵的房间，你为什么选最廉价的呢？”洛克菲勒说：“他有一个亿万富翁的老爹，而我没有。”

这个故事真假不论，却说明了一个道理，要想创业成功，必须具备正确的成本概念。

今天的许多创业者都缺乏这种良好的节俭习惯，走到哪里都要摆阔气、撑场面，吃饭去最好的饭店，开最贵的酒，定最豪华的包间……生怕自己的排场配不上公司 CEO 的身份。这种人不适合创业。他们应该买彩票，做暴发户。因为他们对金钱的概念就是挥霍。

如果你把钱当作王八蛋，那么王八蛋满街都是，登不上大雅之堂，也不可能成功。

5. 解决麻烦的能力

我们在公司上班，通常都有固定的工作流程，成熟的办事模式，遇到什么问题就用什么方法，极少情况下需要另辟思路。创业恰恰相反，一个崭新的公司既没有经验，也没有成熟的套路，每时每刻都有新的问题产生——公司管理者就像一位救火队长，哪里需要就到哪里去。这极其考验一个人的应急能力和意志力。

也许你现在觉得自己的意志力还不错，有强大的精神坚持梦想。当你做了创业公司的老总以后，问题源源不断地产生，那时你就会发现自己的能力太有限了。

看清自己的“天花板”

有一天，我在朋友圈点赞了三句话：

> 第一句：成功无定式，不要以为你必须学别人。
> 第二句：先认清自己该干什么，能干什么。
> 第三句：不要被志向拖累一生，志向是创业者的心魔。

在公司 2017 年最大的危机爆发之前，管理层没有坦诚地面对过我们能力的上限。即便已经到了焦头烂额、手足无措的地步，每个部门的主管仍然死扛着——在我的影响下，团队不肯承认公司去年选择的商业路线是错误的。我们高估了自己的能力，不该从广告跨界到实体销售。

我和莉莎开始反思自身在管理和战略制定中的问题。一家公司出现问题，其责任首先是 CEO 的。作为执行者，团队各个环节固然也有不足，但他们没有主要责任。

这几年，我给自己制定了太多的目标。由于对管理插手过多，杂务缠身，甚至从未集中精力完整地处理完过一件事。做这件事的同时，脑子里永远想着另一件事，这导致我做任何事情都处于一种焦虑矛盾的状态：这件事不是我该做的，我还有另一件事也要做。结果，我和整个公司都同时患上了两种病症：

严重的计划狂：公司有各种业务计划等待实施，不断地招兵买马，增加成本。

严重的拖延症：由于人力不足，资源分散，公司无法集中做好主线业务。

有时，下属询问昨天的文件签字没有，我会感到莫名的火大，好像员工在质疑我的工作，其实我根本不记得有份文件要签。我恼火的并不是别人的询问，而是不能完全掌握局面的自己。

这时我意识到，想当然的英雄主义并不能让我成为英雄。什么都想把握，反而什么都把握不了，搞到最后当不了英雄，却成了一只披着虎皮的熊猫。

尽管要承认自己的无能很难，但我们必须认识到：很多时候，我们的能力是追不上志向的。

你必须大方地承认：

我不是天才！

我并非不可替代！

我没办法做好一切！

我需要帮助！

高估自己的能力是创业者的常态。为什么不能承认，我们并没有特别的天赋，也不具备不可替代的能力。那些把自己搞得分身乏术的老板，多数都犯了同样的一个错误：高估了自己的能力，不舍得放权。从另一方面，创业者在计划起步时，往往制订超出能力上限的商业计划，明明没有能力实现，但偏向虎山行。

比如，在河北创业数年的那位朋友每年都会提出一项新计划，制定一个新目标：

1. 这 300 万投进去，年底的回报要超过 800 万。（事实是连 400 万都没有，还不够抹平债务。）

2. 开发一个 APP，实行会员制，今年注册 1000 万会员。（能完成 200 万会员就是极限。）

3. 即便不能上市，也要找到可以注资 2000 万的合伙人，完成上下游环节的整合。（这是不可能的，倒是有被对手整合的危险。）

4. 把分公司开设到全国 100 个主要城市，设立办事处，推销业务。（过去 5 年的时间都没有搞定河北一省，在公司和市场都缺乏变化的情况下，1 年就可以铺到全国了？）

从他这些年表现出来的水准、融资能力和团队的构成看，这些都不切实际。对公司的成长性有清醒的认知，是创业者行动之前的基本功课。如果你看不到自己的“天花板”，公司将走向一条危险的轨道。对自己能力的盲目乐观，和对市场前景的迷之看好（比如近两年的乐视），又会导致另外一个问题：好高骛远，志向太大。就像一个越吹越大的气球，向上飞的时候飘飘然，解决了几个难题就以为自己无所不能，完全意识不到自己什么时候会爆炸——通常，悲剧会发生在资金链断裂的时候。

人的精力是有限的。我们的能力也总有一个临界点。如果公司 CEO 总是压迫自己去做那些感觉很难的事，就会越来越感觉到力不从心。创业公司到了这个阶段，就说明该转型了。

“关了公司，上班去吧！”

这句话，我和莉莎讨论了 7 年。几乎在每个月的讨论中，都会出现一次。我们经常把它挂在嘴边，以示对自己的安慰。我走访了数十家成立不到 3 年的公司，和创始人、CEO 及管理层成员交流，他们也偶有这种想法。但我们都一样，最终战胜内心的降意，坚持了下来。

在什么时候，你想关掉自己的公司呢？看看下面这些奇奇怪怪的理由：

“淘宝又涨保证金了，今年做完，明年还是上班去吧！”

“成本上涨，发不起工资了，关掉公司去上班吧！”

“回款困难，再撑下去就会饿死。还是不创业了，找个单位上班吧！”

“市场不好，产品卖不出去，裁员关门，去上班！”

……

实际上这些理由并不稀奇，不仅创业公司，成熟公司也在面临着不利因素的考验。管理者的意志在这时格外重要。当困难看起来如同一个绝境——我们根本无法跨越时，你是选择关掉公司，还是再坚持一下？

创业之前，我们对困难的想象也是理想化的。缺钱，那就融资；找不到人，那就寻找志同道合之士，总能找到；产品卖不掉，那就继续优化；回款困难，那就开拓更多的客户。但现实比想象得更复杂。“破坏性创新之父”克莱顿·克里斯坦森说过一句话：

> 在无能为力时，等死是创业公司的不二选择。

那么，你有没有设想过自己遇到“不管如何努力都无能为力”的情况？每当讨论到关闭公司的话题时，我都会停止继续分析，转身走开，或让莉莎立刻处理一些技术性的工作。我认为这是一个好办法，停止公司在管理层面的悲观气氛，让情绪冷静下来。假如我不是看到了未来的希望，仍会这样做吗？事实上我想的是，即便不能成为一家年入几千万的合格公司，至少我们现在每年有几十万、上百万的收入。

退一万步说：没有一个单位愿意发给你这么高的工资，关掉公司就成了一个不值得采纳的动议。也许想到这一点，创业者就能继续乐观起来。现实中我们也是这么做的。最重要的是，我们做好了准备要勇往直前地实现一个梦想，认真地想清楚了本章所有的问题。经营一家公司，你必须把自己变成一个像铁一样冰冷，并像火一样热情的“双面人”。

章总结：说实话，你为什么想创业？

时下人们创业的热情到底从何而来？是舆论的鼓吹，是梦想的冲动，是风口的煽动，还是对机遇的渴望？

有句话说：“天才创造了时代，而庸才们享受时代。”我觉得应该再加一句话：“不甘平庸的人正改变时代。”我们生活在潘石屹所说的“创业的黄金时代”，经过创业改变命运的大有人在。创业正在深刻地改变着人们的生活方式，也正在颠覆原有的社会和阶层结构。

说实话，你为什么要创业呢？

1. 我有一个非常伟大的梦想。我非常想去实现这个梦想，为此选择了创业，因为创业是实现梦想的最佳途径。

2. 我有一个创业的点子。我认为这个点子非常有市场前景，将来可以获取更大的收益。为了早日实施并且实现这个点子，我毅然选择了创业。

3. 我为人比较要强，不甘落于人后，不想被他人牵着鼻子走，更不想总是看别人的脸色行事，而创业可以非常好地解决这些问题，因而选择了创业。

4. 我是一个非常自信的人，想自己当领袖。我认为自己的能力非常强，可以领导一个团队，做出一番事业，获得更大的成就，因此选择了创业。

5. 我实在是找不着适合自己的工作了，不得不自己创业。

6. 我缺钱，想钱想疯了，认为普通的工作赚钱太少，满足不了自己的需求，因此选择了创业。

7. 我这个人喜欢冒险，喜欢挑战，而创业的挑战性非常大，所以就开了公司。

8. 我受到别人的影响，他们觉得创业能赚钱，很多人都自己创业，于是我自己莫名其妙地选择了创业，成为老板。

9. 我自己并不想创业，可是在工作的变化中，不知不觉地走上了创业的道路，有了自己的公司，后来才发现，原来这就是创业。

10. 我本来对创业不太感兴趣，朋友或者同学创业拉着我一起干，于是就走上了这条路。

这是人们通常的创业动机，创业的冲动由这些因素单个或多个作用生成。在此基础上，创业者摇身一变，成了一家公司的CEO，拥有了自己的事业。我们就像一群准备吹风的“猪”，披红挂绿站到了高台上，心中满是快乐的希冀。

但就国内的创业来说，由于恶性竞争无处不在，市场的饱和总是很快发生。因此，一个人是否适合创业，是否有潜质成为一名卓越的公司管理者，决定性的因素实在太多，且需要我们做好最充分的准备——内在与外在的各种条件。

无论如何，创业促使我们发生转变，不甘平庸。就像雷军，市场上已经有了那么多品牌的手机，他还要做小米。他的动机是：“40岁的男人再创业，是要给自己一个交代。”罗永浩的创业动机是：“我不是为了输赢，我只是认真。”乔布斯说：“我只是想做一款好产品，没想到做出来很受欢迎。”

创业被他们上升到了一种情怀的高度，我们也需要找到自己的情怀，发现自己最初的和最纯粹的梦想。

第三章

那些年，我给自己挖的那些坑

——你永远想不到创业会遇到多少陷阱，一不小心就是万劫不复。

别怨天尤人，这是你自找的。

创业者给自己挖的最大的坑，

恰恰就是抱着“先融到钱再说”这样的短视念头。

当你的公司开始起步时，

最需要做的一件事是定位经营理念，

更新商业思维，用最经济高效的模式启动自己的项目。

100 页的商业计划书

2013 年初，当公司更名为“猫眼”以后，业务也开始升级。从过去单纯的文化 + 跨界模式向互联网 + 文化 + 产品的模式转变，项目团队的人数增加，支出瞬间是以前的好几倍。我和合伙人用 3 周的时间做了一份十分唬人的商业计划书，多达 100 页，希望可以引入战略投资者。但最后却成了一堆废纸。

雄心勃勃的商业计划书成了我给自己挖下的大坑，不但没有融到资，反而浪费了宝贵的时间。我们一口气找了几十家机构，和他们面谈，演示 PPT，详细介绍商业构想。一个始料不及的麻烦是——创业者经常想不到这个细节——投资人没有时间坐下来慢慢看你的计划书。他们一天可能见很多人，不可能在你一个人的身上花几个小时。

所以，他们更希望你 30 分钟就把事情说清楚，然后迅速给你一个结果（意向）。有时候，这个结果一定是令你失望的。投资者谨慎地观望，往往会等一段时间再看。他们也会考察你后续的行动，包括创业者和其团队的综合素质。

你需要简洁明了、重点突出的商业计划书

对商业模式简单的几页说明，比一本冗长繁复的计划书更加吸引人。这是我得出的教训。在今天这个一切都飞速变化的时代，“简单高效”是所有商业行为的基本准则。你永远不要怀疑这一点。

在 1995 年，杰夫 · 海曼足足花了接近一年的时间才完成一份关于开发 Career Central 招聘网站的商业计划书。这是一个关于计划书和效率的故事。到他写完的时候，这份计划书足足有 150 页。当时和他同在硅谷的同事们都对这份计划书的完整与缜密赞不绝口。没错，能写出这么多内容的人，一定有真材实料，成功的概率大增。最后，他也确实成功地拿到了创业所需的 50 万美元的启动资金。

但是，海曼对此并不骄傲。每当回忆起这件事时，他总是忍不住要想，这么长的时间是否花得值得呢？他不认为应该这么做。后来，他在芝加哥有了另一个创业灵感——以数据跟踪为特色的减肥中心 Retrofit。他也需要一份商业计

划书。但这一次，他没有花很多时间来做这件事，而是用了 4 个月的时间去考察、验证自己的想法。

他走访潜在的消费者、分销商和有关肥胖问题的专家，彻底了解相关的市场。经过多达 100 多次访谈后，他写出了一份仅有 2 页纸的商业计划书。最后，他就靠这薄薄的 2 页纸拿到了创业所需的 270 万美元的启动资金。

时间是我们最大的敌人

谈到这个问题时，海曼总结说："现在，时间是我最大的敌人。"时间实际上是所有创业公司的敌人。因此他现在和很多富有头脑的成功商业人士一样，认为市场是瞬息万变的，必须尽快抓住机会，不值得花几个月的时间来写一份"极度完美让人感动"的商业计划书。

> 在时间面前，我们完全可以边做边完善自己的计划。时间不等人，也许你奋笔疾书的同时，别人也有了和你同样的项目并付诸实施，拿到了资金。

今年 55 岁的休斯顿企业家曼迪·威廉斯（Mandy Williams）也吃过教训。她当年花的时间更多——几乎整整一年的时间。她为了如何说服投资者而头疼，最后写出了一份复杂的关于娱乐公司的商业规划书和融资说明。她满怀信心，但这份计划书最后不仅没有帮她实现梦想，反而变成了一种沉重的桎梏。后来，她没有写计划书，而是靠着在 NASA（美国国家航空航天局）的人脉立刻就找到了大批的客户。

回忆起这件事时，她说："我觉得没必要对商业计划书投入太多的时间。可人们往往在经历之后才意识到这一点。令人遗憾的是留给我们后悔的时间并不多。"

创业者为了获得资金，赢得有实力的投资机构的青睐，在商业计划书上投入甚多，绞尽了脑汁。但是，这跟那份冗长的商业计划书中的愿景毫不相干，反而走向了愿景的对立面——我们做一家公司是高效地实现某个梦想，而非对有钱人投其所好。威廉斯说，她现在公司的经营计划只用 1 页纸就可以列出，有时是半张纸，简单明了，让人看懂就好。

如何言简意赅?

在表述自己的生意这件事上，我从复杂到简单，用了足足 8 年的时间。8 年前，我喜欢和张志远等人泡上杯茶，畅谈商业规划到半夜。我也能喋喋不休地对潜在的投资者说上几个小时而意犹未尽，总觉得还未说透。但现在，我恨不得用两句话就把事情说清楚，不再想在商业规划问题上浪费口舌。

不仅刚开始创业的人会意识到这种劳心劳力的商业计划书并不值得，初创公司吃尽了闭门羹的 CEO 们也心有体会——风投、天使投资人和银行都更喜欢简洁的风格。很多创投部门的人坦诚地说，他们根本没有时间读那些动辄上百页的长篇大论。除了前几页纸外，剩下的篇幅其实都没太多的意义。

现代商业计划书和 5 年至 10 年前的风格已经完全不同。在互联网时代，信息传播几近透明，知识被精英封锁的时代已经过去了，你了解的东西别人也都了解。最优秀的商业计划书要能够在短短的几段内阐明主要问题：

第一，市场机遇。

第二，如何从中获利？

这两个最重要的问题讲清楚就足够了，别的任何东西都不用多说。如果对方有兴趣，他们会主动问你。

克里斯是畅销书《从 100 美金开始创业》的作者。他强调，简洁明了、重点突出的计划书比冗长繁复的更加吸引人。创业公司的管理者有时太看重一份融资前的说明书了。他认为：“一份简洁的商业计划书应该专注于几个简单而基本的问题。第一，什么产品或服务？第二，谁会来买？第三，你如何盈利？”

为了帮助创业者，克里斯还在自己名为 100Startup.com 的网站中提供了 1 页纸的商业计划书的模板。可惜的是，在我刚开始创业时，并没有读到他的观点，否则我可能早几年迈过从天真到务实的门槛。

问起为什么在刚创业的时候没有写商业计划书，Peak Neurofitness 公司的 CEO 辛迪 · 玛格雷特兹的观点是：

> 有些人就是喜欢保留思维的开放性。因为定死的东西越少，灵活性就越大。

开放性的头脑是投资人愿意在创业者身上看到的特质。在一开始便循规蹈距、事无巨细的人，反而让他们觉得头脑僵化，缺乏活力。另外，对于部分创业者来说，没有商业计划也可以减少发展中的焦虑情绪。比如我和莉莎，后来当我们不再做重大的商业计划时，对未来的选择反倒充满了多向性，有了更灵活的空间。我们卸下了压力。

但是对那些为了创业而惴惴不安、缺乏安全感的人来说，一份规规矩矩的商业计划或许是有帮助的。这些人习惯于按计划做事。因为在编写计划的过程中需要收集数据和资料，这让他们能提前分析财务状况，做出调整。换而言之，这等于是为他们争取了时间。不知道你是哪一类创业者？

对设想的说明越多，创业者越缺乏自信。那些长篇大论的商业计划书可能会反映出创业者对于自身理念的不确定或怀疑。你设想的越多，内心有可能越不确定。而一份简洁明了的商业计划会向投资人和自己的团队传递出积极行动而不是积极计划的信号。所以克里斯说："不是说计划的过程不重要，而是很多人在漫长的计划过程中磨去了激情，最后反而失去了真正动手去做的意志。"作为公司的舵手这是需要我们思考的。

目标明确，更要模式简单。我们需要做到的是，满怀激情的创业者可以在几小时内就写完自己的商业计划，因为你的目标非常明确：我要干一番事业，而不是在纸上谈一番事业。而且我对自己要干什么是非常清楚，并且充满自信的。就像我对自己的要求："我需要一种简单快速的模式，我不需要规模。"明确了目标，我们就知道该怎样对自己的公司做出说明了。

这么大的项目，钱从哪里来？

公司在北京第一次融资时，我碰上了一位"以貌取人"的投资人。我们做了一个很大的项目，至少需要500万元才能做起来。但却碰到了一位做酒吧的投资人。他最后决定把钱投给我们，开出的条件却是一杯"毒酒"。

他说："我们能不能把公司的部分员工换一下？"

我说："为什么？"

他的理由是："公司需要注意形象，有些员工的形象太差了。"

我疑惑地问道：“你是指？”

他开始举例：“那个业务经理，皮肤不好；那个策划，穿衣没有品位；那个广告部门的主管，说话不太好听。我们要让客户产生愉悦感，公司才有生意嘛。”

在500万现金和公司现有的团队结构（运转良好）之间，你做何选择？为了拿到这笔巨款，你会以“形象不佳”的理由开掉公司三分之一的员工吗？我的选择是放弃这个项目。这件事对我的打击很大。因为我意识到，为公司寻找资金需要确立很多底线，坚守一些重要的原则。但对创业公司而言，融资难是一直存在的难题。

“反正不管怎么样，就是贷不到钱！”

中国的工商登记制度改革全面推广以后，人们迅速反应，注册成立了自己的公司，渴望在市场中一展身手。但那些新拿到市场“入场券”的创业者，能不能“留得下、守得住、做得强”？创业的门槛降低了，融资的门槛丝毫没有降低。“融资难”仍然是每一位创业者共同遇到的问题。

有一位创业的大学生就抱怨，自己的公司刚注册，当上了CEO，还没开始营业，正要大展鸿图，到银行提交申请借钱，却被浇了盆冷水。银行觉得公司“没钱”，不敢放贷款，或者根本不受理。等到公司有生意了，银行又说：“你都有收入了还要什么贷款？”

“反正不管怎么样，就是贷不到钱。”在一次贷款申请被拒后，章辉失望地说。章辉的公司经营6年了仍只能称作创业公司。原因就是始终融不到足够的启动资金，最想做的项目半死不活，业务铺不开，全靠一些投资不大、周转快速、数额较小的业务支撑。当一个大项目需要融资时，银行会要求你提供价值匹配的抵押物、房产和有价证券等。但绝大多数创业者是拿不出这些抵押物的。

这些年来，我接触到的许多小微企业，因为无法获得银行贷款，最后只能“病急乱投医”，想办法找高利贷周转。所以，与其盯着项目美好的前景流口水，不如慎重思考一下项目背后隐藏的资金陷阱。

除了资金，VC提供更多的价值

有一件事总是让我很生气。当有人听说我在寻找资金时，他们以为公司只

是缺钱。在一些创业者看来，钱是解决公司发展的根本和唯一的问题。情况果真如此吗？很多创业的同行都会说我们需要的唯一帮助就是资金。但是这样的想法与事实的差距实在是太大了。如果创业公司只是这么想，失败也往往是必然的。

虽然很多成功的案例可以归功于投资人积极地在前线寻找和研究优秀的企业，然后与他们达成合作，为他们提供充足的资金，双方实现共赢。但是最好的投资人绝对不仅仅是擅长寻找有前途的企业而已。

这要求创业公司改变对投资者（VC）的传统看法。事实上，从当今投资者的履历来看，他们已经越来越像是成功的创业者，而且下一代的 VC 也将会拥有大量的创业运营经验。换句话说，他们可能比你自己还要了解你的公司。

除了钱之外，VC 还能在以下方面为我们提供帮助和好处。

为你提供董事会的经验，帮你融资，还能帮你招聘。

确立了一个大项目后，你同时需要钱和专业协助。相比钱，后者可能更有价值。你现有的投资人希望看到你的企业估值有所提升，变得越来越有可塑性。在与你达成合作之后，他们的角色会从此前“不相信你的人”变成你忠诚的销售人员。看到这样的转变你会非常高兴，因为公司从中受益无穷。

当你需要提高下一轮融资的额度时，VC 就是你最好的战友。融资不仅是关于钱的门槛，还是打开更大的窗户的钥匙，外面是广阔的天地。事实上，你的投资人可能会同时搜集其他 VC 机构的信息以决定最后的投资组合，提高公司的价值。这对你来说是一个机会。假如你想让现有的投资人为你介绍其他 VC 机构，获得更多的资金和协助时，那么不要犹豫——你需要立刻向他们提出这样的要求。

大多数创业者都没有走到这一步。所以请抓住与专业 VC 的合作机会。在你尝试和投资人建立良好关系的同时，不要不敢要求他们为你提供除了钱以外的其他帮助。因为这决定了你的企业能否取得成功，影响着你未来的发展高度。

模式之殇

如果张嘴就是互联网，你就离死不远了！

如果总是寻求让自己的公司和互联网挂上钩，你很可能会误入歧途！

如今，“模式之苦”总是离不开互联网，人们在此中挣扎，受到互联网思维的束缚，似乎不论做什么都必须在这个筐里面转圈。

这么做真的正确吗？

所谓的互联网思维，与传统行业最迥异的应该就是商业模式。传统行业思考的只是产品创新，模式是固定的，人人都习以为常，本能地依从。但互联网行业似乎还得思考商业模式的创新，注入思维的变革。

比如著名的谷歌（Google）公司，在1999年的时候，大家还为谷歌没有商业收入而担忧，那时它几乎是无盈利的。扎克伯格的脸书（Facebook）上市了之后也仍旧没有牢靠的商业模式，人们戏称其为是靠烧钱活着的企业，并给扎克伯格戴上了“烧钱CEO”的帽子。但是，现在怎么样呢？谷歌和脸书现在都不怎么为收入发愁，钱源源不断地进来。它们的市值越来越高，俨然是世界上最好的互联网公司。人们这时发现，是不是能直接从用户身上赚钱无所谓，只要用户数量积累到一定程度，自然有赚钱的门道“涌现”出来——这就是人们对互联网模式的总结。

创业者开始跟风。每一个创业的人都有成为下一个扎克伯格的梦想，都希望自己的公司成为下一个谷歌。具体问他如何实现这个目标，回答是千篇一律的：互联网思维，互联网模式，不断地融资，吸引用户，上市圈钱。

这不是笑话是什么呢？

事实是，只要你的产品能够吸引到足够多的用户，你拥有了一定的市场，就能看到商业模式了，并不一定需要用互联网作为支撑，也不用每天把互联网思维挂在嘴上，写在公司的宣传语中。

经营模式的争论

这些年来，我给自己挖的另一个大坑就是“互联网投资”。我们总计投了

400万在互联网模式开发上，却血本无归。从中总结的教训是，不要以为时尚的东西你也能玩，要结合自身的特点与需求。

商业模式是管理学的重要研究对象之一，全世界的MBA、EMBA等主流商业管理课程均对“商业模式”给予了不同程度的关注。做生意自然有一定的模式。在分析商业模式过程中，权威专家主要关注一类企业在市场中与用户、供应商、其他合作伙伴的关系，尤其是彼此间的物流、信息流和资金流。这些关系链未必就需要与互联网建立联系。

人们在使用商业模式这一名词的时候，往往模糊了两种不同的含义：

> 一类人简单地用它来指公司如何从事商业的具体方法和途径，另一类人则更强调模型方面的意义。

可这两者在实质上是有所不同的：前者泛指一个公司从事商业的方式，而后者指的是这种方式的概念化。于是，后一观点的支持者们提出了一些由要素及其之间关系构成的参考模型，用以描述公司的商业模式，试图将之教材化，变成一种标准。但是，当这些解释流于书面化，而不能与公司的实际情况结合起来时，你就掉进了理论挖好的陷阱。

一个满足市场需求的系统

在我看来，商业模式是一个企业用来满足消费者需求（应对市场变化）的系统。这个系统组织管理企业的各种资源（资金、原材料、人力资源、作业方式、销售方式、信息、品牌和知识产权、企业所处的环境、创新力，又称为输入变量），形成能够提供消费者无法自立而必须花钱购买的产品和服务（输出变量），因而具有自己能复制但不被别人复制的特性。

例如，我们可以用马云的商业模式作为案例进行分析：

第一步：马云开创了一个前卫的平台——中国黄页。这是国内都没有做过的平台，他是该行业的开拓者。

1. 主要投入：借来的2000美元。

2. 创业思想：全新的具有前景的领域。

3. 盈利模式：吸引外界注资，几乎无法盈利。

4. 最大收益：马云在该领域逐渐增加的知名度。

5. 全部收益：马云的知名度，和小量的注资。

第二步：成立阿里巴巴，获得高盛与软银大规模的注资。这时，由于有了大笔资金，马云和团队进入了正式公司的经营阶段，拿到别人的钱开始摸索着经营自己的企业，逐渐地步入正轨。

1. 主要投入：在该领域马云的知名度。

2. 经营思想：点击得到。

在这个阶段，阿里巴巴就是一个“收获平台”，来的人都有收获。阿里巴巴不是一个直接收你钱的地方，是一个给你提供挣钱机会的平台。对于买东西的人来说，这里是为你省钱的地方。人们从淘宝上面买东西既然便宜了，自然也是一种得到，是实质的获利。对卖家和买家，这是一个可以双赢的地方。

因此，马云成立了一个对每个人都有利的公司。

3. 盈利模式：交易平台的佣金。

4. 最大收益：真正懂得了管理。

在这时，马云创立并且保持稳定的团队共识或者说信仰（共同的价值观与世界观），这是他核心的模式——不是怎么运转资金，是怎么辐射理念。在此之前，所有的运作不过是摸着石头过河，企业就像他获得投资的性质一样，就是一个风险企业。我们很多人达不到这个境界，或者说缺乏这样的预见力。近年上市的过程，则使马云彻底掌握了运作企业的诀窍——企业的信仰或叫企业的共识。他把企业人格化了，将企业与人完美地融合到一起。企业有了足够的资金和稳定的经营模式，抗风险能力已变得极其强大。

第三步：现阶段的阿里巴巴。从经营特点上，我们已经看到了阿里巴巴的优势，而且在商业模式上也趋于更高的境界，成为行业的垄断者和引领潮流的企业。

实际上，马云对于商业模式并不看重，他追求的是商业的本质：

> 我看重的是，在我的一生中，我能够做些事，影响许多人，影响中国的发展。当我成就理想时，我认为自己是放松的、幸福的，有了一个好的结果。

这是所有的创业公司都需要学习的。他的这段话表明：第一是他的理想，希望通过自己的努力影响到中国很多人，并积极地影响中国的发展。第二是他保证自己的行为是有原则的，也是正道的，并且能使自己安心的。创业除了赚钱，还要坚守原则。这是灵魂、道德与商业结合后的模式。

马云想让后来者清楚，他已经上升到了给人生与事业找理论依据的层级，把一切的出发点均归结到了信仰上面。我不建议初创企业的 CEO 妄谈信仰，因为信仰对初创企业的命运总在未来很长的时间才能够发挥影响，决定不了短期的生死，解决不了现实的问题。但信仰终归是创业者和他的公司能走多远、上升到什么高度的决定性因素之一。有信仰的公司和创始人未必能活下去，没信仰的却一定活不长。

尽管马云未必信仰现存的某一个教派，但他却有一些坚定不移的“马氏信条”。而且，他成功地将“马氏信条”系统化，而后传播给每一个员工，最后让这些信条代替他本人管理阿里巴巴，扩张公司的规模，实现真正的无为而治。这是最高境界的商业模式。

怎样建立自己的商业模式？

在管理学中有一个著名的奥卡姆剃刀定律：“如无必要，勿增实体。”就是说空洞抽象的东西都是无用的，没有必要保留，应该坚决剔除，只保存必要的东西。用现在的话说就是极简主义，即“最简单的就是最好的”。

我对公司经营模式的探寻经历了三个阶段：

起初，我对商业模式不感兴趣。工作室性质的创业最大的好处就是你不用理会任何商业理念，因为船小好调头，团队构成简易精干，管理简单直接，做好业务就是最佳模式。最不关心模式的阶段帮助我积累到了最多的财富。这是令人讽刺的，也值得我们思考。

然后，工作室转变成公司形式扩大规模，这时我开始思考应该采取什么模式，公司进入了由简单到复杂过渡的痛苦过程。在寻找一个适用的商业模式时，我们数次进入死胡同，不断用自己的决策给公司挖坑。这时我发现，一旦选错了运营模式，公司付出的是时间、资源和金钱的三重代价。

现在，猫眼公司压缩了业务层级，使得公司的管理结构回归到工作室时代的业务模式。我们尽可能地简化了每一个商业环节，增大团队成员的权限，追求一职多能，去掉了一切不必要的支出。这是适合我们的路，不再为了面子和写在纸上的市场而活。

你的选择要以公司的运营空间和盈利前景为基础。在建立自己的商业模式时，我们要先看看自己所在的领域和未来的需求符合哪些条件。

第一，实物销售的商业模式

如果你的产品是某一种物品，市场上的用户可以直接持有和使用你生产的物品，也就是通常意义上的商品或者货物，说明你是做实体的。那么公司的商业模式就很简单，基本上就是以下四个套路：

1. 自己生产，自己销售：自己直接生产、直接销售给用户。这需要充足的资金和强大的渠道，也要有雄厚的技术实力。

2. 外包生产，自己销售：缺乏技术实力，或想节省成本和流程，就把生产环节外包出去，自己负责直接销售给用户。

3. 只生产，不销售：自己负责生产，交给分销商销售，采取合作模式。

4. 只销售，不生产：没有生产能力，或资金和人才不足，于是自己作为分销商，或者提供销售商品的交易市场。

淘宝、当当、亚马逊、京东等电子商务网站，就是上面的第 4 种商业模式。分销形式的创业公司现在也越来越多，但过度竞争的结果对于创业者是很不利的，你已经几乎没有市场和利润可言。过去 10 年间，试图建立新的电子销售平台的后来者无一例外都未能创造那些巨头的辉煌。这对创业者的警示是：前人的模式未必具有积极的参考价值。

假如你的产品不是某种物品，用户们不能直接持有和使用，那么你应该怎么赚钱呢？这时我们才可以考虑介入互联网平台。

第二，广告为主的商业模式

我是做广告起家的，把文化与广告结合在一起的创业之路已走到了第 11 个年头。广告市场千变万化，具有无限的可能性，一直在动态发展。它是一个创意产业。广告行业门槛低，对创业者没有什么特别高的要求。

自从谷歌公司开始在搜索结果的旁边置放广告以来，广告已经成了互联网行业默认的首选变现方式。门户网站也把它当作盈利的主要渠道之一。实际上，广告本来是平面媒体的主要商业模式，但现在互联网行业已经彻底抢走了广告领域的风头。如果你要在广告领域创业，就离不开互联网。

1. 展示广告：展示广告的一般形式是文字、banner 图片、通栏横幅、文本链接、弹窗等，通常是按展示的位置和时间收费，也就是我们所说的包月广告或包天、包周广告。这是目前最常见的运营模式。

2. 广告联盟：广告联盟是互联网广告的代理商，广告主在广告联盟上发布广告，广告联盟再把广告推送到各个网站或 APP 里去。百度联盟、Google AdSense 是最大的两个广告联盟。基本上网站流量还没有达到一定程度时，都会选择跟广告联盟合作，只有做到一定流量后，才会跟确定的广告主直接建立合作关系。广告联盟一般是按广告的点击次数收费。许多以微信公众号为平台的创业者热衷于这种盈利模式。

3. 电商广告：最常见的就是阿里妈妈，京东、亚马逊、当当都有自己的电商广告，凡客当年也是靠这个突然窜红的。这些广告一般是按销售额提成付费。很多导购网站就是完全靠这种收入，特别是海淘导购网站，会接入各个海外购物网站的广告，佣金非常可观。

4. 软文式广告：软文是指把广告内容和文章内容完美地结合在一起，让用户在阅读文章时，既得到了他想要的内容，也了解了广告的内容。很多媒体网站或者微博、微信的大号，都是靠写软文赚钱的。但在我看来，这并不是创业，只是一门小生意。

5. 虚拟产品换广告效果：你还可以为用户提供虚拟产品，但是代价是用户必须接受一定的广告，比如看完段广告、注册某个网站的用户、下载某个 APP。这一形式常被科技公司用来宣传自己的产品。

6. 用户行为分析：通过分析用户在你的网站或 APP 上操作方式，可以分析用户的习惯和心理，从而有利于在产品设计和商业规划上做出正确的决策。很多企业都需要这样的关于用户使用习惯的数据，所以可以卖这样的数据。淘宝数据魔法就提供这样的服务，比如告诉你什么地方、什么商品、什么风格、什么尺码最受用户欢迎。由此，也衍生出了一大批靠用户数据为生的创业公司。

第三，交易平台模式

1. 实物交易平台：我们让用户在平台上进行商品交易，通过你的平台支付，你从中收取佣金。例如天猫就是全亚洲最大的实物交易平台，交易佣金是其主要的收入来源。

2. 服务交易平台：用户在平台上提供和接受服务，通过你的平台支付，你从中收取佣金。比如威客平台、优步和猪八戒网，就是这种收取佣金的模式。

3. 沉淀资金模式：用户在你的平台上留存有资金，相当于一个活期储蓄账户，你可以用这些沉淀的资金赚取投资收益回报。传统的零售业用账期压供应商的货款，就是为了用沉淀资金赚钱。互联网出现后，支付宝、微信、京东等都吸收了用户大量的闲余资金。现在很多互联网金融企业、O2O 企业，也是寄希望于这个模式。

不过，对于中小企业者来说，交易平台这种商业模式并不适用。一是投资门槛过高，审批条件极严；二是技术要求很高，承担的风险和责任十分重大。在几大巨头已完成对市场的分割后，交易平台模式对初创企业已经关上了车门。

第四，直接向用户收费的模式

除了以广告业务为主，另一种商业模式就是直接向用户收费。从点对点的收费服务，实现点对面的规模效应。当然，如果前期就开始收费，很可能会吓跑用户。中国的消费者警惕一切刚开始就收钱的服务，但不排斥免费活动。所以，创业公司需要借助一些巧妙的做法，绕开前期的收费陷阱。

1. 定期付费：这种商业模式类似于我们手机话费的月套餐，定期付钱获得一定期限内的服务，流量或通话时间。相对于一次性付费直接买软件，定期付费的单笔付费金额比较小，所以用户付费的门槛相对较低。比如 QQ、优酷及其他服务的会员，就是按月、按年付费的模式。

2. 按需付费：按需付费是用户实际购买服务时，才需要支付相应的费用。不需要，就继续享受其免费服务。比如，我们在爱奇艺或优酷看到一部想看的电影时，可以只花5元钱购买它的观看权。只看这一部，就是按需付费。如果买了爱奇艺的VIP用户，在一段时间内所有会员免费的电影都可以看，这就是定期付费模式。再比如，我们在道客巴巴找到一个急需的文档，下载需要5元钱，支付完以后就可以下载文件了。

3. 打印机模式：这一商业模式是指，先用很便宜的价格卖给消费者一个基础性的设备，比如打印机。用户要使用这个设备，就必须以相对较高的价格继续购买其他配件，比如打印机的耗材。类似的商业模式还有剃须刀，刀架的价格近乎于白送，然后通过卖刀片和剃须泡沫赚钱。家用游戏机和游戏软件的捆绑销售也是这种情况。因为是日本的打印机公司爱普生首先采用这种商业模式，所以它被人称作“打印机模式”。

第五，免费增值模式

今天是一个免费的时代。上街购物处处都有免费促销活动。免费增值商业模式就是让一部分用户免费使用产品，而另外一部分的用户购买增值服务，或者先免费再收费，通过付费增值服务最终赚到利润。不过有调查发现，企业采取免费增值模式的产品，通常只有不到1%的免费用户会转化为付费用户。这一商业模式需要长期的投资和耐心，对创业公司的资金实力要求极高。

1. 限定次数的免费使用：这种模式是在一定次数之内，用户可以免费使用，但超出这个次数以后就需要付费了。

2. 限定人数的免费使用：这种模式是指用户数量在一定人数之内，就是免费的。如果用户数量超出这个限定数额，就要收费了。比如很多企业邮箱服务，如果你的公司注册了某个域名，打算用这个域名做你的企业邮箱；企业邮箱服务商可以要求，5个以内邮箱地址免费，超过5个邮箱地址就要购买他们的服务。初创公司最常采用的就是限定人数和限定次数这两种免费模式。

3. 限定免费用户可使用的功能：免费用户只能使用少数几种功能。如果想使用所有的功能，就得付费。比如我现在用的某款微软办公工具，这几天也总是提醒我需要付费升级，升级之后增加许多新的功能，但必须花钱更新。

4. 免费应用内的付费购买：应用软件的下载和安装使用是免费的，但是在使用过程中，可以为特定的功能付费。最常见的就是游戏了，购买虚拟装备或者道具之类的。再比如在微信内购买付费的标签。

5. 试用期免费：让用户在最初一定的期限内可以免费使用，超过试用期之后就要付费了。比如人们使用的Office软件，天天提醒你，免费版试用期还有多少天就要到期了，让你抓紧激活。激活就是要买正版的激活码，这也是一笔不菲的费用。

6. 对核心功能免费，对其他功能收费：例如，Appstore里的APP，有不少都是这种模式，一个产品分为免费版和收费版，供用户自主选择。免费版里基本功能都有了，但是要获得更多的功能，就要收费。比如照片处理应用，免费版有几个基本的滤镜效果，差不多够用，但是如果要更炫、更酷的滤镜，就要下载付费版。

7. 核心功能免费，但同时导流到其他付费服务：例如，我们都在使用的微信，微信聊天是免费的，但是微信内置了很多其他服务，游戏、支付、京东、滴滴打车等，这些服务都有可能是收费的。并且，微信现在对零钱提现也开始收费。这说明随着用户量的稳定，免费服务的范围就会越来越窄，最终走向全方位的收费。

8. 组织免费活动，扩大用户量：通过免费服务聚齐人气，然后组织各种线下活动，这些活动可以获得广告或赞助，或者在活动中销售商品或服务。比如，很多媒体，通过组织线下行业峰会赚钱。还有的地方社区会组织线下展销会、推荐会，比如装修展销会、婚纱摄影秀等，销售商品或服务。所有的公司几乎都采取过这种方法。

别再试图用免费战略推动公司的发展，5年前就过时了，而且你玩不起。就我见过的运用免费策略的创业公司，10家有9家已经死了，剩下1家半死不活。这些公司的CEO在决定推行该策略时，也许就抱着侥幸心理——免费模式过去大获成功，为何我不行呢？

既然有这么多商业模式可以选择，创业者完全不用太关注这个问题。你最关心的应该是“盯住脚下”，别轻易犯错误，做超出能力的事情。你应该努力做好产品，努力黏住更多的用户。当用户的数量达到一定程度了，选择一个合适的商业模式，公司就可以赚钱。

规模越大越好吗？

几年后，你的公司规模越来越大了，但经营指标真的也越来越好了吗？盲目追求公司的规模，是许多创始人和管理者给自己挖下的另一个坑。因为规模过大而死掉的公司几乎每天都有。

如果我们把公司规模比喻成一个“盒子”，里边可以装下 20 个小球。当你还不足 10 个球的时候，扩大规模是首要之举，我们到处找合适的球来装满这个盒子（扩张团队，增加项目），因为不把盒子填满，空间就浪费了一半：

1. 资金和资源浪费。

2. 时间浪费。

3. 成长空间受限。

就是说，放在盒子里面的小球平均存放成本就提高了一倍。所以这时必须扩大公司规模，以使资金和其他资源得到有效的开发利用，给我们最高的回报。

假如你找来的小球越来越多，不断招人，增加部门、设备，经常有装不下的情形（超支），就说明你应该造一个更大的盒子了。这时你面临两个问题：

1. 公司的规模继续扩大，但钱已经不够用，需要融资。

2. 停止扩大规模，但业务有停滞的危险。

不管怎么做，对公司管理者都是一个难题。关键在于，扩大公司规模时你必须要计算和调研一下：公司将来是否持续增长下去，一年、两年后需要多大的规模？

这个比喻告诉我们，公司的“产能不足”不好，“产能过剩”依然不好，一定有一个最合适的规模和一个最合适的员工人数配比，才能让公司的利润最大化，轻装上阵。我们的员工也不至于总是在加班或者没事做的状态中，担心裁员或被迫成为加班狂。很多创业公司在扩张中成长了，也有很多公司在扩张中失去了原有“小而强”的优势，而变得“大而弱”了。

通俗地说，就是公司的规模增大，但业务量却没有随之增长。许多创业公司拿到一笔钱后，兴奋地写下发展规划，飞速地扩张团队，不顾实际的发展速度，致使新的部门、设备、办公室闲置，大量的员工无事可做，但是费用却成倍增加，吞噬了原来的利润。这是公司经营的取死之道。

公司的规模要合适，是说你的员工人数和业务量（项目对人的承载）可以达到最大和最佳的效用，浪费最少，利润最高。因此，对于初创业者来说——稳定客户来源、提高产品质量都很关键，但是，找到最经济的规模就需要公司CEO自己来把控。对公司整个管理层而言，美好前景的诱惑导致做大规模的冲动，其本身就是一个陷阱。

我有一位朋友做电子产品。他在浙江成立了一家研发和生产企业。因为这种电子产品的手工制作成分较高，因此他的员工一直在120人左右。但是，公司发展快，效益非常好，就是一种小而强的规模。当有人劝他扩大规模时，他回应："你这是让我早点儿倒闭。"他坚决不干，因为他首先考虑的是，规模大了，业务量确实会有所增加，但是熟练的工人不够，需要培训。相应的，食堂规模需要扩大，宿舍数量也需要增加，管理人员更要增加。但这些增加的成本对于新增业务带来的利润来说并不合算。

为了应对市场的需求，他采取了稳妥安全的方法，用计件工资、加班奖励等激励机制提升公司现有人员的效率，保障了业务量的提高，而成本并没有提高多少，公司顺利度过了这个容易冲动的阶段。

新创公司的投资者希望看到业务量的成倍增加，但公司CEO却需要明白，只有当新增部分已经成为公司业务的常量时，才值得考虑未来几年的发展趋势，做出理性规划，然后一步到位。

在扩大规模的过程中，最忌讳年年扩张，东一块西一块，缺乏整体规划。

原则就是：

任何时候都不要轻易扩张，但是扩张就要考虑好多方面的因素，尤其是管理人员是否跟得上。

我在这方面确实吃过很多亏，因此深有感触。更大的规模是对我的诱惑，是发展的动力，也是一枚糖衣炮弹。几年前，公司的发展进入高速通道时，效益不错，前景颇好，团队士气正旺，我们就挡不住多元化经营的诱惑，没有经过慎重的考察和考虑就迅速扩张了公司规模，介入电子产品的实体销售。

那时，正是淘宝平台上的电子店铺迅速攻城掠地的时候，对创业者很有吸引力。我和莉莎通过设立其他公司、增加经营范围、入驻淘宝的形式同时开了十几家店，公司的规模增长过快，管理人员的培训和管理水平却没跟上。这么大的摊子，我们仅有 3 个人可胜任独当一面的分公司经理一职，也就是说只有他们 3 人能独自分管一块，且能力算不上出类拔萃。这意味着，我们在市场的长期竞争中缺乏胜算，除非对公司现有团队进行颠覆性的改造。但这又会破坏公司现有的基本盘。

这就跟一个十几岁的高个男孩一样，长得是大人的样子，心智还是少年，不能承担大人的责任。于是，我们那几个分公司至今有开有关，没有获利，给了我们一个极为惨痛的教训。

原则：聚焦，决策快，打法灵活

诺基亚之所以被人称为“100 分的输家”，其在竞争中失败的根源就在于固守传统，行动迟缓。诺基亚在全球具有超大的规模，曾是电子行业和手机领域当之无愧的巨无霸，但在新技术进步的挤压下，过大的规模反而成了它转型的障碍。

我们也能看到，在农业领域，尚没有出现类似诺基亚这种巨头轰然倒下的案例，反而是杜邦、孟山都等世界级农资公司纷纷合并，呈现出一派欣欣向荣的景象。这些巨头领先的技术实力，形成的技术壁垒更加牢不可破了。但从另一个角度来看，如果没有感受到危机，谁愿意“搭伙”过日子呢？

在危机发生时，公司的规模越大可能劣势就越大。

创业公司从中可以参考的是，那些巨头的合并目的就是为了形成聚焦效应，让原本过大的规模和资源合二为一，让决策更快，让打法更加灵活。创业公司应该追求“小快灵”的结构，而不是盲目崇拜规模。

规模由市场决定

一家公司的规模既是由市场决定，也是由创始人或者股东所决定的。对于一家公司能否成功的标准，实际上存在着多种价值观和判断标准。市场的结果当然是最关键的，但市场的结果往往由创始人在最初的选择决定。成功的创业公司并不急于追逐利润和规模的扩张，而是会追求一些在它们看来更为重要的目标。

这些是和规模有关的知识点：

追求优质的服务。由于某些特殊行业必须达到一定规模才能在激烈的竞争中生存，所以工业类公司追求规模是正确的。但对技术和服务类的初创公司，应该多追求优质服务，成为一家“顾客亲密型”的公司。

做到行业领先未必就要有超大规模。成为行业内的优秀企业，做到行业领先，你想一想，是否以规模为本？公司的核心竞争力是什么，你进步的源动力是什么。

专心做“非上市公司”。上市不一定就是好事，要看公司需求，而不是基于圈钱的目的。像华为这样的超大型公司选择了不上市的模式，也不引进外界股东。因为这一类公司总在寻找不确定的未来和一种金钱不能衡量的东西。一旦屈从于外界的资本压力，公司就会失去自己追求的目标。这已经超越了传统商业对于成功的定义。对创业者，这也是一种终极的境界。

稳定的股东队伍。我认为创业公司的股权结构是否稳定，比规模是否合适的问题更为紧要。所有的创业公司都要谨慎地看待控制权，确保股权被控制在一小群志同道合的人，即自然人股东的手中，而不是受控于机构投资者。

最佳的员工规模。好的公司其团队自有特色，值得我们学习。它们中有些规模很小，有些却拥有相当大的规模，也有那么几个公司情愿保持现有的规模，甚至还有意缩减运营规模。只要你注意观察，就会发现，每个成功的公司都有各自的“最佳员工规模”。我认为这是决定公司规模的一条基本标准：不要让公司规模超过你的“最佳员工规模”。

建立灵活的组织结构。创业公司要首先建立灵活的组织结构，这是一个骨架，然后能够自由地匹配管理体系，而不是受前人并不适用的经验所限制。

非财务目标的价值观。“非财务目标”就是不要先想着扩大规模来赚钱，要坚定地将公司更好的发展目标置于财务指标和规模扩张之上。

员工的自豪感。我总是自问，员工在我这里工作感到自豪吗？如果答案是否定或不肯定的，我的公司就是失败的。领导者总是希望员工能获得人性化的待遇：充满尊严、正直、公平、友善以及慷慨。对创业公司而言这是命根子。

公司本身的魅力。成功的公司总能避开单纯的商业关系，和用户、供应商发展一种私人的朋友关系，并且一起分享一个共同的理想。这反映了公司本身的魅力，更体现了你这个公司创始人的人格魅力。

和谐的团队关系。也许公司规模可大可小，但团队必须保持和谐。所有好的公司都有一支卓越而和谐的团队，但是员工与管理层的亲密关系却是双向的：管理层塑造了员工的特质，而员工又反过来塑造了公司的团队文化。这比规模重要一百倍。一支小规模的优秀团队，战斗力远远强过那些规模很大的劣质团队。

对赌协议

前不久我看到一个新闻，冯小刚导演的一部新电影《芳华》和华谊公司签了对赌协议。协议的内容是：如果《芳华》拿不到 7 亿元人民币的票房，冯小刚就要自掏腰包补够这 7 个亿。但后来我们看到该电影的预售情况，人们纷纷为冯小刚导演捏了一把汗。

出于对电影的自信，签下对赌协议是无可厚非的。可与其他电影预售千万的热映盛况相比，《芳华》这部电影的票房就不太妙了。有影评家用了“凄凄惨惨戚戚”来形容，因为预售不到 100 万，完全出乎人们对“冯小刚”这块金字招牌的心理预期。

后来我们知道，迫于至少 7 亿的票房压力，冯小刚把电影提档一天上映，可是并没有什么好的效果。一部电影的人气，其实是不受上映时间影响的。好电影就是好电影，不论什么时候上映，只要质量好，受欢迎，票房都不会差。

与之相反的是人们熟知的《战狼 2》，由于在投拍时募集的资金有限，成了一个缺钱的项目。这部当时不被人看好的电影便和几家文化传媒公司签署了类似《芳华》的对赌协议。结果《战狼 2》大获成功，激发了国人的爱国热情，制造了热门话题，还让参与对赌的几家公司赚得盆满钵盈，市值暴涨。一部电影，就能让这几家公司吃上几年。

当然，这部电影的制片人和主演也因此而成功。如果将之视为一个项目、一家创业公司，我们可以说他们赌赢了，度过了一道生死关，完成了初期的资本积累。

什么是对赌协议?

创业公司或项目有时无法回避对赌协议，全世界都有这个情况，实际上这就是期权的一种形式。通过对条款的精密设计，对赌协议可以有效保护投资人的利益。在不看好一家公司的成长时，创投机构倾向于采取这种方式。在国外投行对于国内企业的投资中，这种投资协议也已经广泛地应用。

> 对赌协议就是收购方（包括投资方）与出让方（包括融资方）在达成并购（或者融资）协议时，对于未来不确定的情况进行一种约定。如果约定的条件出现，投资方可以行使一种权利；如果约定的条件不出现，融资方则行使一种权利。

例如，我们共知的，摩根士丹利等三家国际投资机构在2003年对蒙牛乳业进行投资。双方约定，从2003年至2006年，如果蒙牛业绩的复合增长率低于50%，以牛根生为首的蒙牛管理层要向外资方赔偿7800万股的蒙牛公司股票，或者以等值的现金来支付。反之，外方将把自己持有的蒙牛股票赠予以牛根生为首的蒙牛公司管理团队。

如果公司成长不佳，投资人不会受到损失，按协议的约定获得赔偿然后退出公司。这时创业者和他的团队就将面临绝境——所以对赌协议是一个大坑。在2012年刚到北京时，公司曾与一位天使投资人签署了200万的对赌协议，条件极其苛刻。协议约定：如果一年后公司的业绩低于65%，我就得赔偿投资人20%的利息，即投资人拿着240万元全身而退。结果公司赌输了，由于业绩增长率不足30%，我们几乎变卖了所有值钱的东西（股票、车和公司部分股权），才跳出了这个大坑。

当然，假如公司成长很快，双方都能赚到大钱，就能实现共赢。

避开对赌法则

为什么我们总是容易陷入对赌的陷阱？因为对赌协议抓的就是人的心理惰性，赌的就是概率。比如我们去健身房办卡，有60次的次卡1500元，年卡2000元，很多人都选择购买年卡，觉得这样划算：交2000元，一年随便来锻炼，没有次数限制。但其实只要客观地计算我们的生活节奏和健身频次，60 次的次卡已经相当于你一年内每周去 1~2 次了，事实上很多人一年平均下来根本做不到每周 1~2 次的频率。所以，你交了 2000 元钱，有 500 元是白交的。对此健身房心知肚明，他赌的就是每周你做不到 2 次的健身次数，因为人是有惰性的。也许前几周两天去一次，两个月后就变成两周一次了。

人们之所以购买更贵但用不到的东西，是因为心理惰性。人们不想去计算来了多少次，而喜欢享受可以不限次数来健身的权限。人们喜欢拥有可选择的感觉，而非需要多少。精明的商人明白人的这种心理。

那么作为一家创业公司，如何运用好对赌协议，为自己争取最大的利益呢？

假如一家风投机构向你的公司投资了 500 万，如果你一年内用户量做到 100 万，那他的 500 万就占股份的 10%。但如果一年内你的用户量做不到 100 万，那他的 500 万就占股份的 80%。

你能接受吗？

创业者必须明白，对赌协议是一种短期的、把投资人和创业者放在对立面的一种激进的合作方式。虽然也会有投资者说，他们这是希望给创业者压力，也希望创业者能达到对赌的条件。他们更愿意占有较少的股份，只要这个项目有所发展。投资者把自己包装成心怀天下的“圣母”，你却得保持冷静，此时不应敞开你的胸怀。

对赌协议是以胁迫人“不得不做”的方式让人拼命赚钱，而并非激发创业团队内心中的“我想要”。创业成了被动的压力，而不是自发的动力。这会让绝大多数的创业者慢慢地失去初心——并非因为热爱某件事而创造价值，而是因为避免股份被稀释而不得不前行。就这一模式来说，对赌的短期效应是非常不合理的。作为创业公司的管理层，你应该敬而远之。

简而言之：

> 对赌就是为了保护天使投资人和创投机构的利益。对赌的目标实现了，投资人可以赚钱退出。对赌的目标未实现，投资人能得到不菲的补偿。对赌单从字面上看，基本上就能保证投资人只赚不赔。

这也可以粗浅地为我们解释为什么对赌通常总是投资人赢，创业者输。至少这种情况是出现得最多的，能双赢的很少，创业者独赢的更是极为罕见。

对于全世界所有的投资人来说，他们必然是倾向于要和创业者对赌，因为投资时一怕看走眼，二怕被人骗，三是得加一个紧箍咒，刺激目标公司赶紧挣钱，四是保留一个退出渠道。作为创业者你自以为聪明，但投资人才是真聪明。

据我的调查和分析，正规的创投公司几乎百分之百地都用过对赌。具体到项目里，大约有一半的投资项目是有过对赌阶段的。甚至有的投资人不好好做投资前的调查，而是指望着用对赌来化解风险。最终，对创业公司的投资变成了一种“变相的高利贷”——投资人稳赚不赔，创业者火里走钢丝。

对于我们这些融资能力差的初创公司来说，面对对赌协议的应对方案是什么呢？

1. 一旦入坑，只能对赌

对赌的目标达成了，我们也就算真的赢了，终于可以擦把汗，稍微喘一口气。这就是残酷的现实。一旦入了这个坑，就必须义无反顾。不论对赌目标是净利润还是上市，完成了就说明公司的状况好，投融资双方都有美好的明天可以期待。创业者别无选择，把公司经营好，把项目做成功，是唯一可以期待的希望。

2. 结合自己的条件，争取有利条款，量力而行

但是，不要以为你没有议价的筹码。对赌的目标除了利润和上市，其实还有很多，创业者应努力就其他层面的对赌机制与投资人进行谈判。除了回购、现金补偿和股权比例调整之外，对赌的补偿条款也还有很多可以商议的空间。对于管理期的投资保值和增值，双方完全可以设置多元化的对赌机制。

例如，创业公司无法在一定时期内聘请新的CEO，则投资方有权增加相应的董事会席位，又如目标公司取得重要专利则增加管理层的期权，等等。在这些条件的谈判中，创业者必须清楚地了解自己的需求，量力而行，并结合公司的条件，为自己争取有利的条款。

摆摊思维

中国初创公司的起步和发展过程中往往面临着一些典型症状，具有中国式的企业特征，能顺利避免者极少。

第一，公司做着做着，就陷入规模扩张的瓶颈。

第二，养不肥，好不容易把规模折腾起来了，却越做越不赚钱了。

第三，越来越觉得身边的人扶不起来，公司养了很多人，可能用之材不多。

第四，越来越搞不定，因为公司天天有事情在发生。

第五，放不下，越来越受到拘束。创始人发现自己根本潇洒不起来，背离初衷。

我们成立一家公司后，这 5 个方面的问题就是 5 个火坑，不一定同时出现，但总会接踵而来。这些症状的背后，我个人觉得更主要的是观念的障碍。很多创业者从一开始就是“摆摊思维”——把创业当成摆摊，把公司当成一个摊子。往往在该突破思维瓶颈时，选择了一种安全但上限低的做法。

我们都知道摆地摊的人是怎么做生意的，找一个人流量大的地段，选好时间，备足货品，不怕吃苦，耐得住性子磨时间，就能赚到些钱。有个人从摆地摊的经历中总结出的一句话就是：“创业不怕没人买，就怕自己不够坚持。”这个人在京城老胡同摆了 2 年 3 个月的服装摊，赚了 150 万的第一桶金。他带着辛苦攒下的钱跑到朝阳 CBD 开公司，招了几个技术人员想实现大学时的梦想，开发一款很牛的应用，4 个月就关门了。

他很努力，很拼命，投入也大，可就是做不成。之前摆摊的经验为何在 CBD 是无效的？因为这时候你需要升级自己的思维，从摆摊思维转变为创业思维，不同的时期和领域我们所需要的视野与方法都是有重大区别的。

我的建议，总结起来就是八个字：任何时期都要洞察需求，平衡需求。对公司、项目涉及的各个利益相关方的需求具有洞察力，然后有效地去调配资源，平衡各方面的发展要求，及时改变思维，适应市场的要求。

除了资金缺口外，怎么突破公司的发展瓶颈呢？做公司和做人是一样的，只做事不做人，这种公司肯定夭折。先做事后做人，这是符合大多数人的思维逻辑的。如果你总想着先把生意做好，再有条件改善员工的福利，再后来为社会做慈善，这样的公司就很容易遇到一些突如其来的瓶颈。但是先做人，后做事，先做需求，再做生意，这类的公司往往具有不断成长的空间，而且有潜质成为领导型的公司。不过走极端也是错误的——如果你只做人，不做事，那么你就别开公司了，去当苦行僧传教吧。

章总结：从计划、资金到模式，你需要避开隐形的陷阱

创业需谨慎，到处都是坑。本章主要讲述我们在创业中普遍存在而又不切实际的行为。只有明白了这些看似美妙的设想实则为坑的误区，初创企业才能顺利地发展起来。创业最大的陷阱就是“求快”。我们必须小心翼翼、脚踏实地，从容地成长，才能最大化地保证成功的概率。

第一，在起步阶段，无需巨资

对于初创企业来说，融资是必然面对的一个问题。但应把握的原则是，我们只需筹集下一阶段公司发展所需的资金即可，而不是贪求过多的资金。这样既可避免不必要的浪费，又不至于因为所需资金甚多而致使公司的控制权旁落。

第二，你要真正地了解客户

学会市场识别比订立模式更重要，识别市场的核心就是了解你的客户。要给自己创造一个了解目标市场的过程，准备充足的时间做这项工作，保证自己确实对客户及其环境有所了解，然后提高行动的正确率，减少错误。不过在快节奏的商业环境中，客户的需求总是动态变化的，今天你所了解到的未必就是明天会发生的。因此必须与时俱进，不要活在过去的认知中。

第三，不要一心打造畅销产品

创业公司应该尽快进入市场，CEO 也要紧盯市场的基本需求，而非一味地打造爆款产品。创业初期的公司仅凭自身的资源不可能满足全部客户的需求，所以不要贻误战机，以占领市场和扩大客户群为主，哪怕是小批量的急需产品，尽快投入市场也比关起门来花太多时间设计畅销产品更有效果。因为没有人能保证明天的市场如何变化，等你设计出一款完美的产品，市场可能已经“凉了”，或者已经有人捷足先登了。应该先将产品投入市场，一边拓展客户，一边继续完善。

第四，营销和做广告并不是一回事

在早期的市场营销策略中，广告一般都是高投入、低回报。对于初创企业来说，应努力做实用的营销而非砸钱的广告。在资金有限的情况下，管理层要把精力放到产品评估、创立品牌和赢得客户上，并且通过改进营销思维，实施以打动人心、培养潜在客户为宗旨的营销组合，促使营销效果最大化。

第四章

我招到的那些“奇葩”

——你以为自己慧眼识珠，其实不辨菽麦，

你并不清楚公司到底需要什么样的人。

当你成为一家创业公司 CEO，

开始组建团队时就会吃惊地发现，

“公司招聘”和“创业公司招聘”似乎是两个完全不同的领域。

怎么才能把一名优秀人才“捞进”公司？

怎么给自己找一个靠谱的合伙人，吸引真正优秀的精英加入团队？

快速见效的策略是什么？

比找对象还难的事——找一个靠谱的合伙人

无论能力多么强悍的创业者，仅以个体的形式打天下，通常是不会成功的。最成功的公司往往都是联合创始人，辅以一支精英团队。毕竟个人的能力有限，资源和人脉更有限，你只能在力所能及的范围内做自己擅长的事。那些自己做不了或者不擅长的，就需要找一个人去完成，弥补自己的弱项。这个人就是合伙人——能够帮助公司解决问题的合作伙伴，并且能与公司共同承担风险，从发展中共同获益。

这些年来，除了猫眼公司的原始创始人，也是我的爱人莉莎之外，其他合伙人都以业务合作的方式合伙。随着公司业务的升级和变迁，合作伙伴从个人到机构，换来换去有六七个（家），合作形式也多种多样。有的合伙人令我终生受益，而有的合伙人却让我终生懊悔。我深切地体会到，找一个靠谱的合伙人是一件多么困难的事。找对了，事业获得新生，双方共同进步；找错了，有可能是灭顶之灾。

2007 年，我辞去北京的公司主管职位，回到济南创业。我凭借在行业内积累的丰富的人脉资源和业务渠道，打好了创业的基础。那时，章辉既是同行也是朋友。他是我的第一个业务伙伴，也是我的第一个上游渠道。他为我提供了最初的业务，帮助我完成了最原始的资本积累，也教会了我管理公司的经验。

我很庆幸，他是我的第一个合伙人，也是我最感激的朋友。尽管随着业务的扩张，我们的合作逐渐减少，对他的生意也造成了一定的影响，但这并没有影响我们的交情。

我的合伙人是个骗子

2009 年，工作室成长迅速，章辉的公司和他本人的资源所能提供的业务量已经远远不能满足工作室发展的需要。我不得不考虑增加一个新的更优质的业务伙伴，以此满足公司的发展。此时，D 先生找到了我——我在老东家的一个下属，我们彼此比较熟悉。他和章辉一样，也是我多年的朋友。几年前我们曾一起共同创办杂志和网站。他看上去文文弱弱的，说话和声细语，走路不紧不慢，心思缜密，是一块做生意的材料。

他作为老东家的代表和我接洽，在工作室快速成长期为我们提供了更多的业务和更优的价格，并协助工作室逐步向更多的业务领域进军，实现跨界经营。后来，我成立了公司，我们的合作也一直保持到了 2015 年。

在业务分工上，他承担了大部分的代理、谈判及销售工作，而我和莉莎则专心于建设团队，做好公司的内部管理及机制的完善。几年来由于这种明确的分工，我们合作很顺利，业务也在不断扩张。

如果不是一位新客户在饭局上偶然谈起，我至今仍然被蒙在鼓里——从 2012 年到 2015 年，D 先生作为公司合伙人和授权代理方，通过阴阳合同隐瞒并挪走的业务进款竟高达 550 万元。虽然这几年他代理的公司业务利润越来越微薄，公司进入低谷，但我出于对朋友的信任和对友谊的珍视，从不怀疑任何人。后来，即便知晓了这件事，我仍然相信他有不得已的苦衷。所以，我决定当面问个清楚。他对此矢口否认，一边哭穷，一边历数我们多年的友情。

随后，我对这些年的业务展开了详细调查，并聘请了律师。我发现了以下事实：

1. 4 年前有 70 万元业务款被他分批挪走，用作支付购房首付。

2. 2 年前，他和自己的妻子注册了一家注资 500 万元的公司，所需实缴资金大部分来自公司的业务款。

3. 他正谋划将公司的一个重要商标产品据为己有，并以我的授权书为法律基准，企图将此变成既成事实。

我想，等他完成商标的转让手续后，就是他与公司结束合作、另立山头的时候了。这简直是一个大笑话。我和团队的每一个人都非常愤怒。莉莎收集了所有的证据，然后我带着律师去当面对峙，把证据摆了出来，这时他不再否认。

随后的几个月内，我们经过了艰难的法律拉锯战，挽回了部分损失。D 先生放弃了不法企图，但有相当一部分已经挪走并花掉的业务进款再也收不回来了。律师只是拿回来一张金额减半的借条。D 先生的想法是，这些钱就当一笔有息贷款，他需要按月慢慢还。

夫妻店

据我了解，国内超过半数的创业公司都是以“夫妻店”的形式起家。相比于其他形式的合伙，夫妻店有诸多的优势：

> 第一，互诚互信，互相了解，少了从外部寻找合伙人的尔虞我诈、利益分配不均等问题。
>
> 第二，意见统一，三观一致，心往一块想，力往一处使。在经营理念和管理方式上通常不会遇到很大的分歧，即使有不同意见，也能从感情沟通的角度更好地解决。
>
> 第三，节省成本，最大程度地守住利润，肥水不流外人田。

这是夫妻店的优势。在遇到莉莎后，我的公司终于有了除我之外的第一个原始创始人，开启了公司的夫妻店模式。她是我永远不会怀疑的合作伙伴，因为我们一起合伙的不仅是事业，还有生活。这原本是好事。不过，在我们彻底搞清楚两个人应该如何各司其职之前，夫妻店的模式还是产生了很多不必要的烦恼。比如权责不明，没有划分清楚工作界限，在面对一些难以定论的决策时谁来拍板，工作出现问题时谁应该承担责任……甚至有那么一段时间，我们都完全没有搞清楚自己的身份。她有时候甚至不知道明天要做什么工作，而我责怪她缺乏主动性。她批评我大权独揽，不舍得放权。我质疑她可能根本就做不好，因此没必要把权力放给她。

这些问题在夫妻店中100%都存在，即使事先做好分工，其他各种各样的问题依然会产生。对创业公司来说，夫妻店是一个低成本高效率的合伙模式，但对长远的发展来看，则是一个弊远大于利的合伙体制。

我的一个朋友讲过他的故事。他早年创业的时候和妻子开了一个面食店，向学校和单位提供馒头、油条和其他面食。起初夫妻俩起早贪黑，干得热火朝天，拿到不少食堂和单位的订单，赚了一些钱。

但后来，两人却开始“互相攀比”。搞笑的是，他们攀比的不是谁比谁在工作上付出的更多，而是较劲谁能比谁付出的更少。慢慢的，他们不再早上4点起床，今天你5点，明天我6点，后来谁也不愿意比对方早起，憋着劲儿地置气。为了应付越来越多的业务，他们雇佣了几名帮手，但手艺和责任心明显差太多。有一天周末的上午 10 点多，有客人去店里买东西。结果他们 5 岁的女儿去开的门。小姑娘诚实地告知，今天没人上班，爸妈还没有起床呢！

这是夫妻店普遍存在的问题：自律不够。由于没有人约束，再加上权责不明，时间久了，就会计较对方的付出得失是否与自己的需求匹配。如果双方都没有任劳任怨、体谅对方的觉悟，发生像我朋友那样的故事一点儿都不奇怪。

在夫妻合伙人中还存在另一个不可避免的问题：利益分配不均。这种情况一旦发生，就会比一般合伙人之间的利益冲突更为严重。

由于夫妻店收入属于夫妻婚后的共同财产，即使尚未结婚的伴侣一起创业，其所得的收入也存着转变为共同财产的倾向——除非两个人都明确地清楚双方不会结婚。所以，大多尚未走上正轨的公司通常不会在收入分配上做出明确的划分，以免谈到钱的问题伤了感情。但对夫妻形式的合伙人就不是这么回事。他们心中都有一个“共同收入”的概念，同时也有“我自己的那份”的想法。

因此，不论是夫妻店还是其他形式的合伙，收益分配都应该放在第一位，谈妥利益分配方式，明文规定并切实履行。这不是斤斤计较，而是避免日后因为“分赃”问题导致情感破裂。

近年来，我见过太多因为公司利益分配不均，互相算计，最终走向法庭的夫妻。他们一起创业，互相扶持，结果却在分钱的时候分道扬镳，殊为可惜。如果我们从一开始能够正视合伙人的含义，能够签署一份合法与合规的合同，明确权责和利润的分配，就能减少很多不必要的麻烦，公司也能够更早地走向正规。到那时候，你这个 CEO 才是货真价实的。

不靠谱的亲戚

在知道我要创业后，家里很多亲戚都躲了。他们都很清楚，马上有人要问他们借钱了。但也有一些亲戚会主动地靠过来。他们对你要做的事业很感兴趣，手中有点闲钱，但不想白白地借给你赚那点利息，而是想以资金入股，跟着你一起挣大钱。

我就有一位这样的表哥。几年前，在了解到我公司的业务后，他非要把自己 10 万元的家底投进公司，还要跟着我一起干。10 万元解决不了什么问题，入股也占不到 1/20，分红也不会有多少。我把一切丑话都说在了前头，在一番拒绝并且无效后，我同意他加入进来。

迫使我同意的最主要的因素，是他的母亲给予我父母极大的压力，明确提出希望我给他一个机会，并承诺说："是赔是赚，让你表哥一人承担。赔了，就当他学点经验，吃点苦头，公事公办，不用考虑亲戚这层关系。"

"好吧。"既然都这么说了，我不能再拒绝，"让他来吧。"

我这位表哥是一个"万年打工仔"，简历写出来五六页，是资历丰富的上班族。闯荡这么多年，做老板还是头一回，所以他格外兴奋。与别人聊天时，他说是我公司的股东，现在也是一个老板，今时不同往日了。于是不到一个月，所有的亲戚朋友都知道了这个消息。

我以为他既然认同了公司股东的身份，就应该意识到应该担负的那部分风险和责任，起码知道自己每天都要做什么。但表哥似乎只接纳了身份这一层事实，对其他工作毫无认知。他在公司依然像一个上班族那样，每天按时上班，按时下班，双休节假日、各种家庭活动安排，从未想过主动去做一些公司需要的工作。他对业务也不上心，不管做什么事都要等我和莉莎的指令，或者其他股东找他帮忙，他才勉为其难地到公司来坐一坐。

还有几次，他郑重地对我说，他想领取固定的月工资，希望公司给他交上五险一金。

我只好又一次对他说（他加入公司之前，我已经对此做了说明。当时他和自己的父母也表示认可）："咱们不是说好了吗？合伙人没有工资，年底才能分红。咱们创业是给自己做的，不是给别人打工。我们都是公司老板，谁会给老板发工资呢？当然，你可以预支一些钱，到年底赚了钱再扣除。不过如果公司到年底没有盈利，你支出的这些钱就会算作你向公司的借款。"

后来，表哥不再提工资的事儿，开始以各种借口从公司账户上预支款项：今天孩子交学费，明天亲戚生病，后天老同学生孩子要包一个大红包……总之，他认为把所有家当都搭进公司了，自己预支一点儿钱理直气壮，反正年底有分红。而事实上，公司前期接到的项目根本不赚钱，都在投钱的阶段。那两年公司盈利很少，管理层的股东和其他合伙人每年都拿不到什么分红。即使赚了一些钱，我们也会自觉地继续投进公司，用于公司发展。但表哥装作完全不清楚这些事儿，尽管在入伙前我已经再三向他和他的家人强调。

我非常后悔答应他的母亲。同时，表哥作为公司股东的身份也仅维持了不到 4 个月就草草结束。他觉得跟着我创业挣不着钱，想退出，要把入股的 10 万元退回去。退股没有问题。但他提出，这几个月从公司预支的 8 万元，当成他的劳动报酬，不能从那 10 万元里面扣除。

我无奈地说：“好吧，就当公司买了单保险。”

这件事让我吃了个大教训——坚决不能与亲戚合伙做生意，因为情、理是很难放到一起讲的。即便现在说得很好，你也不知道将来会不会变。这是一种不确定的承诺。你讲道理，他讲人情。你讲原则，他还是讲人情。他加入你的公司，并非相信你，而是怀着一种观察的心态，觉得能赚钱就继续观察，跟着你赚钱何乐而不为？一旦你的投资无法在短时间内产生收益，公司发展出乎他的预料，他就会撕毁当初的承诺，用人情当作挡箭牌，完全忽视白纸黑字签下的协议，立刻退出，且不能有任何损失。他们无法成为你的商业伙伴，只想过来搭便车，坐享其成。

这一点，我在两年前的股市中也有所认识。炒股赚钱的时候，一群人想跟着你喝汤。你赔钱的时候，他们就要讨一个说法，觉得你坑了他们，你要对此负责。所以在商业合作中，尽可能寻找陌生人并且有商业道德的合伙人，不要让合伙人和自己沾亲带故，也不要跟朋友合伙——朋友当然也有好的合伙人，但成为概率论的刀下鬼，是不值得的。

在商业领域，亲戚是一种很特殊的身份存在，尤其在有利益纠葛的地方，很多事情会变得复杂。所以我再次强调，如果你想创业，或者你的公司需要合伙人，尽量不要找亲戚来担当这个角色，尤其是不能承担风险、目标和三观与你不一致的亲戚。赚钱的时候大家都开心，但如果不赚钱呢？他们不会陪着你不开心，而是会一脚踢开你，立刻去谋一份安稳有保障的工作。而且，你在他心中将永远成为那个让他吃了大亏的“不地道的家伙”。

如何找到一个靠谱的合伙人

那么，一家初创型公司怎样才能吸引优秀的合伙人呢？通过一种什么标准来判断对方是否合适呢？“靠谱”的标准是什么，我们怎么分析一个人是否靠谱？

我们为什么需要合伙人

当你搭建起公司业务的架子，发现自己只擅长某一领域，而另一领域缺失或者空白，这时你就要考虑招募一个人来解决这件事。

此时你有两个选择：第一，招聘一个核心员工；第二，招一个管理层的合伙人。这两个选择皆能解决问题，区别在于，前者是雇佣关系，后者是合作关系。

> 招聘一个员工，就是他做事你给钱，无论公司发展情况如何，员工都要拿工资，只贡献对应的力量和资源，与公司的利益关系很宽松，随时可以离开。
>
> 而招募一个合伙人，前提条件就是他要与公司一起承担风险，休戚与共，自身资源的贡献值要最大化，且只有公司盈利，他才能拿到钱。合伙人与公司的关系相对于员工来讲，非常牢固，能与创始人责任共担，利益共享。

可以看出，公司在业务领域有“重大技术缺失”的情况下，应该招募一个合伙人，给他相当份量的股权，而非高薪聘请一个员工。至于需要几个合伙人，视我们的具体需求而定。通常，一个完整的公司架构包含财务、人力资源、市场、技术、管理等几个大的方面，每个面都需要一个有能力独当一面的人。但在创业初期，CEO可身兼数职，不必每个环节都找一个专业性极强的高手。

什么样的合伙人是合格的

1. 三观一致，彼此认同

这是合伙人能够长久在一起共事的基础。如果你招募了一个合伙人，在价值观上与你完全相反，你认同的事情他要反对，你看不惯的他偏偏赞成，在未来的创业过程中将会产生很多冲突。而价值观趋同，则是一种信任和包容的体现，在创业过程中出现困难时，能够彼此互相帮助，同化、沟通与发展，从而避免内耗。

2. 优势互补，资源最大化

这是一条硬性标准：合伙人要与公司创始人形成优势互补。这种互补既包括能力的互补，也包括性格方面的互补。

能力互补是对合伙人最重要的一条要求。这样创始人就不用再花大量的时间去学习自己不擅长的领域。这部分可以完全交给合伙人负责。

性格互补就像夫妻关系中的“女主内男主外”。比如，公司创始人的思维是内敛型的，对外部事务不太擅长，那么公司就需要一个发散性思维的人才去对接外部，开拓市场。

3. 强大的风险承受能力

合伙人的风险承受力同样一分为二：一，心理上的；二，能力上的。

心理上的风险承受力，主要是当公司遇到困境时，合伙人以何种态度面对和解决，能不能以积极的态度与公司共患难？心理素质差的合伙人，在遇到危机时会意志消沉，打退堂鼓，且容易做出消极错误的选择，影响团队士气。

能力上的风险承受力，是对于合伙人的自身实力而言的，其自身拥有多少过硬的资源、人脉、资金等。简而言之，公司遭遇困难时，是否能帮助公司渡过难关？假如资金周转不灵，合伙人能否承受相当一段时期内拿不到钱这个事实？

从哪里找到合适的合伙人？

由于我们掌握的信息存在不对称的问题，很多创业公司的CEO都感觉找合伙人是一件很苦恼的事，但又不能大海捞针一样盲目寻找。因此，很多人都会从身边人下手，比如找那些优秀的老同学、亲戚（教训深刻）、相熟的朋友（代价惨重）等。幸运的情况下，可以从熟人中找到一拍即合、值得信任的搭档，但如果不那么幸运呢？

这几年我总结下来，以下几种途径可以帮助创业公司找到能够成为股东的“意中人”。

熟人介绍。如果你认识的熟人中没有合适的合伙人，可以通过熟人介绍其他熟人的方法，找到目标合伙人。每个行业都有一个圈子，总能在里面寻找到擅长的人。这种方法找到的合伙人比较可信，能为今后合作打下良好的信任基础。

垂直寻找。根据自己领域的需求，在相关行业内寻找合适的合伙人。

通过中介平台寻找。现在有不少网站建立了寻找创业合伙人的平台，创业者可以发布招募令，通过这些网站与有同样需求的合伙人建立联系。

搭建个人品牌宣传，吸引有意向的合伙人。现在社交网络很发达，创业者除了在人脉圈中寻找合伙人，也可以通过自我宣传的方式，去吸引有实力的合伙人。前提是，你的品牌有了一定的知名度，有市场背书，那样等待合伙人就指日可待了。

怎么说服目标合伙人?

经过一段时间的寻找，你总算发现了一个目标合伙人，这时就要想办法说服对方加入你的公司，加入你的团队。

这绝对是很难的一步。一个创业公司，无论业务还是资金，都处于艰巨的婴儿期，在市场中尚无立足之处，难以用实力吸引和说服优秀的合伙人。这时该怎么办？四个字：开诚布公。

首先一点，你要了解目标合伙人的诉求，即他想从公司获得什么，他现在正在面对什么困难，从而评估公司能否对接和帮助他实现这一点。

第二，坦诚地介绍公司现状，以及未来的发展方向和愿景，你的实力和资源等。千万不要粉饰太平，过度吹嘘公司的实力，这样反而显得你没有底气，不务实。

第三，从情感上了解对方。从交流过程中了解对方的经历，以及面对工作、生活的态度，为人处世的方法，价值观等。你也要坦诚自己的一些想法、要求，作为双方互相取得信任的基础。

找合伙人就和找对象一样，都要经过一个逐步了解的过程，需要磨合和试探，所以短暂的沟通通常是不会成功的。如果你发现一番沟通下来，对方与你想象的天差地别，或者说达不到你的期望值，这是很正常的。你不必感到难过。只要保持一颗积极向上的心，相信自己，总会找到那个合适的人。

我招了一个"傻瓜"

自从开始创业，我们就会常常感慨人才难招。有家公司的老大跟我说，早晨起来愁钱，吃不下饭；中午又开始愁人，同样吃不下饭。很多人的简历像雪花一样投进来，看起来漂亮，但招进来之后，发现大多是平庸之辈。团队费尽心力地想要培养几个人才，最后发现除了失望还是失望。

公司创立之初（24 个月内），人员的流失率一度高达 80%。很多员工连 3 个月的试用期都难以通过，有的混过试用期自己就走了。没错，创业公司不养闲人，一个萝卜一个坑，不像大企业可以接受一定程度的冗员。对于优秀的员工，创业公司会想尽办法留下，而对于不合适的员工，会毫不犹豫地开除。同时创业公司的业务缺乏稳定性，也是人才流失率高的原因之一。

但有一类员工，则是处于比较尴尬的境地，因为他虽然能力不够，但看起来足够努力。对于这类员工，创业公司应该如何对待？你真狠得下心像别人说的那样把“平庸却忠诚”的员工剔除掉？

平庸却刻苦，无能却勤奋

公司以前有这么一个员工，是一位毕业不久的小姑娘。她平时话不多，工作挺努力，也踏实好学，但就是资质平庸，贡献不大。她很少出错，但也不愿意挑战，属于只想拿稳定工资的类型。

我跟她谈过几次话，详细了解了她的职业需求和能力的特点，希望能为她量身定做培训课程，由公司出钱帮她充电，提升能力。毕竟没人不喜欢忠诚可靠的员工，对这类员工，所有的公司都会给予机会。

从试用期到正式工作期的 9 个月中，我给这个小姑娘提供了 3 次培训机会，每次为期 2 周。我发觉效果不明显，她仍然是那样努力，可靠，却进步不大。后来，公司进行了一次薪酬结构改革，普遍降低员工的底薪，提高业绩的分红来刺激团队的战斗力，这个小姑娘是那批辞职员工中的一员。

这样的员工是很多的。他们也会选择到创业公司上班。他们对自己的能力没有信心，虽然也刻苦，但因为能力不够，业绩通常一般。不过，他们非常追求工作的稳定性，不会轻易换工作，对公司也较为忠诚。这种员工在成熟型的公司中是宝贝，因为他们忠诚度较高，兢兢业业，但在创业公司，却是不太适合的。

“老板，我缺钱”

有一种员工坐在你的办公室里，他似乎特别缺钱，但工作能力又差，无法通过自身的努力去获得。这时，你会怎么办呢？如果他到了你的公司，而公司没有能力替他解决问题，或者没有兴趣给他机会，如何快速解决掉这个麻烦呢？

我遇到过一个这样的员工。公司给了他 3 个月的实习期，底薪 4000 元，没有提成。但这 3 个月内，他所表现出的工作能力很一般，工作积极性不高，总找借口偷懒，交代的工作一催再催，总是交不上来。所以公司打算实习期一到，就立刻辞退他（这个决定在他上班的 1 个月后就做出来了，之后的 2 个月只是最后的观察期）。

虽然工作能力不行，但这个员工的消费能力却是相当惊人的。他似乎总是入不敷出。隔三差五的就会私下里找主管“借钱”，今天要交房租，明天要还信用卡，后天老妈过生日要买礼物……不是这里有难处，就是那里要用钱，总想预支薪水。

莉莎把情况反映给我，我就找他谈话，告诉他，根据公司规定，预支薪水是不合规的。如果想拿到更多的回报，就要用能力说话。如果你贡献大，公司给的回报就高，很可能一个月的收入就能解决你全部问题了。

结果，这个员工对我抱怨道：“你给的薪水那么少，我当然难以维持生计啊！而且我刚上班，手里又没有存款，你让我怎么办？”

听到这番说辞，我太震惊了，好像造成他这种窘况的罪魁祸首是公司。他把之前自己生活的困境转嫁给了刚给他提供工作的公司，好像一家公司不替他过去的问题擦屁股就是不人道的。后来，我毫不犹豫地辞退了他。

这就是“傻瓜式”的员工，一般存在这几个特点：

1. 以为勤奋努力是在公司立足的根本。站在员工的立场这是对的，但创业公司尤其不需要这类员工。创业公司首先看能力和品德，其次才看是否勤奋。

2. 认为公司有义务替自己解决问题。如果你注意观察，相当一部分员工都有这种想法，伺机让公司为他的过去埋单，或者为他犯下的愚蠢错误提供帮助。这样的人再有能力，也不要招至麾下。

3. 缺乏工作常识，学习能力差，进步慢。一些工作上的原则和常识，聪明的员工你只需说一遍，就能 100% 地执行且协助公司完善制度。但对愚笨之人而言，他们可能需要你不停地耳提面命也不能完全理解公司的要求。

创业公司绝对不能招聘傻瓜式的员工，这类人完全搞不清楚自己作为员工的身份。有些人以为在公司上班是“过家家”，有些人对公司有着过分的要求，或对工作有着过于美好的想象。创业公司需要能干、悟性高、执行力强且愿意拼命的人才，至少是潜在的精英，而不是潜在的庸者。

创业初期该招聘无经验的人吗？

我们从很多管理书上看过这样的观点：

“去招聘那些有激情、有梦想的人吧！”
“远离只想混工资的平庸之辈。”
“将你的员工培养成野心家！”
“培养员工的狼性！”
……

还有这样的观点：

“成为员工的老师，也要做他的朋友。”
“多关心员工的生活，拉近与员工的距离。”
“害怕员工跳槽的公司不是好公司。”
……

创业初期，这类观点曾经令我备受鼓舞并使我深信不疑，以为只要照单全收，按照管理学家的方法去做就能少走弯路，招到并培养出优秀的人才。但有一名员工的离职却令我陷入了深深的反思：

这是我的问题吗？

是哪一个环节出了问题，导致一名发誓要追随我的员工突然“背信弃义”？

他走时写了一封邮件通知我。于是我给他回复了邮件，与之交流，想找出他不辞而别的原因。他告诉我，他觉得在我的公司压力太大，工作枯燥，看不到前途，进步也有限。他说：“您提出的要求我实在难以做到，感觉怎么做都达不到公司的标准，每天又累又没有成就感，简直像在地狱。”

嘿，这是创业公司的常态吗？可能许多在创业公司上班的人都有类似的感慨。

在那段时间，公司成立不到4个月，业务多，人才少，我确实有点儿心急，因为想要他快速地成长起来，就刻意让他感受到压力和不舒适。站在管理者的立场，我是想考验他，磨炼他的意志力，期望他能顶住高压，成为我想象中的优秀员工。

至于他说到的“工作枯燥”“看不到前途”等因素，我只能遗憾地说，不管到哪家公司，初创或成熟企业，人都要经历这一步。他在我的公司经受不住这些，去下一个公司还是如此。

我尽力挽留他，但他打定了主意要走。最后公司结清他的薪水，放他“高飞”。

没有经验的“白眼狼”

大概一个月以后，一个朋友突然联系我，问我：“你的公司以前有个叫×××的吗？他说之前是你的助手。”我这才知道，这名员工从离职后，去了朋友公司上班。朋友在这个行业已经很多年了，公司的规模不大，但发展势头迅猛，在业界的名气也不小。

让我有点惊讶的是，这位“我的前员工”很会包装自己——强调他是我的助手，而不是简单地说自己在我的公司实习了几个月。

朋友问了一些关于这个人的情况，我根据他以前的表现如实相告。后来他被录用了，因为他是一个很拼命的人。在北京，“拼命”就是一张通行证。

差不多过去了半年，有一天朋友又告诉我说，那个小伙子辞职了。辞职的原因是，他觉得遇到了工作瓶颈，找不到自己的定位，趁着年轻想多学习和充电，看看自己到底该干什么。

我不置可否地说：“这个小伙子挺有想法的，上进心很强。”

朋友笑了起来：“他可不是你想象的那么单纯。他的辞职理由，翻译过来的真正意思是说：我在你的公司该学的东西都学到了，你这座小庙容不下我这尊大佛了，我要出去找个能容下我的大庙了。说得直白点儿，他只是把我的公司当跳板，一步步跃升自己的事业高度。一旦经验学够了，立刻就会跳槽。这种员工是白眼狼，这几年我遇到了无数个，初创公司千万不要招到这种人。”

这样的“白眼狼”员工你是不是也遇到过？

他们在工作中从不表现出任何不满；

对薪资待遇也没有什么要求；

表现得特别好学上进；

他们喜欢“表忠诚”。

你会发现，他们之所以对公司的一切都不要求，恰恰说明他们想要的很多。现在他们只是不说出来，小心地将自己的野心藏好。你看看历史上那些密谋篡位的阴谋家，哪个不是从“龟儿子”做起？对皇帝说自己一无所求，只愿无私地奉献出自己的忠诚，实际上背地里正在默默地壮大自己的势力。

做公司、做事业也是一样的，员工与公司是一种利益交换关系，但员工却告诉你他什么都不求，那么他是来公司为你的事业做慈善吗？创业公司的管理者一定要看到这一点，知道一个员工想要的到底是什么，并从中判断这个员工是否属于“忠诚”的类别，从而决定他值不值得培养。

除了工作能力，从经验中还可以看到一个人的“品德历史”

一般情况下，那些没什么能力但一上来就信誓旦旦的员工，大多数存在以下问题：

1. 三分钟热度，看上去斗志昂扬，实际上意志力很弱，工作热情不持久，经不起枯燥和耐心的操练。

2. 将企业当跳板，所谓的表忠心只是一种实现目标的手段——想让老板看重他，多教他一些东西。

3. 喜欢表忠心的员工多数有点儿“江湖习气”，不能客观地摆正自己在公司中的位置，喜欢与老板称兄道弟，想通过亲密“关系”获取利益。

很多创业公司的创始人和 CEO 像我一样缺乏管理经验，在看人方面不够犀利。为了避免招到这样的员工，我的建议是：在公司的初创阶段，尽量不要招聘那些无经验的人。将之确立为一条主要原则。除非这个岗位对技能经验要求不高，短暂的基础培训就能上岗，否则就要斟酌慎重，不要为了节省人工成本就冒险这样做。

原因有二：

第一，培养人才的时间成本巨大，人才的流失风险极高。

第二，无经验的员工不可能在短时间内创造效益，只会加大创业公司的成本投入，到头来可能得不偿失。

所以，创业公司招聘人才时，应该将重心放在招聘那些有经验、在某个领域有一技之长、上岗就能使用的人才。你想一想，你自己本身的工作和管理经验可能就很不足，再招一个没经验的人进来培养，除非你的人格魅力极强，且能一直教给员工很多东西，否则，等到他们觉得你“不过如此”的时候，一定会毫不犹豫地炒了你和你的公司。届时不是他们愿不愿留的问题，而是一家前景不明的创业公司能拿出什么条件换取他们的忠诚。

开始时必须多招聘那些有经验、经过其他公司考验的人才，好处有以下几点：

第一，彼此知根知底。从一开始他们就知道你的公司大概是什么情况，明确自己要带着真材实料而来，与公司的利益关系比较明朗。

第二，他们的目的明确。他们很清楚自己的目的不是来学经验，而是看中公司的发展潜力，要给公司创造价值才能获得回报。你不需要费很多口舌教他们所谓的“行业规则”。

第三，培训成本小。有经验的员工不需要费精力培训，上岗就能任用，且能帮助公司培训其他员工，带动公司发展。

第四，附带价值高。有经验的员工多数都有长期维护的客户关系，自身拥有人脉资源，对创业公司开展业务大有裨益。

招聘无经验的人员初期看起来付出的财力成本较小，有些创业公司的人力资源部门和老板都喜欢这么干，但公司的长远获益也少，且在未来要担负较大的人员流失风险。招聘有经验的人才，也许刚开始付出的人力成本较高，但获益也相对更有保证，未来即使人员流失，也不至于造成太大损失（起码情感损失较小），公司可以再招聘那些有经验的人才替代。

随着业务扩展，人才缺口变大，这时我们的企业才可以考虑逐步地吸引一些值得培养的经验较少的员工，当作公司未来的储备人才。

不要相信那些信誓旦旦的员工

公司创立之初，招聘是工作的重中之重。品艺公司化运营的第一周，我们从招聘网站上“物色”到了第一个员工——一位211大学毕业的小伙子。看到他投递的简历时，我和合伙人都很兴奋。因为他的自身条件完全超出了公司的招聘要求。他能在茫茫“公司海”中相中我们这种要啥没啥的草根公司，我当时的那种感觉就像一个没房没车只有承诺的穷小子被一个容貌俱佳又有才学的漂亮姑娘看上了。

我丝毫没有犹豫，用公司座机打出了它上岗以来的“处女”电话——通知我们挑中的“相亲对象”尽快来公司面试。没想到的是，小伙子比我还兴奋，接到电话时他只是问是哪一家公司，就连声答应“好的好的”，然后立刻赶了过来。

我以为他要问很多问题，甚至在草稿纸上写好了应对答案，比如如何回应他对未来公司发展方向和对员工的职业规划、培训等领域的询问。但他什么都没有问，有的只是点头称是。当时的感觉有一种说不出来的奇怪，我的确见过许多这样的求职员工，但这类人通常是条件不高、能发工资就干的庸才。高学历的优秀人才态度也如此谦虚低调，实在出乎我的想象。这就好像我们去买衣服，拉好了架势准备砍价，当小心翼翼地抛出一个价格后，对方却满口答应：“行，拿去吧。”

挂了电话我不禁在想：这个小伙子要么是一个爽快人，要么就是对自己不太自信。

面试的交流过程，验证了我对他的第一印象：他很坦诚，而且有一点儿性情中人，虽然从业经验为零，但斗志昂扬，一身的侠气。作为一个毫无经验的创业公司小老板，我当时都有点儿底气不足。为了展示自己的诚意，没等对方提出明确的要求，我就把公司能提供的条件和未来发展方向主动告知。当然，关于未来的畅想，公司如何发展，员工会有什么回报，我和另一位参与面试的经理是加了很多润色的。

他的眼中闪动着兴奋的火花，没有任何的讨价还价，几乎不假思索地对我说："I DO！"

我得承认，当时我是一个不成熟的创业公司 CEO，对人缺乏耐心和洞察力，只是凭借着面试的好印象，就下决心要把他当成重点培养对象。

在之后的工作中，我经常给他开小灶，有时也会刻意地"压迫"他，让他干一些具有挑战性的工作。其真实用意是想看看他的潜力到底怎样，是否堪当大任。在早期的招聘和员工培训中，这是我的一贯风格。

他的工作很卖力，悟性也高，主动性很强，无论交代给他多少工作，从不抱怨，只是默默地干。一名新入职的员工能具备的所有优点他都有了。我常鼓励他："好好干，我对你寄予厚望。"

体会到我的"良苦用心"，他非常感激。那时公司的各项制度尚不正规。有时我会把加班的员工在晚上下班后叫出去喝酒作为鼓励。喝到酣处，他就会摸着良心对我说："老板，我以后就跟着您干了，对公司不离不弃，除非你把我撵出去。"说这番话时，他的眼睛里充满了真诚，恨不得指天发誓。

员工的这种表态对管理者总是很受用的。我越发觉得自己没看错人，对他的培养也投入了更多的资源和精力，安排了许多重要的工作让他尝试。

3 个月的实习期很快到了，按照公司规定，他将会转正，与公司签订正式工作合同。其实在我心里，他的实习期从进入公司那天开始就已经通过了。接下来的时间，我打算让他接触一下公司的管理工作，带一带新来的实习生，并计划给予他一定份额的股权激励。对这一点，公司管理层虽有异议，但总体上没有人反对。

然而我怎么也没想到，就在转正的前一天，我最看重、最寄予厚望的这名员工在半夜两点给我发来了辞职邮件。他毫无征兆地给了我一刀。早晨看到邮件后，我当时就懵了：

"What？ Why？"

我、莉莎、管理层其他成员、部门主管分别打他的电话，无一接通。我们惊讶地发现，这是一位忍辱负重到创业公司学习经验的难得一见的大才。在 3 个月的试用期中，他做了一家公司每个部门能接触到的所有工作，对自己的能力进行了全方位的锻炼，然后悄然离开。公司被他当成了一个跳板，我们的信任也成就了他毫无阻碍地学习、体验各种工作的机会。

经过这件事，我总结出的一条原则就是：越是信誓旦旦、没有任何要求的员工，你就越要谨慎对待。

挑最合适的，而不是最优秀的

在大多数时候，创业公司常常把“招聘难”的问题归因于外部环境，觉得招不到人是外部环境不利于初创企业，而很少意识到，这种“困难”也许是由于自己的招聘思路和招聘方法不恰当导致的。要改变招聘思路，调整用人的眼光，创业公司才能招到真正有用的人才。

国内有一家创业公司的HR跟我说，他有一段时间苦于招不到人，手上的简历大多不符合公司的标准。无奈之下，他决定举办一次现场招聘会。他意外地发现，录用的人竟然很多都是先前在筛选简历的过程中被淘汰掉的人才。

他说：“这是一个有趣的现象，看简历时剔掉的人，现场面试时却觉得很好。”

为何公司当初会误杀掉这些人才？该公司的HR总监后来发现，问题正出现在筛选简历这一环节——通过简历判断人才的标准需要调整，并不符合公司的实际需求。在招聘要求下达后，招聘专员往往会按照岗位说明书所罗列的各项要求，从简历中逐一筛选、淘汰。

他们的标准是“优秀”而不是“适用”。怎么才能达到优秀？当然是从硬件上判断，比如学历、资历、过去的成绩等。结果到最后，找不出几份简历是合格的，淘汰率有时高达90%，许多有实际工作能力的人连面试机会都得不到。

创业公司的招聘不要局限于岗位的硬性条件。在我看来，岗位说明书对一个人限制的条件太多，必须这样，必须那样，不能这样，也不能那样。说明书上写满了各种“必须”和“不能”，看似要求很专业，实则很容易将“适合”的人才拒之门外。

我们可以举一个例子：

某外销转内销的公司，公司的规模2~3亿，其中外销规模2亿以上。公司以生产金属家居挂件为主，目前投资了2000万想进入内销市场，等于在新的市场进行创业。公司决定招聘总经理一名，结果招聘了很久都找不到合适的人选。后来，他们放弃了学历等硬性的条件，广泛撒网，在不到一个月的时间内，仅仅花费了10万年薪，就招聘到了合适的人员。该总经理初中毕业，年龄35岁，有15年的家居行业工作经验，是在家居行业从生产工人做到副总的。他虽然没有很好的学历，但相当有能力，非常适合这家公司对这个职位的要求。

我们从这个例子看到，有能力，有经验，肯吃苦，愿意从一线做起的员工，对创业公司来说就是最适用的人才。学历不高但有能力和潜力的人会格外珍惜机会，他们的工作韧性较强，成长空间巨大。从功利的角度讲，跳槽的机会也相对较小。对这样的人才而言，创业公司是他们大展身手的一个好平台。

其实，招聘失利的根源还在于，公司创始人对招聘岗位的职责理解不透彻，要求也不明确。当公司CEO和HR面对招聘需求时，往往只从表面上去分析一个岗位的职能要求，而没有深入分析公司的招聘原因及招聘目的。因此，导致了人岗不匹配的现象。

我的建议是：

> 在招聘工作中，除了注意将公司的职位要求描述得具体明确外，也要兼顾灵活性，使招聘富有弹性，而不是一味地遵循硬性标准。对人才的判断，以适用为准。特别是考虑到公司的阶段性需求。即：现阶段需要哪些人才？将招聘和团队的组建分为不同的阶段，分步实施，才能收到较好的效果。

李开复总结自己多年看人识人和招聘的经验时说，创业公司招聘人才和成熟公司有所不同，不是到商店里买商品，可以根据预定的尺寸、号码、材质等进行有效的选择，创业公司只需明确人才所需的大致条件，然后高效快速地组建团队。

现在，“寻找最优秀的人才”成了很多创业公司的招聘原则。实际上他们都犯了一个很大的错误——最好的人才不一定适合创业公司，因为你不一定能驾驭。或者说，不是谁都有马云、柳传志、扎克伯格那样的可以驾驭最优人才的人格魅力。

比“线上招聘”更靠谱的是“熟人介绍”

一般来说，创业公司在招聘中面临着两个主要问题：

第一，技术人才紧缺。

比如技术类公司，这几年来，iOS、Android、Scala、Node.js 和全栈的 Python 这些平台或技术生态中有专长的开发者将会持续有很大的需求。这些领域中的创业公司也如雨后春笋，到处都是。对于创始人来说，他们不是要找一个程序员，而是要找一个热爱技术并且愿意热烈拥抱技术革新的人——这可不是什么简单的事情。技术人才尽管很多，但同时兼具后面特质的人就相当稀少了。

第二，物色核心角色十分困难。

公司的核心人物对于一个刚成立的创业公司是极为重要的，他是除管理层外公司业务、行政方面的支柱。物色这一类人也是极困难的。

核心角色包括：

> 大数据分析师和开发者，能够建立合适的数据架构和可以有效解析那些数据的算法；
>
> 增长黑客或者增长工程师，能给产品做病毒营销；
>
> IT 公司的 UI 设计师，了解整个团队的理念，在这个基础上做设计；
>
> 行政及薪酬设计、管理方面的高手，独立负责公司这方面的工作；
>
> 市场开发和运营专家，懂市场懂谈判或有融资能力的人才。

在这些方面，不仅仅是有经验的应聘者，只要是应聘者都难找到。我们收到 1 万份简历，也许能从中发现几个这样的人才。这是大海捞针的概率。即便是顶尖高手这个圈子里留下的痕迹也比你预想的要少。因为许多初创公司属于朝阳行业。另一方面，顶尖的人才早被大公司瓜分干净了。

你凭什么能吸引顶尖的人才？

以下是根据我的招聘经验，总结出的顶尖人才最在乎的几个条件：

公司给予他的是小团队（最好是 10 人以下），有决断、有魄力的创始人；

有趣的、前后逻辑清晰的技术类工作，没有太多杂事干扰；

所做的事要能看到影响力，越快越好；

兼容并包的企业文化和使命感；

办公地点要方便、有吸引力。

请熟人介绍

除了传统的招聘方式外，你还应该主动走出去，向优秀人才推销你自己。一个好办法是请熟人介绍，然后面谈，用公司的愿景和平台去打动他。熟人介绍的好处是对他已有了一定的了解，防范其他不确定的风险。

因为我们不确定自己看中的对象是否会接受你的邀请，要提高他接受邀请的概率，就必须用你做过的成绩，尤其公司未来的愿景去吸引他。记住：应聘者在向你介绍他的同时，你也在向他介绍你自己。在不确定他有意向为你的公司工作时，不要急着去拷问他过去取得了什么成绩。这是一个原则性问题。

小心这样的简历：从一个创业公司到另一个创业公司

我们在招聘和团队的人才管理中会看到这种现象：员工入职、离职、入职、离职……在求职中，很多人在很短的时间里将这两个过程不断地重复，并且体现在他的简历上。于是，他的简历在工作经历这一块能打出整整 2 页纸，可能 5 年内有过七八家不同行业或不同公司的就职历史。人们形象地说这类人是“频繁跳槽者”。

打工女皇吴士宏曾经这么介绍自己：“我总是千方百计地挤上车，然后补票。”她的意思是，人们求职要先抓住机会，然后让这个机会逼着自己长本事。长了本事就可以跳了，寻求更好的平台。跳槽后的新环境、新关系、新的工作方式，对自己的成长又是一个很好的刺激。这种职业策略对自身的成长也许是有益的，但初创企业的招聘则要警惕和辨别他们。

因此有人说，工作是第二次投胎，那么每一次跳槽，都是新生。对创业公司而言，招到很多这类员工，就是悲剧的开始。

拒绝稳定性差的人

我对这类人的第一印象就是：稳定性差。如果我在招聘时看到简历上有从一家创业公司跳到另一家创业公司的经历，我会毫不犹豫地把他淘汰掉，因为他存在着巨大的跳槽风险。这一经历表明两个问题：

第一，他在寻找合适的创业公司，在达到目标之前不会停止跳槽。你无法确定自己的公司就是他眼中合适的那一家，从成本控制角度，不值得冒这个风险。

第二，他处于学经验或磨炼自己的阶段，创业公司因为门槛低，工作杂，强度大，所以是极佳的平台和跳板。你把他招进来，只是为那些大公司培养人才。他学到东西就会立刻离开。

有一项人力资源研究表明，毕业 5 年内跳槽的次数过多，常常使一个人已经获取的工作经验贬值得厉害。比如在北京的一次大学毕业生招聘会上，有的公司就打出了“北大、清华毕业生一概免谈”的告示。他们的理由是：“这些人一心想要跳槽，不会很踏实地在自己的岗位上工作。”

尽管此举引得不少争论，也许公司的行为有学校歧视和自我炒作的嫌疑，但公司招聘者对于大学毕业生频繁跳槽有所忌惮也是不争的事实。也许他是一条龙，可你不能录用他。站在公司利益的角度，你需要的不是一条随时都可能飞走的龙，而是一头能扎下根来为公司做贡献的牛。

经济学家曾经建立过一个“次品类型”劳动市场模型，主要分析那些从“新进市场”被雇主雇用的新雇员。因为雇主不了解每个工人的具体能力，他以相同的工资雇用所有条件差不多的新进劳动力。之后，雇主会从中发现其中能力较高的雇员，继续雇用并且提升他们的能力，同时不重用或者解雇能力不足的雇员。

在这个模型环境中，公司会把轻易跳槽的员工看成是人才市场中的“次品”。这就和卖主总是保留质量好的二手车，卖掉那些不好的二手车一样。所以一旦一个人在短时间内频繁地转换工作，就有可能被怀疑是“次品”，因此在“二手”人才市场上，工资提升率往往是比较低的。这里所谓的“二手”人才市场，是指由于感觉得不到重用而跳槽的人才构成的求职市场。

那么，跳槽升迁不是很好吗？即使进入创业公司，是不是也要找一家对自己最适合的？对求职者来说，这的确很好，关键是能提升自己。跳槽式的升迁经常是猎头公司运作和沟通的结果，单纯地由自己跳槽或盲目地跳槽，实现高升的目的就比较困难。

记住，创业公司不需要那些“只为跳槽高升”的人才。

我招到的那些“奇葩”

不管是创业公司还是成熟型公司，在招聘过程中总会遇到形形色色的人。只不过作为“毛没长全”的创业公司来讲，遇到奇葩的概率更高。这主要是因为缺乏招聘经验，再加上底气不足、强烈渴望人才，遇到资质看起来不错的，就急急忙忙地抛出了橄榄枝。

下面总结一下我这几年“有缘”遇到的奇葩员工：

1. 不在沉默中爆发，就在沉默中灭亡型。

这类员工平时闷声不响，你说什么他都点头答应，从不表达任何反对意见，看起来踏实努力，任劳任怨，是最不可能离职的那类员工。事实上，他们只是在默默地积攒“爆发能量”：你平时说过的所有“不中听”的话，他不愿意接受却被迫接受的意见，他的不满，他的情绪，最终都会在某个点突然点燃。就像一颗定时炸弹一样，他会突然按下那个钮，炸得你眼冒金星，完全不知道他怎么会突然这样。

2. 自以为是，身段超高的大爷型。

这类员工通常有着高学历、高姿态，身段摆得超高，进入创业公司完全是一种“下嫁”的心态。觉得创业公司能招到他那样的，应该感谢八辈祖宗，哄着他，宠着他，别惹他不高兴。这类员工是典型的心态、位置皆没摆正，既向往事业单位朝九晚五的工作状态，又想享受外企的高福利待遇，还不想付出，完全没搞清楚一个人在创业公司上班应该干什么。

我以前招到一个这样的员工，每天准点上班，准点下班。一次因为任务紧急，好声好气地请她加 2 个小时的班（从下午 5 点到 7 点），结果晚上就收到了这名员工长达 5 页的“血泪控诉”邮件，简直把我的公司说成了“血汗工厂”。后来，她毫不犹豫地把我“炒掉”了。

我只能说，这样的员工，谁招到了谁倒霉。

3. 想当元老，又自以为是型。

这类员工权力欲很强，想当创业公司元老级人物，对公司的一切事务指手画脚，什么都想参与，什么都想干涉，总想提供重要意见。你不接受，他就不高兴。这样的人通常太自以为是，觉得自己能力强，公司离了他玩不转。

我以前辞退过一个这样的员工，结果他闯入我的办公室“苦口婆心”地教导我：“你不知道公司正在创业期吗？你不知道公司现在需要人才吗？我以前跟的那个老板就像你一样冥顽不灵，所以他现在倒闭了。”我和管理层纳闷无比：教育别人前，能先把自己的本职工作做好吗？

4. 既想受益，又保留退路型。

我想这个类型的员工所有的创业公司都遇到过。他们在公司表现得兢兢业业，参与度很高，主人翁意识表现得也很强，誓与公司共进退。但你去招聘网站搜罗新简历时，一不小心就会发现这名员工刚刚刷新了自己的简历。招聘网站推送来的人才库中，恰好有他的名字。一个昨天刚刚在动员大会上对你指天发誓的员工，突然去招聘网站上更新了自己的简历，这还能说明什么？

5. 两面三刀、挑拨离间型。

这类员工绝对是没有贡献只有坏处的“老鼠屎”。他们就擅长在公司中传递各种八卦和小道消息，尤其喜欢在员工和上司间挑拨离间。公司有点儿什么风吹草动，煽风点火的绝对是他。这样的员工会搞乱公司的气氛，在上下级之间不停歇地扮演“递话”的角色，看起来是跟你“套近乎”，实际上在中间夹带私货，谋求自己的利益。这样的员工通常是两面派，而且隐藏很深。

6. 打着加班旗号混日子型。

这类员工似乎很喜欢加班，每天下班之后赖在公司不走，哭着喊着要加班。其实你如果留意一下，就会发现他们根本没有在干工作，而是以工作的名义留在公司打游戏、追剧。所谓的在公司加班，是一个一箭三雕的游戏，一方面表现了自己的勤奋努力，一方面又领着公司的伙食补助，一方面还完成了工作之余的文娱生活，回到家里洗洗睡就行了。

这类员工通常不太努力，到公司上班就是混日子，工作总是最后交，从不干额外的工作，占公司便宜是一把好手。

等你做了创业公司老板就会发现，以前从成熟的大公司中学到的那些招聘经验通通用不上。我们所见识到的那些奇葩员工，他们在成熟公司里所表现出来的人格绝对与你见到的截然不同。这是人性的复杂所致。他们之所以会在创业公司表现出那样的人格，说白了就是根本看不起创业公司。

章总结：招聘，是比融资更重要的事

有一些创业公司 CEO 讲述他们遇到的最奇葩的事。有一个创业者说，有的员工说去上厕所，就再不回来上班了。另一个讲述道，新员工第一天上班，快到点时很有礼貌地打来电话："老板，公交车太挤了，没挤上，我就不来上班了，以后也不来了。"

这是一个笑话，但听了让人伤心。对于一个富有野心的初创公司，寻觅、招揽、留住顶尖人才是关乎生死存亡的头等大事。顶尖人才可以成就一个公司，也可以毁灭一个公司。招聘到足够多的优秀人才，建设一支强大的团队，这是比融资更重要的一项工作。尤其是那些刚刚站稳了脚跟的创业公司，你能不能为自己找到最合适的人才呢？

这些年来，我通过总结阿里巴巴马云、巨人史玉柱、京东刘强东、联想柳传志、万达王健林等各种团队的招聘方式发现，不同行业、自己公司的个性、背景、政策环境、市场环境、对手的情况，都会影响我们招聘的方向，也会影响团队招聘的特点。

世界上最优秀的一支团队，就是最近 70 年中国的执政党。古往今来，没有哪个国家、哪家公司的崛起难度比得上 1949 年后的中国。但如果你招不到这样的人才，怎么办，公司不做了吗，事业要放弃吗？这才是生死攸关的时刻。

组建团队是创业公司运营中最核心的一项工程，迫切需要一些来自外部的专业指导：什么样的人才是人才，通过怎样的渠道找到这些人才？——如果有条件，创业公司可以向猎头求助，他们手中有顶尖的人才资源，掌控着专业的招聘流程，可以帮助你吸引人才并以最快的速度将他们招揽过来。

你怎么想的，不一定决定你怎么做；你怎么做的，一定决定你未来的方向。

第五章

梦之队

——当你认为自己很有人格魅力时，最好的人才都在对手公司。

不论是创业之前还是创业之后，
我所尊敬和渴望成为的领导者一直是这样的：
仁慈中带着冷酷，平易近人里隔着距离……总之，
公司的管理者应该让人又爱又怕。
成为CEO后，我也试图让自己的人格“魅力”变得复杂起来，
以便在矛盾的角色定位中获得一种相对舒适的体验——
既不成为员工的知心好友，也不做高高在上的孤家寡人。
为了实现这个目的，我一边费尽心思地拉拢员工，
一边又刻意与他们保持距离。

我是一个半熟的混蛋

不久前，优步（Uber）联合创始人兼首席执行官特维斯·卡兰尼克（Travis Kalanick）在一则声明中承认，优步在中国这样一个他曾经宣称是该公司未来最重要的市场上遭遇极大的惨败，每年亏损 10 亿美元。他已经将优步中国的业务出售给了竞争对手滴滴出行。优步在中国市场的“创业”以一个灰色的结局告终。

不过，通过将中国业务出售给滴滴出行，他的公司也成为滴滴最大的股东，并且将滴滴带进了优步的董事会。卡兰尼克借此一举实现了他商业生涯中最伟大的胜利之一。就在一夜之间，他将一笔失败的 20 亿美元投资连本带利地转化为一家中国垄断企业价值 60 亿美元的股权。这种扭转乾坤的能力让人惊叹不已。

在运营上，他本人总是能够掌控优步公司的商业节奏。而且在很大程度上，他这个全世界最成功的商业大佬之一仍然过着一位年轻创业者“以咖啡因驱动”的生活方式。多年以来，他一直有固定的女友，但却始终恪守着“单身主义”。他率性而为，喜欢无拘无束，拥有自己独特的洞见，在公司建立了一种无可争辩的突破性理念。

在管理中，他把每个工作日视为一系列需要解决的问题。工作日不是一种机遇，而是一个又一个的问题。他的团队成员也必须同意此观点，跟上他的节奏。他显然认为自己不仅是首席执行官，而且是“首席麻烦终结者”。在他看来，这就是 CEO 最重要的角色。

在媒体面前，卡兰尼克扮演着恶棍的角色，经常傲慢地发表一些带有挑衅性的观点。他似乎无法掩饰自己的防御心态，或者说无法掩饰他的烦恼。他把自己的恼怒时刻归因于“急切地寻求真相”。不顾他人感受，愿意说出内心真实想法的人，总会获得严苛的评价。

就这一点而言，他并非优秀 CEO 中的个例——这是史蒂夫·乔布斯、杰夫·贝索斯，以及与卡兰尼克同时代的美国太空探索技术公司（SpaceX）的埃隆·马斯克（被誉为最成功的天才）共有的特征。

卡兰尼克也意识到了这一点，他提出了一个观点：

> 创始人兼 CEO 必须是个混蛋才能成功。

但是，创始人兼 CEO 兼混蛋，才能真的成功吗？

卡兰尼克是一个 100% 的混蛋，而我却是 5 成熟的。我自诩为 50% 的混蛋，50% 的好人。就是这 50% 的好人让我犯了无数错误。公司的管理者在对人的工作要求上必须保持冷酷，如果为了收到短期效果经常采取圆滑的方针，无异于害人害己，最后害了公司。

我的管理风格和用人特质体现在团队上，是对员工的要求很高，尤其对新人。在上班的第一天他们就会被我推进火坑——我要看看他能不能自己爬上来。我秉承着三个不可动摇的“三不能”原则：

第一，不能在试用期内解决突发问题的人，拿不到工作合同。

第二，不能接受无定时加班的人，没有晋升机会。

第三，不能签署风险责任协议的人，没有股权奖励的资格。

正因为对员工过于严苛的要求，我在团队建设中遇到了各种各样的问题和麻烦。有一个统计是，在最近 10 年离职的 67 名员工中，有 23 人专门给我发了告别邮件，对我的管理风格进行控诉。“混蛋”这个评价正是来源于其中的一封邮件。苛刻与压迫，是我给这些员工留下的最主要的印象。

我的所有员工都在密谋跳槽

华尔街史上曾经有一位传奇人士，他叫艾尔弗雷德·费尔德（Alfred Feld），从 1933 年入职高盛公司 80 年从未跳槽，创造了在同一家公司服务时间最长的记录，也被称为世界上最忠诚的员工。没有公司不希望雇佣到自己的“费尔德”——如果他同时有非凡的才能和高尚的品德就更好了。

通常，我们会把在一家公司的工作年限当作判断其是否忠诚的标准，来到之后努力工作，认真执行所有任务，从不想着跳槽离职。比如公司往往认为 2 年内就跳槽的人是不忠诚的，而 1 年内就跳槽则属于“稳定性差”的群体。

在中国，80后员工的跳槽比例最高

一些机构对员工的跳槽行为进行了专业调查。他们发现，中国的80后有实际跳槽行动（包括正在办理入职 / 离职手续、已经更新简历）的比例是最高的，达到58.9%。就是说，假如你的公司中有80后员工，他们中间平均有一多半的人正采取行动、计划或密谋跳槽。当你走过他们跟前时，表面的恭顺问候的背后，也许是嘲笑、咒骂和控诉。

创业公司中80后员工的跳槽率更高，达到了67%。这一点也不难理解，80后群体（尤其男性）的生活压力最大。他们上有老，下有小，面临着房贷、赡养父母、抚育子女等三座大山的压力，对薪酬待遇和职业前景的要求极高，一般的创业公司难以符合这个条件。

其次是90后，这些正在进入成家、买房和育子阶段的年轻人。他们有实际跳槽行动的比例为56.3%。60后和70后有跳槽行动的比例相对较低，分别为47.1%和33.3%。但对于后两者，创业公司往往是不太感兴趣的。人们认为这两个群体已经丧失了工作的激情和创造力。

流动性最高的职位和城市

从不同的岗位来看，产品、设计、销售领域的从业者跳槽意向最高。在这些领域创业的或相关职位的主管会切身感受到这一点。有统计表明，在2016年秋季，全世界的公司雇员有跳槽实际行动的比例均在六成以上（就上述岗位来说），创业公司的体会是最深的。在当年的9月份，我的公司就失去了3名设计人员。他们跳到了行业内的成熟企业，拿到了15万以上的年薪并获得了更好的培训发展机会。

这些岗位对于人才的需求量也相对较高，刺激了人才的流动性。现在随着我国中小公司尤其初创企业规模的不断增加，越来越多的公司对市场类和技术类人才有旺盛的需求，因此流动性越来越强。对创业者而言，这意味着用人成本的增加和人才市场竞争的加剧。这是另一个残酷的战场：

优秀的人才离开你，不是你不够好，是别的公司比你更好。

这份调查收集了 2016 年秋季的信息，分析了不同城市白领的跳槽活跃度，发现北京有跳槽实际行动的比例最高，为 70.9%；上海、广州、深圳等传统一线城市的跳槽实际行动比例分别为 64.8%、62.6%、61.2%，也处于较高的水平。这说明创业公司在这些城市的招聘难度最大，用人成本最高，组建一支优秀团队的目标也是最难实现的。

为什么都想跳槽?

让人震惊和苦恼的是，即便公司给予了足够高的薪水和福利，我发现自己几乎所有的员工都有跳槽的想法。2012 年 5 月，这个事实是员工中的一名“告密者”向我传达的。他们中的一些人成立了一个私密的聊天群（公司管理层一无所知）。

凌晨 2 点，我们在社交工具上有以下对话：

他：老板，睡了吗？我跟你说个事情。市场部和策划部有 9 个人都想跳槽。

我：9 个人？两个部门加起来才 13 个人，你是怎么知道的?

他：（发了聊天截图）他们在群里说的，近半月一直在互相讨论。有的人等季度提成发了就走。有的下家都找好了，本月工资发了就走。

我：谢谢你告诉我，你不会也想走吧?

他：老板，如果我要走，就不会告诉你了。

两个核心部门 70% 的人在集体密谋背叛，这不亚于一场毁灭性的地震。后半夜我睡不着了，打电话给莉莎和两个部门主管。清晨 5 点钟，我们就在公司楼下 24 小时营业的咖啡馆碰面，制定紧急应对方案。

莉莎怀疑这个消息的真实性：“会不会有假，是不是说着玩的？”两个部门的主管则沉默不语。他们需要时间思考，理清头绪。因为如果消息为真，他们恐怕是第一责任人。但总体而言，这个事件让管理层草木皆兵。我们拿不出即时解决方案，只能静观其变。

随后的一个月内，果然有 3 个人提出辞职（分属两个部门）。我们分别进行了挽留谈话，了解他们想跳槽的原因。结果是，他们大多数人觉得公司提供的发展空间太小了。这个行业的上升空间有限，能提供的职位也就这几个。站在公司的角度，我们没什么可说的。事实的确如此，最后的处理方式是：在提高薪酬待遇后留下了4个人，余下的5人仍然选择了离职。

所有的一言不合就跳槽的背后，都有一个不能言说的伤。你给员工留下的伤是什么？

薪酬待遇较低？比如2016年调查显示，有47.2%的白领因为对薪酬水平不满意而选择跳槽。

公司发展前景不明？调查中有36.5%的白领因为公司的发展前景不明选择跳槽。他们担心工作的稳定性。

员工的晋升空间有限？职位的晋升受限也是导致员工跳槽的重要因素之一。假如创业公司不能解决这几个重要问题，那么想留住优秀人才就是非常困难的。

“为什么我留不住人？”

我们不可避免地会遇到这样一个问题，即：如何防止员工跳槽？对初创企业而言，跳槽的员工往往是在工作中表现良好、业绩突出的优秀员工，是对公司较为重要的人。此类员工的离开对企业是一种重创，将带来一定程度的负面影响和极大的损失。

我们尽量避开技术性和特殊性的问题，从普遍都会遇到的层面分析公司遇到的这种难题。技术性问题往往需要专业技术岗位的人才解决，特殊性的问题则没有统一答案。CEO的责任是找到制度层面的漏洞，然后予以及时解决。

例如：

A公司是行业内的初创企业。小张作为公司业务部门的员工，工作努力、勤奋，业绩良好，是公司的业务骨干。来公司工作2年来，小张没有得到提升和加薪的机会。同时小张发现市场上同行业中的此类职位，其薪酬都要比自己高。并且，小张觉得在公司2年来，自己只是在为公司默默地奉献，公司没有提供任何能够对自己业务有帮助的培训或学习机会。于是，小张向公司提出了加薪要求，但公司拒绝了他的要求。小张因此萌生了去意。

一个月后，小张找到了新的工作，按计划向公司提出辞职。公司管理层根本没有预料到他真的会提出辞职。虽然公司极力挽留，并答应小张的加薪要求，但小张去意已决。小张觉得如果留下来，会使公司觉得自己是用辞职来要挟公司。况且新公司给的薪酬比公司许诺的还要高，所以他决定离去。事已至此，公司只好同意他的辞职请求。

在这个案例中，小张的离职给A公司带来了极大的损失，具体如下：

1. 在决定辞职，寻找新工作时，小张在工作时就开始心不在焉，效率有了明显下降。

2. 小张跳槽后，职位的空缺使部门的工作流程运转效率大受影响。

3. 小张的跳槽使其他员工对企业也产生了不满的情绪。临走前，他在和同事交谈时不断地流露出对公司的种种不满情绪。现在他的离去也使其他员工的心产生了动摇。

4. 小张的突然辞职，使得人力资源部为尽快填补职位空缺而开始招聘新员工。这使得原本任务繁重的人力资源部又平添了一项工作。

5. 新员工不了解公司的企业文化、工作情况。公司必须对新员工进行入职培训、企业介绍、业务培训等。

6. 新员工对业务有一个适应、熟悉和了解的过程。在其完全熟悉、了解工作情况之前，其工作效率和工作绩效大打折扣。

从这6个方面的损失可以看到，创业公司最害怕的事情就是员工频繁离职。这对企业会产生很多不利的影响，甚至可能会带走公司好不容易积累起来的客户、技术和商业秘密，使创业者遭受重大损失。

那么创业公司应如何避免和防止员工跳槽呢？下面是我的建议：

建立科学、合理、有竞争力的薪资体系。追求高薪是引起员工跳槽的主要原因之一。咨询机构对全国的大型企业、集团公司和初创企业的一项人力资源管理调查研究表明，许多员工都认为公司给的报酬低于自己的实际付出。可能实际并非如此。特别是员工在进入公司工作了一段时间之后，逐渐会对现有薪酬水平不满，想得到进一步的提升。为了追求理想的薪酬，许多人在现有公司实现不了自己愿望的情况下，就会寻找外部机会。一旦时机成熟，他们的跳槽就成为必然的结果了。

薪资是最重要的留人武器。现在市场的竞争非常激烈，许多公司为了找到急需的人才，会开出高价聘请人才。像BAT（百度、阿里巴巴、腾讯三大互联网公司英文首字母的缩写）这样的巨头，他们有的是钱。此外，外部企业以高薪为诱惑，委托猎头公司向自己的竞争对手定向挖角，也会使创业公司中的优秀人才产生跳槽的想法和行动。由此可见，若想防止员工跳槽，关键的一步是企业的薪酬体系要科学、合理，并且对外部市场有一定的竞争力。

科学、合理的薪酬体系是指，我们要根据职位的不同，对公司的作用不同，对其进行相应的职位价值的评估，在公司内部建立完整的职位价值的序列，并且根据职位价值序列进行职位的基础薪酬设计。此外，我们还要建立完善的绩效考核管理体系，将员工的变动薪酬与绩效考核结果挂钩，使他们的收入和贡献紧密联系起来，实现内部的公平性。对核心员工尤其需要如此。这样就会避免员工因为内部分配不公而产生的不平衡而离开。

另外，我们制定的薪酬体系也要在市场上有一定的竞争力。你的公司可以通过自己或委托专业机构对市场上的薪酬水平进行调查后，确定公司的薪酬水平定位。这样可以保证你提供的薪酬在市场上具有一定的外部竞争力，而不会使员工轻易被竞争对手的薪酬吸引过去。

建立合理长远的福利体系。要想留住优秀员工，创业公司还要重视自身的福利体系建设。要知道，企业的福利也会对员工是否愿意继续留在企业工作产生重要的影响。这里的福利不仅包括“三险一金”的法定福利，还包括如：住房补贴、交通补贴、通信费、商业保险、各种津贴、带薪休假、旅游等非法定的福利，必须体现出人性化的关怀。

我们可以根据自己公司的特点、员工能力、年龄和需求的不同，进行差异化的福利设计。例如，有家IT公司对其研发人员规定，在完成某一项目后，参加项目的研发人员可以享受一周的带薪休假。在创业公司，对于夜以继日、连续加班加点完成项目的研发人员而言，休假是一种奢侈的福利，能赢得他们的广泛欢迎。在休假后，他们能以饱满的热情投入到新的项目中去。另一方面也因为该企业这一特殊的福利而增加了员工对公司的忠诚度。

为员工提供职业生涯规划和充分的发展机会。许多创业公司在一开始没有意识到员工职业生涯规划的重要性。实际上，在早期就对员工进行职业生涯规划，对留住优秀人才、防止他们跳槽可以起到非常积极的作用。

直到近几年，我们才意识到了员工职业生涯规划对团队建设的重大意义，公司随之进入了这个阶段。公司要和员工一起就他们未来的职业发展方向、发展目标做出针对性的计划安排，帮助他们逐步实现这一目标。运用这一策略，能让员工把心安定下来，将公司当家，长期为公司工作下去。

“直接上岗”引来的后患

创业公司为什么一定不能省略员工培训？这是由许多教训决定的。由于资金有限，很多初创企业把员工培训视为可有可无的东西，更多的是寻找有能力的人才直接上岗，完成公司的既定业务，这种做法的效果就像俄罗斯轮盘赌。

“Sink or swim。（自生自灭）”这句话是张志远对我说的。这并不是多么鼓舞人心的箴言。他从华尔街听到了这句话。但在我开始创业时，这句话却给我的“新员工培训理念”埋下了种子，让我有所收获，也走过了一段不小的弯路。

华尔街的理念并不适合中国。

美国人不是中国人。

美国公司不是中国公司。

前几年，我总是对员工们说：

> 没有什么能救你——你只能靠信念苦苦地挣扎，然后竭力地生存下来。

新人在第一个星期就这样硬着头皮工作 70 多个小时，践行公司的这一理念，成为我用来实验的小白鼠。我们对新人毫无同情，完全“Sink or swim”（成败全靠自己），因此每个人的入职经历都可以写一本书。在我这里实习的日子使他们终生铭记——这是一个人压力最大和最变态的工作经历。在最开始的日子里，人们会不断地考虑自己离开舒适的环境而迈入一家创业公司是否是一个正确的选择。

当时，我的想法是培养狼一样的员工。

“自生自灭”真的能留下强者吗?

在新员工培训上投入时间真的值得吗？

这个问题反过来便是：让员工直接上岗“自生自灭”的方式是否能培养出强者，并把他们留在公司？

我们知道，创业公司有很多事情要做，就像空地上盖房子。尤其是要在有限的资金用尽之前，需要争分夺秒地打造一个产品来获取用户，占领市场，争取下一轮的融资，否则便可能突然死掉。所以第一个问题是，我们把宝贵的资源转移到新员工培训上，这真的值得吗？每一位 CEO 都有过这样的疑惑。许多初创企业根本不做或推迟新员工培训。他们像我一样采取冷酷的态度，仅仅依靠新人自己去发现问题，解决问题，用窒息的环境逼迫他们成长起来，从中筛选出需要的人才。

后来我发现，这样的入职培训会出现以下问题：

> 我们淘汰了一些优秀的员工，实际上他们只要多一些指导，就能为公司创造更多的价值并留下来。这对于那些在招聘下很大功夫的公司是个嘲讽，注重招人，却不重留人。
>
> 我们不能很快地识别出低效率的员工，因为你没有足够的机会来评估他们的工作或者因为你觉得他们只是这一次没做好。
>
> 我们降低了员工的生产率，因为他们真正入职所需要的时间太长了。
>
> 我们使新员工的压力不断增加，幸福感也不断下降，尤其是对那些没在创业公司工作过的人。

在这一理念的主导下，公司招的人越多，风险就越大。特别是当你的招聘渠道偏向于缺乏经验的员工时，比如应届大学毕业生。即便一线名牌大学的大学生，他们也因为存在适应不良的现象而有强烈的抵触。处于这一模式下的创业公司，建立精英团队的道路是如此艰难漫长，遥无定期。

随着一个团队的发展，公司的稳定，非正式的入职培训慢慢变得问题百出，值得管理层警惕和重视。对于同一个概念，不同的员工在不同的时间会有着不同的解释，管理层缺乏一个标准化的新员工培训流程。对于那些非系统的零散的解释和对问题的定义，则很容易遗漏许多重要的信息。没有培训，工作流程很可能一直杂乱无章，他们成长得很慢。员工可能在这个过程中对一些关键问题不甚了解。这会让他无法完全理解工作的要求，特别是对细节的特殊要求，随时可能导致各个部门工作效率的降低。

又或者，因为上下级之间没有沟通清楚，新员工在你的公司中可能需要花掉太多的时间学习“新事物”，入职一个月后（付出了相当大的代价）才能开始真正地为公司创造价值。有些人熟悉岗位职责更慢，他们也许需要半年。创业公司在刚启动时，没有很多的东西需要去学习。但作为一个公司，一个产品和一个团队体系，随着它迅速成长，内容和复杂度不断增加，在没有任何指导的时候，一个新人对于新事物的学习变得越来越困难。

在这种关键时刻，你可能采取了冷眼旁观的态度，并以为这是正确的。可事实上，新员工培训是一个指引他们学习和明确公司价值观的难得机会。直接上岗无法实现这一目标。管理层要设计一个有效的新员工培训计划，来促使新员工尽快熟悉工作，能够高效地完成岗位职责，增强团队凝聚力。

因此，建立一个高效的新员工培训计划对创业公司来说是一笔一劳永逸的投资。这项工作要在公司成立之前便开始。这是我和合伙人在付出巨大代价后才领悟到的。

如何设计你的“新员工培训计划”

搬到北京，在公司更名以后，莉莎开始负责财务，我直接带领新团队的培训项目并负责工作指导、组织和安排新员工培训课程，编撰培训材料，也在内部举办了培训班。这花去了一些时间，但很有价值。

2012 年 12 月，那是猫眼公司的新员工培训计划开始实施不久，公司即将招聘十几个全职员工和兼职、实习人员。公司的团队当时只有 5 人，其中包含我和莉莎。

这么多新人加入公司，如果没有一个好的入职培训，事情很容易变得一团糟。如果没有引导和培训，那么他们就会各自为战，如果再进行人治式管理，后果将会非常可怕。

在猫眼公司开展的第一次新员工入职技能和价值观培训时，我明白我们一定要让入职这件事变得比我过去在大公司经历的要简单和顺利。我们不是成熟企业，而是一家缺乏实力的初创公司。在确定培训材料、交流项目和内部学习制度之前，我首先为入职培训设定了一系列的目标。管理层的每个成员根据自己的经历分享了他们对入职培训的建议。我也联系了其他公司的核心骨干，或者向章辉、张志远和 D 先生了解他们之前是如何入职和开展入职培训工作的。然后我结合不同渠道的信息，吸收众人的经验，融入到我的公司。

1. 要尽可能快地让新员工成长

创业往往代表着“人手紧缺”，可培训新员工还要再占用一部分人力资源，或至少占用一名管理层人员的精力。这就要求入职培训的效率一定要高。长期来看，这既有利于公司发展，也符合新员工急于证明自己的心理。

目标就是快速提升新员工的能力，让他们尽快成长起来。一种有效的方式是导师制。我们首先和员工达成共识，强调入职培训的重要性，然后为新人指定一名老员工，请老员工花费自己 25% 的时间去带新人，尤其在第一个月的时候。

新员工的导师不止是老员工，还包括我、莉莎和管理层成员。我们要做的事情有很多，包括新人最初的工作能力评审，挑选给他们最合适的项目，指出他们需要学习的技能，教他们分辨工作的优先级，以及如何高效地进行团队合作。

5 年来，我在公司辅导了很多人。他们中的一些人今天已是创业公司的 CEO，或者跳槽到了大公司担任重要的岗位。在入职第一天，我就会告诉他们，培训他们是我的第一要务，让他们成长是我衷心希望的。这就让我们彼此建立了共同的目标——尽可能快地帮助他们成为公司的一员。往后，他们会毫不犹豫地问我任何问题，这也使团队文化有了一个稳固的基础。

2. 让新员工接受公司文化和价值观

每一家创业公司的文化都是不同的。虽然新员工可能已经从招聘面试和宣传材料中了解了一些，但入职培训则是一个让他们全面、深刻地了解公司文化的机会。这些价值观可能渗透在工作的方方面面，比如完成业绩、数据处理、市场的了解、打造高质量的产品服务和如何成为宣传高手等。

以猫眼公司为例，对公司文化的了解是一个很自然的过程。我们有一个很好的基础，有历史成绩，有未来规划，有较为独特的章程。但实际上，我们给新员工的学习量太大了，尤其对于应届毕业生们。他们往往不能适应北京的生活和工作节奏，管理层也给他们留下了不近人情的印象。

为了确保新人能跟上公司现在的节奏和未来的需要，我们让新员工在第一天只做一些简单的事情，比如搞定一个小问题，实现一个小的设计（像大学时一样），接待一个初级的客户。极力简化入职第一天的工作，就是为了让他们有足够的时间和精力来适应新环境。因此，第一天只是让新员工熟悉一下工作流程，做一些很基础的工作。

这也意味着我也需要做一些准备，找一些适合新员工的任务。我通常建议新人选择一个一天就能完成的启动项目。这样即使项目未能按时完成，导致工作延期，也有机会在一周内弥补上。通常，这些项目是一个大任务中的某个分支，而且是较为简易的。

随着他们的逐渐适应，我们再慢慢增加培训和学习的难度。

莉莎把这种培训方式称为“爬树”：

> 从站在树底下，到爬到树的中段，这是最为简单的步骤。但当他爬过树的中线时，就会开始看到与以前不一样的风景。

3. 教给新员工最重要的东西

你要区分什么是对新员工“最重要”的。随着公司的发展，产品、团队、业务模式和信息库都会变得越来越复杂。这意味着新员工要学习越来越多的东西。在这些需要掌握的能力中，哪些对他们是最重要的？这就得结合不同员工的特点，人性化地去了解，要和其频繁沟通，听取他们的真心话。员工的真心话和公司对他的要求结合起来，就是我们要的答案。

从我的管理经验来看，那些对基本的关键知识掌握得很好的员工都表现得很优秀，无论他们是自学成才的还是因为有上司的指导。一个好的入职培训一定要保证每个员工都拥有坚实的基础知识。这一点，在组建团队和招聘人才时就应该把好关。

人人都想跟我讲条件

如果公司不讲制度，员工就会跟你讲条件。很多时候，我发现员工总想跟我“商量”一些问题，特别是明显违反公司规定的事情。他们在上司那里碰了一鼻子灰，就想过来找我松口。

为何他们有这种想法？是侥幸心理，还是贪婪心理？

后来我发现，不是员工的动机有问题，而是公司的主管人员没有执行好既定的制度。制度执行不严，就给了部分员工投机取巧的心理，也会让他们感觉到团队是不公平的。

有一位幼儿园老师带着一群小孩子过马路。她让孩子们拉着一根绳子，排成一个队伍，老师在前面带路。过马路时，有个孩子的鞋带松了，但他没有停下来系鞋带，而是走到马路对面才蹲下来系鞋带。

看到这一幕，有人不由得对孩子们产生了敬意。他走过去，问那位老师：“为什么孩子鞋带松了，他也不会停下来呢？”老师说：“因为如果孩子松手了，就得不到小红花，得不到小红花就不是好孩子，这是对他最大的惩罚。”

在团队的构建中，我们也需要一根有力的“绳子”，并且要让全体成员都紧紧地拉着它。谁松开了手，谁就会受到惩罚。这样，大家自然就会团结到一起来，我们的团队才会具备执行力。这样的团队才能称得上是一支“梦之队”。反之，如果老板不要这根“绳子”，或这根“绳子”松开了，对大家就构不成真正的约束力，大家就不会对“绳子”产生敬畏感，这对公司的发展是致命的危害。

这根绳子到底是什么呢？

很明显，它是“适用的制度”。任何一家公司，都应该有适合自己的一套制度。这个制度是公平、公正的保证。要想维护制度的权威，公司 CEO、高层管理者和中层主管人员就应该率先遵守制度。

制度不是万能的，但创业公司应该建立一个原则性强的团队制度，用制度管人，而不是用“人情”管人。

在某公司的销售会议上，销售总监刚宣布李先生由于违反了公司制度，要遭受罚款处罚的决定，李先生就马上跳了起来。销售总监斥责道：“这是公司制度，你违反了制度就要受到处罚。你有什么意见？”

李先生极为不满，大声说：“违反公司制度要受到处罚，我没有任何意见。但我不满的是，为什么上个月老周同样违反了公司制度，而他没有受到处罚呢？”

销售总监听了这话，当即无言以对。停顿了数秒后，他才支支吾吾地说：“这个制度上个月才宣布，老周是第一个违反的。我当时说了，念在大家对新制度还不熟悉的分上，宽恕老周一次，但是下不为例。今后谁再违反制度，一律要受到处罚。难道当时你没听到我说的话吗？”

李先生听了这话，情绪更加激动了：“为什么老周第一次违反制度，你可以念他是初犯？我第一次违反制度，你就要处罚我……要么都处罚，要么我不接受处罚！”就这样，一场销售总结会议，以争吵不休而告终。

看到了吗，这就是每个人都希望成为公司中特权员工的原因。为什么你定的制度不管用？为何你的公司总是乌烟瘴气，内斗不止？不是没有制度，而是执行不公。“初犯”“下不为例”等人治手段无形中损害了制度的权威，制造了极大的不公平。在初创企业中，这往往是十分普遍且极具摧毁性的问题。

结果就是，你不讲制度，员工就跟你讲条件——李先生那句“要么都处罚，要么我不接受处罚”，不正是在跟管理者讲条件吗？当然，作为公司管理者，你不能指责员工讲条件，因为是你不讲制度在先，是你有法不依，执法不严，才导致制度松散，人心涣散。所以，团队的主管人员最应该做的事是率先反思自己。

对创业公司来说，这是致命的错误。你在管理公司时，有时难免想对某一个人（你喜欢的、看重的、想重点培养的人才）大开绿灯，对他犯下的一些小错误睁一只眼闭一只眼，但团队成员看在眼里，你到底是按制度办事，还是按照你自己的想法办事？假如你认为自己是老板，是至高无上的领导者，想怎么管理就怎么管理，那么你就陷入了一种人治的误区。

“人治”体现在公司里面最典型的行为就是执法不严和法外开恩，赏罚不明和一人独断专行，无视公司的制度。这样会造成诸多不良的后果。在今天这个时代，一家人治的创业公司是没有活路的——至少长期来看就是如此。

到底需不需要人力资源？

创业公司的存活率十分低，但它拥有无限多的可能性，这是创业最大的魅力所在。一个问题是，当你的公司刚刚起步，处于快速发展的初级阶段时，你有没有为公司配备完善的行政管理部门？

根据2016年的一项调查数据显示，我国中小型企业的比率已达到99.6%，数量高达360多万家，个体经营户则有2300多万家。中小型公司的良性发展成为中国经济的重要增长力量和不可缺少的条件。我国大部分中小型企业的人员数量都很少，特别是很多的小型公司只有三五人或十余人（就像猫眼公司一样，人员最高峰时也没有超过50人）。

不过在我看来，中小型企业并不是指一个企业里的人员有多少（人数不是决定性的），而是指一家公司的规模大小——你所涉及的部门、行业、产品、上下游、资产、业务量等。比如，一家只有8个人但每年收入几十个亿的公司，我们也很难简单地称它为中小企业。虽然中国大多数的中小型企业的人员数量都很少，也曾经有人把100人以内的企业视作小型公司，但正如我的比喻，有很多规模庞大、收益可观的企业也不过十几人或者仅有几人而已。因此，企业的大小并不取决于人员的多少，而是取决于规模的大小和发展前景的好坏。

问题是：

> 很多中小型公司认为人力资源管理是大企业的事情，现在没有必要去做，这恰恰阻碍了公司的进一步发展。

有的创业者觉得，我的公司区区十几个人，一个萝卜一个坑，干嘛非得拿出一两个位置设立人力资源？这么点儿人我自己管一管不就行了？正是由于这种简单的想法，他们的事业才成长不起来。

事实上，小公司特别是初创公司，更应该注重人力资源管理。因为人力资源管理不是放一个人专门替公司管人就可以了，也不是简单地对于漂亮语句的书面化和对相关制度的僵化执行，而是对团队建设有十分深远的价值，是决定一个企业生存与灭亡的关键。

我们只有建立一套行之有效的人力资源管理制度，合理地运用人力资源管理方法，才能激励公司更好、更快地发展壮大。所以说，人力资源管理是激励初创企业快速发展、超越竞争对手的原动力。

以我多年来的创业经历和对同行的观察，大量的初创公司宁愿把精力花在业务拓展和外部公关方面，而不愿意在企业内部的人力资源管理和开发方面投入人力物力。这也是创业公司缺乏资金的无奈之举，只能把有限资金投到最要紧的环节。

不少世界级的企业家都是企业的“第一人事经理”。他们把 40% 的时间用于内部沟通，凝聚团队士气。而我们的企业 CEO，在了解员工、培养员工、激励员工和团结员工方面，花的精力和时间则实在太少了。

根据公司不同的发展阶段，确立不同的人力资源开发战略，制定能适应各种阶段的人力资源方案，是创业公司在竞争中立于不败之地的关键。

在公司的“创业阶段”，人们以各自的优势和彼此的吸引力聚集在一起，来完成一个只有大家团结起来才能完成的目标。所有的创业公司一开始都有这个阶段。小公司的组织运作依赖于人和人的相互信任。那些缺乏信任的小公司，通常是“一年合伙，两年红火，三年散伙”。这是常见的现象。有时不是因为资金问题，而是信任问题才导致了创业失败。这一阶段的公司人力资源管理，由于工作条件艰苦，必须极度重视情感投入，以事业为旗帜，以价值观为凝聚力来号召员工，为员工描绘一个美好的发展前景。

如果没有一个宏伟而可行的战略目标，团队成员怎么能齐心协力地勤奋工作？优秀人才又怎么会置身于现在看起来还很弱小的公司？简单地说，就是给人才“画苹果”。

但随着公司的发展，人力资源管理方面的建章立制就势在必行。早期的员工多为老板的创业伙伴，有些还是出钱出力的原始合伙人。因此，管理中需要通情达理，既从团队发展的角度出发做正确理性的选择，同时又要以情动人，建立制度。

刚成立的小公司往往有一个缺点，就是缺乏详细专业的岗位说明书。这带来的问题是员工对于工作互相推诿。因此，设计一份岗位说明书，让员工知道自己的位置是非常重要的。我们可以在岗位说明书中做一个附加说明，遇到说明书中未涉及的突发事件，可以由某个授权人员具体安排工作，并且把职责承担的多少与绩效奖金挂钩。这样即使公司出现一些没有明确分工的任务，也能让员工乐意承担，而不是推脱责任。

伴随着公司的不断成长，总有机会和方法度过创业难关。这时创业公司就开始向成熟公司迈进。成长带来视野的开阔和利润的增加，但马上也会面临更多的新问题。对于 CEO 而言，“管理成长”往往会造成管理者在角色方面的困惑：“接下来我担任的角色和过去还一样吗？”答案是“不一样”。公司运行不足一年和你一起创业的人，六个月时加入的人，以及一年后加入的人，他们是完全不同的。在公司的发展阶段，管理者既要扮演创业角色，同时又要考虑建立人力资源管理模式，恨不得长出三头六臂。但对这些在不同时间以不同角色加入公司的员工，管理规划起来难度很大。这是一项复杂精巧的工作。

有很多创业公司不是死在成长初期，而是死在这个过渡阶段。

在初创阶段，企业人力资源管理的日常工作，如出勤登记、薪酬发放、劳保办理等，一般由一个合格的会计兼职就可以（在北京找一个兼职会计每月也不到 500 元）。事实上，除了某些投入巨大的高科技创业公司，其他的初创企业就是这么干的。而到了公司的发展阶段，有事业心的企业家们必须用足够的时间，参考同行业的人力资源管理模式，同时向管理顾问咨询，阅读相关书籍，再根据企业需要建立具有自己特色的人力资源管理模式。

这时，员工开始关注自己的利益和公司对自己的评价，公司的管理层要充分了解员工的职业心理，建立授权管理和内部提升机制，最大限度地发挥员工的个人创造性。通俗地说，要让员工看到自己从公司的发展中“制度化受益”的希望。小企业的创始人在驾驭一支精干团队时，一定要避免“一言堂”，要努力抓住员工的心，因为公平透明的决策过程比加薪更加有效。一个有前途的创业者，一个高明的 CEO，他应该懂得如何激发员工的潜能，整合团队的力量去铸造一支战无不胜的铁军。

另一方面，小公司和小团队的战略核心通常是业务。业务是至高无上的，一切行为均体现出明显的“业务导向”。由于规模和实力的限制，“生存”是小型的初创公司最紧要的问题。毕竟活下去才是硬道理，公司必须死死地抓住销售、生产等命脉领域的工作，紧紧围绕市场、研发等业务功能来配置资源。这时候的公司一般较少关注纯粹的职能工作，比如人力资源管理。比如，在过去的 10 年，我至少有 5 年从未考虑过给公司配置一名专职 HR，相关工作也由我和莉莎分而代之。

小企业的领导核心往往是创业者本人，也就是公司 CEO，顶多再加上联合创始人或公司副总、核心部门主管等寥寥数人。创业者的理念通常就是企业理念，一人独专，雷厉风行。创业者的动机与素质也基本上决定了企业的方向、目标和实施能力。创业者的领导风格往往就决定了管理层的管理风格和员工的行为风格。对于小的初创公司来说，创业者个人或他的骨干团队对于公司有着巨大的影响力。这是不可忽视的一面。

小公司的规模不大，组织结构相对简单。初创公司的各项制度、流程等不像成熟公司那样齐备、规范，而且结构、制度、流程等处于动态和快速的变动之中。作为小公司去对抗强大的竞争对手，最大的优势在于灵活性、速度以及出色的应变能力。人员少，行动快，变化多，但效率高。

小公司的人员少，管理架构扁平。这样的环境中，人与人之间一般可以便捷地面对面进行沟通。由于沟通的直接性，加之创业者以及骨干员工多半有很好的关系，彼此十分亲近，创业公司就像一个和睦的家庭，情感因素较多，人情味较重，团队建设管理更多的是靠“人”来维系，而理性的氛围则比较淡薄。

小公司的盘子小，受外界因素影响大。初创的小公司如同一艘小船，任何一个看似很小的事务都可能导致它的兴衰成败。尤其是“人”的因素，小公司做大的过程，实质上就是一个人才不断汇聚，从小溪汇聚成大海的过程。小公司做大的结果，通常也是由于加入的新人（卓越人才）带来了突破的机会，使公司逆势上扬，一举突破瓶颈。

从这些角度看，规模不大的初创公司更应该重视人力资源工作。优秀的HR可以更精确地协调公司的人力资源，为每一项任务匹配资源，准备人才，管理人才，极大地节省公司创始人的压力。就这个问题，我曾经纠结了整整3年，但在2013年，公司终于建立了专业的人力资源部门。即使是刚成立的创业公司也需要人力资源部门。这是由无数的教训总结出来的铁律。

没有一个好财务，你就惨了！

越是创业公司，就越需要资金管控与合理避税。也就是关注现金流，做好财务成本控制，因此你的团队需要有一名优秀的财务人员。

从2007年到2012年的5年间，公司最大的问题是一直没有一名专职财务。尽管兼职会计节省了大量成本，可账目上的利润却告诉我们，每年省掉的几千微薄的财务费用，转化的却是十几万乃至更多的不合理支出。

公司的财务管理分为以下的几方面：财务预测、财务分析和财务控制。但无论涉及哪一方面，都不会少了现金流和成本这两个要素。

现金流的误区

现金流即“现金的流动”，包括现金在公司账上的流入和流出。对财务工作比较陌生的创业者经常会将利润当作现金的流入，将成本当作现金的流出，一厢情愿地以这种认知预测公司的收入和支出。这种看法是片面的，甚至是极为错误的。很多时候，这种错误的看法误导了创业者的决策，以至于做出无法挽回的错误决定。

1、现金流入在绝大多数情况下并不等同于利润，成本的支出也绝不是现金流出的全部。

2、公司的利润＝主营业务收入＋其他业务收入＋营业外收入＋利得－主营业务成本－其他业务成本－营业外支出－损失－税费。

这是两个基本常识。而在会计当期，受到公司销售政策的影响，公司的销售收入很可能不能产生现金流，比如赊销；而其他的收入也未必会有现金流，比如利息收入一般是年度或季度付息。这就导致了公司的收入大于现金的流入。

与此同时，公司的采购可能采取预付款形式，在成本还未形成时，现金流出已经产生了。有些营业外的支出已经发生并且产生了现金的流出，但由于原始凭证尚未取得而没有入账；这又会使公司的支出小于现金的流出。

将上述二者合并，我们会发现一个很严重的问题：

公司当期可以在会计账目上盈利很多，但实际的现金流可能是零，甚至是负的。

我见过许多创业公司的老板丝毫不关心这些概念，而他的公司不但没有一个好财务，甚至没有专职的财务人员。这些公司无一例外遇到了账目混乱、业务很多、回款很多可盈利很少的怪象。现金流对于公司就如同血液之于人体，现金流的干涸所导致的后果相信大家不言自明。创业公司从一开始，就必须寻找一名优秀的财务人员。在团队中，这是一个极为重要的角色。

厘清成本的概念

公司成本是什么？成本的概念也不是像许多人想象的那样我购买原材料和支付水电费、人工费等日常支出这么简单，它不是随随便便写在财务常识上的东西，而是有许多隐藏的学问。公司真正的成本应该是与原材料的采购、生产加工及存货的管理相联系的，加上人工费、水电费、房租、公关费用等日常开支，同时应将公司购买的设备、厂房、专利、软件等资产成本按照一定的比例，分期摊销至成本中，由此核算出的成本才是准确真实的。

举一个简单的例子：

有一家公司整体资产价值12万元，预计使用10年，当月花100元购买原材料将其生产加工，加工过程中发生相关水电费、人工费10元，生产出12件产品，放入成品库，在转运过程中毁损了2件。则该月的单位产品成本应如何核算？

答案是，首先将100元原材料采购和期间费用全部计入产品成本，并将资产成本摊销进产品成本，公式如下：每月应摊销金额＝12000/10×12＝1000元，再将所有的直接和间接成本加总＝110＋1000＝1110元。产品的数量自然不能按照12件，因为毁损的2件也应看作是间接成本。最后：单位产品成本＝1110/10＝110元。

事实上，很多创业者不能将这个算术题做对。他们只会把问题打包给外部的会计处理，但实际的效果往往并不明显。

用好财务控制成本

我在本章专门拿出一节讲述现金流和成本，无非是想再次强调一点：现金流和成本控制对于创业公司的生存发展至关重要。解决这个问题的根本方法，就是为你的团队招聘一名出色的财务人员。

在成本控制中，“内控制度”是检验公司管理效率的有效手段之一，创业者在创业之初肯定在管理和控制方面存在诸多不足，但财务方面的控制制度一定要尽早建立，使之尽快发挥有效作用。你要依赖于财务人员的协助来确立一个适合于你的公司财务原则。除非你做这个公司只是玩票，不准备赚钱。

对银行账户的管理：公司一般应设立一个基本户、一个一般账户、若干特殊用途账户（如基础搭建、项目研发等），不同账号的性质用途不同，能够让公司管理层更好地掌握资金的流动。

对现金的管理：现金保管和记账一定是两个人分别负责，同时现金提取和使用应该由财务负责人审核批准，金额较大的甚至要公司负责人批准，现金在每日下班前应进行定期盘点。

对费用报销的控制：费用的报销申请应由相关部门负责人批准，财务人员将报销申请交至复核人员复核，金额较大的由财务负责人或公司负责人审批。这一点尤其值得注意，因为多数创业公司在这方面经常犯下错误。

对存货和资产管理：存货和资产的采购申请、审批、资金发放、验收入库及库存管理应有不同部门的人员分别负责和监控，存货的库房有专人看管并记录相关产品出入库情况。

公司有了称职的财务人员，良好的财务控制能够为企业构建一面防火墙，能使创业公司的努力不被内部机制的缺陷所葬送。我们在很短的篇幅内肯定不能涵盖创业公司财务管理的方方面面，但公司管理层务必对财务管理引起相应的重视。现实中，很多初创公司，甚至发展壮大的成熟企业都是因为财务问题而轰然倒下。有优秀的团队，广阔的市场，却死在财务问题上，这是非常可惜的。

章总结：创业公司如何搭建“梦之队”？

什么是创业型公司？有一位朋友开玩笑说，创业型公司就是没有钱，或没有找到挣钱的商业模式。什么时候挣到钱，对创业公司来说是一个无法回答的问题。这既是真理，又是最大的废话。如果有了钱，再加上很好的商业模式，你就可以躺在被窝里面挣钱了？就不用去思考技术和管理团队的搭建问题了？显然不是这样的。更何况，创业公司大部分都是没钱的。最穷的创业型公司CEO，可能拿着不超过5千元的月薪，还要不断思考如何上市的问题。

创业公司最大的问题就是没有钱，巧妇难为无米之炊。既然没有钱，就很难同时把团队每一个环节的人员全部招聘到位。如何才能做到既能省钱，又能不影响项目的进度，搭建一个“梦之队”呢？

有的创业型公司CEO认为自己没有钱，随便拉一些薪酬较低的技术团队，行政及其他先放一边，把项目干起来，比如有了网站或者APP后，就好融资。等融到资，有了钱，再招聘技术层面的大牛或管理方面的高手加盟，重新调整团队。

你也是这么想的吗？作为CEO，如果有这样的想法，我建议你不要创业了。这简直是在浪费自己的生命，又浪费投资人的钱，还浪费你团队成员的青春。就拿互联网创业公司来说，这也是为什么联合创始人中必有一个技术出身的大牛的根本原因。技术出身的人更懂得团队架构。他们知道要找什么样的人。

1. 确定公司的商业模式和发展方向，招聘技术团队的负责人和产品经理（产品需求）。

这一般根据项目的情况而定，团队负责人与产品负责人需要提供建议，和CEO一起把产品需求的逻辑搞清楚，然后形成一个“需求文档”。在这个基础上，建立公司的业务模式。创业公司的团队搭建首先源于产品的需求，这段时间一般是2个月左右，有的时候会更长。这些工作需要公司高层主管的参与，之后就可以根据产品开发的需要来组建团队的每一个环节了。

2. 团队各个环节的核心员工到位。

比如互联网开发公司，这时需要架构师到位。如果没有架构师，可以由技术团队负责人兼任，当然最好有架构师。除非公司的技术负责人精通架构的搭建。在关键环节，不要为了省钱让不合适的人勉为其难。别忘记，你现在看起来是节省了一个人的工资，但你未来一定会损失N多人的工资来弥补这一个小小的过错，或因此把项目搞砸——你的创业宣布失败。

重要的是，如果你不懂招聘或者组建团队，就先寻找一个内行。你要把权力分配给他，在团队组建的最初阶段，就完成你们的分工。他可以帮助你搭建更好的团队体系，间接或直接帮助公司加快成长的速度。

第六章

管理到底是什么？

——不懂管理的创业者，怎么才能成功？

对一支优秀团队的管理，

创业公司的目标是实现“一元化”，

这样可以大大地提高团队的执行力。

在公司内部，既用绩效提升人，又要用铁腕束缚人，

同时做好权利分配，充分调动公司每个人的积极性。

但这实现起来是非常困难的，这也是创业公司必须要通过的一道鬼门关。

创业公司的权利游戏

在创业公司中，因为股权之争和分配不均导致散伙的情况并不少见。如果权和利分配不好，公司就成了一个“半吊子”组织，横向不能到边，纵向不能到底，缺乏凝聚力，进而失去市场竞争力。

管理是什么？一是管权，二是管利。公司说到底其本质就是一场旷日持久的权利游戏。涉及管理时，你必须压抑一下内心中最纯粹的东西。做业务需要激情，需要梦想，但管理则需要绝对的理性。

关于权和利，哪些问题要提前确定呢？

总的来说，我们首先要管理的是自己与合伙人的利益分配。在合伙人加入公司之前，应该将每个人需要承担的责任、拥有的权利、后期会获得的利益以及退出机制都事先商议好，落实到纸面上，形成协议。公司发展到不同阶段，可能会出现合伙人各自发展的速度不一样，在团队中的价值也相应地发生变化。公司在变化，人的价值也在变化。这种情况下，有一个提前约定好的“基础性原则”就非常必要。

记住这两点：

> 每个合伙人在不同时期起到的绝对价值是不同的。
>
> 在公司不同的发展阶段，创始人要和合伙人、管理层成员有对应的权利分配方案，以真实体现每个人的价值。

在利益分配上，公司初创者们要考虑以下情况：在公司还没有开发项目和产品时，资源型创始人处于一个核心位置，因为他能够最大化地发挥资源的价值来创立公司。有时候主要创始人并非资源型的，这时也要为其让位。其他有专项技能的合伙人，比如擅长技术或者商务沟通的合伙人，此时的价值可能就没有那么大。

在 2010 年以前，公司处于工作室的发展阶段时，由于章辉是资源型合伙人，带来大部分业务，而我主要负责技术层面，因此那时工作室的大多数利润是分配给章辉的。尽管章辉只在工作室担任了一个虚挂的职位，我仍然很明智地做出了这个决定，和他保持了极为顺畅的合作关系。

公司进入跃升的发展阶段后，技术类合伙人的价值就处于最大值。因为这时公司的自有产品和渠道成为主要业务，为公司提供了最大的利润来源。就像章辉在 2010 年底居于次要地位一样，权利分配随着两个人价值的变化而改变。到了产品的推广阶段，尤其是融资或上市时期，富有人脉的商务型合伙人的价值就体现出来了。他就应该获得最大的权利。

现实中，有很多创业者总是基于眼前的价值去一次性地制定权益分配章程，却忽略了在公司的时间发展轴上不同合伙人价值的变化。因而一段时期内合作良好，在另一段时期则龃龉倍出。

比较理想的做法是：

> 在团队开始前有一个长远的规划，将 4 年作为一个基础周期，来讨论公司未来的发展情况，比如可以规定第一年离职拿不到股权。另外，我也建议在分配股权时，应该鼓励每一位合伙人从自己的股权中拿出一部分作为预留期权池，如果一个人在团队中的价值变得越来越重要，那么就可以对这样的人给予奖励。

不要在一开始就把股权分配干净。这是一项重要原则。假如立刻将 100% 的股权都分配完，之后一旦个人在公司里的价值发生了变化，你就很难再有修改的余地。

如何驾驭野心家？

中世纪十字军东征时，阿尔斯兰问被俘的罗曼努斯：“如果你俘虏了我，你会怎么办？”罗曼努斯答道：“我会把你钉在十字架上。”然后他问阿尔斯兰：“现在你准备把我怎么办？”阿尔斯兰回答：“我比你更残忍，我会把你放回去。”

我举这个故事的用意不是说阿尔斯兰有多傻——后来阿尔斯兰死在了自己

的大度上，被一名俘虏一箭射死，而是为公司的创始人和CEO证明一种对待强者的态度——当这名强者对你的既有权利甚至公司未来产生巨大威胁时，他可以是你的合伙人，也可以是有才华但野心四溢的下属。

创业公司不能缺少野心家，野心家是公司前进的动力。

创业公司也要提防野心家，野心家随时有可能篡位夺权。创始人被团队中的野心家鸠占鹊巢的例子数不胜数，这是这个世界的常态。

所以，有才华的人才当然谁都喜爱，可如果他是李一男呢？

1993年，硕士毕业的李一男刚进入华为，就被任命为华为公司万门机的项目经理，入职半个月，便升任主任工程师，半年升任中央研究部副总经理。在华为，李一男火箭般地升迁，27岁就坐上了华为公司的副总裁宝座。开年会时，他可以坐在任正非的边上。

这是一位传奇人物，他被誉为通信业界的“技术天才”，一度被视为任正非的接班人。当然，他在华为的火箭式上升，并不是靠关系，而是源于他的真才实学和努力。李一男在华为工作时的卖命也是出了名的。他一天要工作18个小时，不分昼夜。由于长期熬夜，他戴着800度的黑框眼镜，整个人又黑又瘦。

在他手下工作的人每天如履薄冰，因为李一男有野心又能干，经常熬夜到凌晨两三点钟，甚至是通宵工作。有时在凌晨3点，部门员工还会收到他的邮件，布置当天的工作。因为他会突发奇想，发现一个新点子。如果第二天员工一上班发现上司布置的事情没有完成，李一男就会大发雷霆，甚至会把人开掉。

华为对李一男的期待是成为公司的支柱型人物，但他的抱负却不仅仅是做任正非的一名副手，而是能够说得上话，成为掌控一家优秀公司的一号人物，自己开辟一个王朝。所以后面发生的事情就不难理解了，即使任正非这么卓越的创始人，也没能留住李一男的心。在华为工作7年后，李一男觉得自己也不可能成为任正非的“接班人”，于是把手中的股权套现，离开了华为。

离开华为后，李一男到北京组建了港湾网络有限公司。2004年，公司年销售额突破了10亿元，并且进入光通信领域。在这个领域，华为拥有力推的拳头项目。这意味着二者开始正面交锋了。同时，港湾公司也涉足路由器生产，多款通信产品都与华为的产品极为雷同。在一些产品的招投标中，港湾公司成为华为的直接竞争对手。华为公司将此视为背叛，2004年，专门成立了“打港办”——凡在招投标中港湾公司出价的，华为的价格都要比港湾公司低。

李一男在华为创业起步的阶段进入公司，以自己的雄心壮志和出众的能力学到了东西，然后在公司最需要自己的时候离开，并成为公司的对手。这就是我说的野心家，你如何驾驭这种人？任正非驾驭不了的人才，你认为自己有多大把握可以掌控自如？

现在许多公司的管理者都深陷于这种两难境地，既喜欢有点儿野心的员工，指望他创造业绩，又不敢给他足够的发展空间和权力。因为害怕终有一天他会学成离开，冷酷地成为公司的对手。

你该如何激励权力欲望很强的员工？

你该如何让他在公司内部找到属于自己的草原？

野心家的存在对管理意味着什么？

首先，这说明你的事业做得很不错。其次，也说明你需要提前做一些预防。

有心理学家对一些美国大公司的管理人员进行了研究。结论显示：公司最高层的管理者必须对权力有着强烈的需要，积极建立自己对他人的影响力。

也就是说，优秀的人才坐到了管理者的位置上，哪怕是你副手的下属，他也会产生对权力的强烈兴趣，希望继续向上晋升。如果没有阻碍，他不会拒绝成为公司的 CEO，将你取而代之，或者在时机成熟时另立山头，与你分庭抗礼。

对于野心家的这种需要，我们必须加以引导和控制，这样才能给管理者所处的整个公司和利益体带来好处，而不是提高他个人的权势。尽管在特定的阶段提高野心家的权力有利于公司的业绩，但你依然需要小心对待，考虑到未来几年的动态发展。在公司的管理中，要引导每个人追求成长，而不是单纯的权力。

洞察他的动机

公司要让每个人都拥有自己可以驰骋的草原，拥有自己想获得的价值体现，你的事业自然就走在了一条成功的路上。

公司要提供给优秀人才所需要的权限，替你承担一定的责任，带领团队开创更大的基本盘，推动公司更快的成长。

如何将人才放在适合的位置上，又该如何激励他呢？

答案是，从了解他的心理动机开始，给他定好位。

管理和激励，都应该从洞察员工的动机开始。我们要通过谈话、观察等方式，清楚这个人在想什么，他在公司的发展目标是什么，预判他“想怎么做”，再规定他“必须怎么做”。这就是激励和引导的本质。

如果员工与公司的目标很吻合，那么就无须关注人的心理动机了吗？绩效就自然形成了吗？事实并非如此。企业的管理者和优秀人才在工作中都有三种重要的动机：第一，成就的需要；第二，权力的需要；第三，亲和的需要。根据不同的动机以及“抑制力”（自身及公司对其的抑制力）的强弱，我们又可以将人才分为不同的类型。

例如，那些具有很强的权力动机同时又具有强大的抑制力的人在公司中是最优秀的。他们的野心与亲和力、忠诚度可以很好地组合起来。作为你的直接下属，他的责任感更强，能够更清楚地看到公司的目标，也更富有团队精神。但诸如李一男这种拥有强烈的权力动机但抑制力较弱的人，则呈现出另一种职业趋势。他为公司做出极大的贡献但也追求权力，希望拥有自己独立的事业。

驾驭不同类型的野心家，都要先洞悉他的动机。如果你不能，公司就无法容纳更多的优秀人才，你的管理层次也上不去。

不要打击他的信心

现实中，人们一直用可怕的“独裁主义”来形容专断独行的CEO，比如乔布斯、比尔·盖茨和洛克菲勒都是这种类型，以此来贬低管理中集中权力的必要性。但事实上，管理毕竟是一场和影响力有关的游戏。作为CEO你需要影响力，否则管理的目的就实现不了。

对野心家的管理既需要独裁的指令式控制，又急需民主的权力分享式的合作。你可以更多地关心他的个人需要，也不一定时刻强调他必须去完成工作——创业公司中的野心家不存在缺乏工作自主性的问题，他们往往有强烈的工作动机，以此来证明自己的能力。

因此，如果发现你的下属对权力游戏感兴趣，并不要过分地担心他一定会走上令人担心的那条道路。相反，受权力驱动的优秀人才士气更强。不要打击他的信心，这是首要原则；其次，在严密的制度下授权给他，防止他为所欲为。

野心家要承担更多的责任和拥有大局观。他要帮你思考一个问题：如何实现公司的目标？他还要更好地调动参与者的积极性，让员工变成公司实现业绩的有利工具。他必须完成这些工作，这是公司赋予他的任务。

权力的本质是责任，这不应该是唱高调，而要具有实实在在的信念和行动。创业公司中，人们更多的谈到责任而忽视权力，因此对野心家过度警惕。只有拥有开明理念的创始人，才会赢得这类员工的尊重，并助他成就一番业绩。

这个过程中，你所拥有的权力会自然地引申为领导力，即便你并不再使用或者拥有权力，也一样会影响到公司中的每一个人，甚至影响他们的一生。不要害怕被野心家篡位夺权。

成就他，驾驭他

在创业公司的管理中，如何成就团队中的一名优质的野心家，让他的野心为公司所驱动，正向输出他的能量呢？

在优秀而有野心的人才面前，我感觉压力很大——公司要成长，对合伙人负责，对员工负责。而有时，我不清楚那些富有才华但野心极大的下属要干什么。在这种压力下，我开始在意各种可能性，揣测他们的动机。如果公司未能注意防范，将来会不会遇到另一个李一男？这让我感到压力十分沉重。

后来我认识到了自己的错误。我从和客户的一次谈话中了解到这对公司的发展有多么重要，成就卓越的人才其实是创业公司成长的一部分。作为公司的创立者和管理者，洞察这些出色人才的欲求是必须具备的一种能力。我们应该成就他们，也要很好地驾驭他们。

不妨试试下述几个设定的问题：

他花多少时间考虑把事情做得更完美？
他如何提升工作的效率？
他花多长时间考虑与他人建立和维持友好的关系？
你如何对他施加影响，行使你的权力？
怎样让他的能力促进公司的其他员工成长？

而对于这几个问题的回答，从某种程度上能直接反映出你对优秀人才的动机掌握多少，以及你能否管理好这支团队。这关系到你拥有的非强制性的权力有多大，是否可以长久地激励人才。

敢于对他授权

作为管理者，请了解员工的期望。你不仅要关注能给他什么、给多少，更要关注他接受了多少。如果给了他不想要的，再多也无济于事，甚至会产生反作用。同时，你要关注员工的工作动机可能带来的真正价值，而不要总认为："他凭什么想要，太贪婪了吧？"

员工想要更多，说明他意图有所贡献，因此公司应该授权给他。作为管理者，你的小团队领导人（优秀的人才和野心家）是最重要的执行者，而如何与其有效地沟通，了解他想要的和你能给的，将关系到你们能否密切地合作。

有一种野心家，他们是部门主管级的管理者，其能力可能就是无法升任高位，进不了公司管理层，也拿不到太多的股权。但他在部门主管的位置上却可以做得很好。那么就授权给他，让他对这个部门全权负责，不要事无巨细地干涉他。当他发现，仅在这个位置就有如此多的事情和挑战，在锻炼自己的同时也使公司的业务得到了增长，他还会有太多的心思觊觎权力和造成其他负面影响吗？

多数成功的CEO都有一个让人敬叹的共同之处，就是能理性地限定自己的工作范围：我能做的我去做，我不能做的让手下去做，分权给他们。一个成功的创业者，一个合格的CEO，一定是可以最大程度地利用员工能力的人。当你遇到野心家时，不要担心，先授权给他做事的权力，这比给他很多奖金但限制他的权力更有效。

绩效考核难住了我

12世纪时，提尔的大主教威廉评价阿尤布王朝的创立者萨拉丁说："他睿智、勇敢、慷慨无比。正因为如此，我们有远见的贵族都畏惧他。因为要赢得下属的心，没有什么比慷慨的赏赐更有效的手段了。"

慷慨是激励的最有效手段，也是管理的鞭子之一。但不是谁都有慷慨的资格和能力，特别是创业公司，在很长的一个阶段内可能都缺乏资金用来奖励表现出众的员工，仅能靠“画苹果”来维持团队的士气。

公司成立后，为了制定一套高效的绩效考核标准，我一度几个礼拜吃不好睡不好，在不同的方案间摇摆不定。起初，同行的经验和教训是我主要参考的。注册资本少，流动资金不足，这种情况下怎么用物质激励员工，留住优秀的员工？有位朋友的公司开了 3 年运行良好，他提供了经验过来：

> 中等的底薪，上等的绩效提成，再加严厉的考核。

就是说，底薪不高不低便可以，但绩效一定要高，从利润中给予员工高回报。同时，要极其严格地考核，制定残酷的考核标准，来涮掉那些贡献力差的员工。

“很好！”我采纳了这个建议，在济南公司开始颁布实施。但问题很快就来了。一部分员工只是追求较好的底薪，并不关注“创业公司看不见摸不到的绩效”，这最有吸引力的部分就失去了价值。同时，严厉的考核意味着淘汰率很高，又打击了一部分追求稳定性的员工。所以，公司激励员工的目的不仅没有达到，反而在两个月内流失了 40% 的员工，就连被我视为支柱之一的策划经理都一走了之。

因为在他看来：“公司一年内是无法稳定盈利的，甚至都不能减少亏损。即便盈利，也许每人平均只能分到几百块的绩效，而且是一年的。”

这是一个让人感到可怜的结论。这时，我开始转变方向，参考那些成功大公司的标准——成熟的公司在绩效考核方面具有严密的逻辑和细致的规划，每一个条款都经过了反复的论证和实践的检验。2011 年 9 月底，为了拿下公司成立以来的第一个大项目，我自信满满地与合伙人商议后，实施了新的绩效考核标准。

原则是：

第一，将绩效考核与公司盈利暂时分开，以业务上的贡献为标准进行实质性的奖励。

第二，将年度和季度考核更改为月度考核，每月总结和发放一次。

第三，将每个人的工作贡献都量化，让员工看到自己的付出和收入是对等的。

员工满意了，但公司的麻烦却来了。后来合伙人总结说："成功的经验给我们带来了噩梦，这就是创业公司要面对的。"莉莎也做了自己的总结："牺牲公司5年内的利益满足一些工作不了5年的员工是一种愚蠢的行为。"

公司在3个月的支出增加了1.6倍，收入却维持不变。而我们现有的资金和融资能力根本撑不到一年后——即便一年后可以大获成功的话。在这种情况下，产生了一个最终的连锁反应：裁员。我们不得不把一些贡献较小的员工裁掉，只留下骨干员工，但给他们较高的收入。骨干员工的收入高了，可他们很累，比过去任何时候都累。事实证明，这也是一次失败的尝试。

同行的经验未必就适合你的情况。但是，学习成功的大公司，你就能成功吗？水土不服是必然发生的现象，学得不伦不类可能就是你的结局。

两个原则：公司最大程度获益，员工最大限度付出。

在总结这一年的教训时，绩效考核是一个迈不过去的关卡。对创业公司而言，最重要的是两点：

第一，公司要最大程度地获益，包括减少成本，增大利润。

成本和利润的关系是创业公司首先要考虑的，除非你做梦到了发痴的程度，否则不要整天把梦想挂在嘴上。能让公司活下去，才是第一重要的事情。想活下去，就必须在成本和利润之间取得平衡。即，你要考虑自己公司的实际情况和员工的构成，在这个基础上人性化地设立绩效考核标准，留下能够接受的人，坦然地面对其他人的离开。

第二，员工要最大程度地付出，包括提高收入来刺激他们。

对骨干员工提高收入时，你必须慎重对待的一点是：是否同时无限增加了他们的工作量？即使最铁杆的骨干，他们也未必愿意承受长期的高强度工作。因为杨元庆那样的人很难找，这个世界上最多的还是普通人——他们有着最朴素的想法，而不是到你这里来做牛做马。因此，创业者要谨慎地思考，然后平衡员工的付出和收入的关系。即，你要给出一个员工能够接受的合理值，在这个范围内进行调整。

这两点是矛盾的。你如何调和它们？在控制绩效成本和提高员工士气的博弈中，创业公司处于一个两难境地。如果你总是想当然地认为可以凭借个人魅力、号召力和洗脑能力解决那些精明、各怀鬼胎的家伙，你的下场是注定的——会成为一段时间后这些人在新公司的谈资。

来自高学历员工的“血泪控诉”

2011 年时，公司成立的第二个月，市场部门来了一位毕业于上海交大的高材生。从学历的角度讲，她几乎拿到了一个人读大学可以拿到的所有学位。面试时我问她：“能接受创业公司的薪水和工作节奏吗？”她坚定地说：“能，这对我是一个难得的历练。”我又用强调的语气严肃地问了一遍，她给出的仍是肯定的回答。

遗憾的是，工作了两周后，这位员工离职了。在宣布当天加班到晚上 9 点时，下午 5 点整她准时收拾东西，未对同事和上司有任何交代就离开了公司。晚上 9 点钟下班时，我收到了她写来的一封 4000 字的长信，对公司和我的管理风格进行了血泪控诉。

其中她说：“我可以接受加班，但我不能接受连续 14 天都加班，连周末也要随叫随到。在你的公司，我连三四个小时去散心逛街的时间都没有。你的公司是没有前途的，因为你对员工太狠了。这不是旧社会，我们有新时代的价值观。你这么压榨员工已经过时了。”

安静地读完这封信，我哑然一笑。我不能指责这个时代的大学生——尤其她还是个例。我只能认为，以她对自身的乐观估计，到我这里来是选错了公司。也许她应该去国企或者政府部门，过一种朝九晚五、没有任何加班压力的人生。

而在创业公司，我们对员工的管理就必须采取“非常态”的模式。

创业公司把员工当驴使

当一名创业公司的员工需要做好什么准备？

有员工吐槽说：“老子本是千里马，愣是被你逼成驴。”这句话出现的频繁相当高。我在互联网上见过，也在员工的朋友圈看到过。但就创业公司而言，如果不能调动员工最大的积极性，共同挖掘和释放出最大的价值，公司就无法成长，进而员工的发展也会受挫。

在创业公司，事业是一体的，公司并不是CEO一个人的，是团队所有人的。

当年马云在48岁的“退休演讲”中，关于企业经营方面说过这么一段话：

> 我的公司是个动物园，而不是农场。农场永远做不出创新。农场就是一群鸡一群鸭都一样，服装都统一的，麻烦大了。我们需要的是各类动物。

在公司的任务安排和进度管理中，我们既需要日行千里的“千里马”，也需要按部就班的“驴”——起码这两大类角色是不能少的。问题是，这两种角色我们怎么安排呢？高学历员工假如对于创业没有清醒的认知，他们总是希望成为一匹休闲的千里马。可事实恰恰是相反的，任何一个卓越的团队、伟大的公司，他们在刚起步时的工作状态都堪称癫狂。

微信的创始人张小龙说，他喜欢当初微信还没做起来时的小团队。当团队中有一个人突然迸发出一个灵感时，能够抓起身边的黑板开始向大家演练。大家集思广益，完善之后立即执行。在这样的团队中，每个人都有一种自甘当驴的精神，然后集体发疯，迸发出全部的潜能。

沟通的难题

管理不同层级的员工时，沟通是需要格外注意的一个问题。CEO经常忽视沟通，和亲近的下属之间沟通良好，但对团队成员间的沟通管理则无暇顾及。最近我跟一些刚创业失败的人聊天时发现，他们在项目的失败后提到最多的失败原因是团队中的协同很差。

“关键时刻，某某某不配合，谁谁谁没尽力，市场经理不听我的话，销售主管执行不力，最后导致项目的进度拖延，错过了最好的发展时机，所以创业才会失败了。”

这不是个案。我还有一些在企业中负责某些项目或管理某个部门的朋友，当项目失败时他们同样在第一时间抱怨他们的团队不给力，其他部门不配合，等等。总而言之，他们未能处理好沟通。在他抱怨的同时，手底下的优秀员工也一肚子苦水——员工觉得你这里的氛围实在太差了，我要控诉你。

出现问题时，员工的抱怨情有可原，CEO 的抱怨则往往罪有应得，无法令人同情。你讲的问题可能确实真有其事，但也可能是推卸责任的说辞。不可否认的是，沟通是管好创业团队的一项重要能力。经过有效的沟通，我们能抹掉团队中大部分的不愉快问题和不良现象。

1. 团队内部不要有任何职位歧视

我在公司的管理中遇到最多的问题是职位歧视，不同部门和职位间，人和人存有各自的视角以及顽固的立场。例如，销售部门的人觉得人事部和行政部都是坐着白拿工资的——我在外面辛辛苦苦地拼命，拿了不少单子和钱回来，就是养着人事和行政这群没干些什么实事的家伙，让他们轻轻松松地就能拿工资，这太不公平了。

有一次我听到在外面跑市场的一个手下跟同事聊天。他们声音很大，说明怨气也很大。他说："我瞧不上公司人力资源部的那个胖女人。她每天就是在一些招聘平台发一发招聘广告而已，发完招聘广告就给我们扣工资。这个工作随便找个文员都可以做，都不知道为什么还要高薪请这个人。"

这让我一时觉得问题严重，公司内部不团结。但这种现象不论是初创企业还是成熟公司都很常见。特别在一些以销售为核心的公司，销售部的员工个个都是牛哄哄的。在他们眼里只要不产出效益的部门都不应该存在。而在某些技术型的公司，部分优秀的程序员会天然地觉得技术就是一切，其他什么设计、营销、策划等等，统统都只是技术的配菜而已。他们歧视那些周边部门的同事，也抵触沟通。

你怎么处理这种情况呢？

首先，要将不同部门和员工的想法列出来，然后看一看他们的分歧在什么地方。每个人的想法必然有其对的地方，适当地取长补短，弥合差异，才能有助于公司的运营。其次，尊重各自的立场，不要完全投入地关注他们。沟通不是否定所有有不同意见的人，而是理清问题的思路，树立典型，改造员工。如果不行，就去找对的人。

2. 价值观是基础，要统一思想

公司的价值观是沟通的基础。只有在相同的公司理念下，我们和员工才能聚到一起做事。这个理念往粗浅了说，就是公司赚钱，然后股东和员工分钱，往高端了说就是："我们都要实现个人价值。"一般情况下，高层管理者喜欢对员工强调个人价值，中下层的主管人员更喜欢对员工强调赚钱。两种观点，我们可以融合起来，用于平时的沟通中。无论是高学历的精英，还是一般学历的雇员，这两种做法都是有用的。

不论哪一种方法，由你主导沟通都很重要。你要把每个员工的切身利益跟公司的发展直接联系在一起。这是一门高深的学问。

我成了全公司最忙碌的员工

想放权，但是放不了。这是我10年来在管理中最大的体会。管理公司应该学会放权，说起来头头是道，可做起来时，一系列的突发事件让你轻易地放弃这种尝试。一个勤快的笨蛋，总会比懒惰的笨蛋做出更多的愚蠢的事情。一个公司如果最忙的是老板，员工缺少热情，肯定很难实现从创业公司到成熟企业的过渡。

如果我不放手让管理人员做事，就没必要招聘管理人员。而如果我事无巨细也就说明了管理人员的工作失职，同时也代表着猫眼公司的失败。

我是怎么累成狗的？从工作室阶段一直到公司成立的一年内，我几乎每天凌晨4点起床，晚上12点才能休息，处理公司40%以上的工作。我一个人做了四成，公司其他20名员工只做了六成。这是一个可怕的数据。差不多事事都需要我亲自出来处理，或给予重要的指点。有时明明可以指令员工去做的事情，结果发展成了我顺手拿过来动手，员工坐在办公室聊微信。

后来莉莎参与进来改变这种现象时说："原因是你作为业务高手创业，又是完美主义者，还是一个强迫症患者，这就导致你创业后进入一种老板干活养活所有员工的怪象。"

这是创始人的问题？

公司的问题？

合伙人和管理人员的问题？

还是员工的问题？

李嘉诚说："一个国家，皇帝忙，就代表将相无用；一个军队，将军忙，就代表凝聚力不够；一个公司，老板忙，就代表可用之人不多。"

比尔·盖茨说："一个领袖如果整天很忙，就证明一件事，能力不足。"

乔布斯说："一名优秀的员工可以顶 50 名平庸的员工，并不是说一个人可以干 50 个人的活，而是他可以影响到很多人。优秀的员工只要告诉他，要做什么事，要什么效果，他就会想办法搞定。越是出色的人越善于在缺乏条件的状态下把事情做到最好，越是平庸的人越是对做事的条件挑三拣四。"

这些成功者的观点历历在目。管理一家公司最忌讳的就是老板累成狗，是团队里面最忙碌的那个家伙，而员工却悠闲自在，享受事业单位式的工作模式。当前激烈的竞争生态，创业公司要取得成功，最重要的就是要凝聚团队的力量，使人人各司其职，贡献自己的才华。

人都有惰性，我在习惯方面的惰性持续了两到三年，公司的效益一直上不去，而我和管理层成员已经筋疲力尽。最后我们一致决定对公司的管理模式进行革新。当公司陷入分工不明的困境时，责任一定是 CEO 的。每一位 CEO 都会犯无数的错误，不会分工授权可能是最重大的一个错误。

过去的生意用员工的体力，未来用员工的脑力；
过去的生意靠员工加班，未来靠员工创新；
过去的管理靠金钱团结，未来靠使命凝聚；
过去的管理靠经验带动，未来靠流程复制；
过去的经营靠能人专制，未来靠系统运营。

作为公司管理者，假如你总是很忙，忙着冲刺业绩，忙着收账，忙着给关系人或客户公关送礼……你忙得一塌糊涂，一心一意为公司着想，为员工谋福利。可是你会突然发现，许多优秀的人才要离开公司。你还想不通为什么他要走："我对他不错啊！"原因就是，在你这里他找不到自己的价值，没有自己的位置。你一个人在忙，却把有上进心的员工放到了无所事事的尴尬位置上。

发现员工的长处，扬长避短使用他们。作为公司领导，可以不知道下属的短处，却不能不知道下属的长处。我们常说发现员工的价值，指的就是看到他们的优点。他最擅长解决什么问题，就让他去做相关的工作。一旦用他去做，就给予最基本的信任，然后给他足够的回报。宁可花两个人的钱去招一个有所擅长的优秀人才，也不要用一个人的钱去招两个能力平均但没有优点的庸才。前者让你很轻松，后者只会让你成为到处擦屁股的补锅匠。

制定分工流程，实现自动运作。这是很浅显的道理，有一些创业公司却考虑不到，也没有时间去做。真正卓越的CEO不一定自己的能力有多强，但一定要懂得信任手下，与合伙人和员工密切合作，合理分工，让公司的各项业务实现自动运作。许多能力非常强的创业者因为过于完美主义，事必躬亲，认为什么人都不如自己，最后他只能做一个最牛逼的员工，最棒的执行者，却成不了优秀的管理者。

我们只有成为最好的自己，才能遇到最好的下属。这句话的前提是，我们要懂得用一个有序分工的制度把自己和员工的角色都妥善安排好。

辞退的烦恼

我们常碰到这样的情况：有些员工努力工作，但就是不够抢眼，对公司的贡献不足以成为创业公司的重要一员，因为团队其他成员皆为精英。但他并没有犯下任何大的错误，在成熟公司中也许能获得一份5年的职业合同。管理者从制度上没有具体的借口去解雇他，因为他只是在某些任务中表现得有点平庸。

如何让他离开呢？

谈到员工的类型时，我看到过一段形象的描绘：

> 最优秀的员工是乘法器，他能让其他人更加高效；其次是加法器，像役马一样努力干活的；减法器是那些“成本”高于“收入”的非胜任者；除法器则是问题最为严重的员工，他们能把整个团队（或公司）拖垮。

按照这种描绘，我们提到的员工就是减法器型。他并不是坏苹果，也没有给公司造成重大的损害，或不胜任基本的工作，但是他的确不适合创业公司。因为他所带来的产值比公司付给他的成本要低，或者说没有超出成本很多。创业公司需要的是能贡献比成本大出几倍或者几十倍价值的人。

什么情况应该“马上开除”？

对于除法器型的员工，当然应该马上开除，一天也不能再留。我们宁可掏一笔不菲的遣散费，也别留他们在公司中继续待下去。不信你可以犹豫两个月再解雇他们，这两个月的开销或损失一定高过遣散的费用。

现实中，人们貌似不情愿对弱势群体下手，但公司不是感情用事的地方。对除法器型员工，应该支付遣散费，尽快解除合同。我的教训就是，在该快速解决的时候选择了继续观察，后来发现不但没有挽救的可能（这类员工去意已决），反而损害了团队士气，制造了许多不必要的内部摩擦。他们留在公司每天造成的无形损失是你预料不到的。

开除之前如何给机会？

我们需要给机会改造的是诚实员工。他们是减法器，产出低于开支，但非常勤奋努力。虽然公司在他们身上有损失，但好在数目不大。如果能把他们改造成加法器型，就再好不过。我总是尽量和这样的员工加强沟通，了解他们还有哪些特点和职业需求，然后给他们机会。

大多数人在刚开始做一份新工作时，都是减法器。人们在实习期间总是表现出这种状态。所以，问题可能出在项目安排或者培训方式上，而不是他们本身的潜力不足。给他们找到一个适合的位置，好好历练。只要你的公司能承受这一点损失，就不要轻易地抛弃这类员工，特别是极为努力的人。适当地改变一下环境，他们也许就能创造奇迹。未来，公司也许就能收获一名既有能力又十分忠诚的骨干，成为乘法器型的员工。

这个过程中，公司的损失都是什么呢？

1. 他会伤害到其他人的利益么？公司这么做是否有失公平？

2. 公司为他一年 5 万元的产值支付了 8 万元，他能否带来威胁？

如果只是这两点损失，不轻易开除减法器型员工就是对的。这个阶段可能不到6个月，是他的成长期，也是留观后效的观察期。但最终你在他身上如果看不到提高和改进的希望，就得设法让他离开。

这时候，CEO切勿草率地做决定，和他好好交谈，实话实说，请他离开时顾及他的尊严。他们没有错，只是创业公司对员工有更高的要求。

制定一个方案

一旦做出辞退的决定，写一个律师草案。这是最安全的方式，是我从几十例“辞退事故”中总结出来的经验，包含非贬低、非诉讼、非公开的一份协议，与员工和平分手。在他寻找下一份工作时，公司尽量给予帮助，比如写一封推荐信，出具任职、实习证明等。

特别是当他是一位忠诚的减法器型员工时，你可以给他更多的人性化关怀，提供正面积极的引荐和参考信息。2013年，公司曾辞退过一名非常勤奋但价值有限的员工。我为他写了一封详细的推荐邮件，联系了另一家与他匹配的公司。现在，他在那里已经工作了4年，兢兢业业，他的上司也很满意。

但如果他是一位除法器型员工，不管走到哪里都是破坏性的，那就不要做推荐。或者你可以从客观的角度给他一些改进的建议，不要伤害他的自尊，但要公正。你没有必要多做什么，原则是保护好公司的利益，不要节外生枝。

辞退制度化是好是坏?

不管怎样，开除此类员工（破坏性的），切勿一味地遵循制度，或者拿绩效考核制度来进行最终评估。如果主管人员开始证明员工的贡献（没有功劳也有苦劳），人人都知道其最终的含义，这是一个可以投机的漏洞。这种方式会立马增大公司解雇员工的成本，你会发现金钱和时间的成本都增加了。

另外，在辞退员工没有其他可选方案时，你应当宁愿用遣散费，也别在制度中寻找条款。

人力资源部门喜欢这么干（从制度中搜罗理由），是因为可以在遣散费上省掉一部分钱，但实际情况是他们把团队成本的增加归结为外因。这让公司HR讨论一下就可以，不要变成现实，否则会出现三种失控的局面：

你的经理们私设公堂，搜罗员工的错误。
团队总想处理问题员工，人人自危。
员工总会怀疑公司的解聘行为是否合理。

即使非得选择制度工具，那么员工也应当有遣散费，让他得以全身心地去找下一份工作。

快速行动

在创业公司，快速行动非常重要。包括开除员工，别在这上面浪费你的脑细胞，别为了一个对错十分模糊的决定迟疑不决。他行，还是不行？一天内做出决定，别让这个问题过夜。假如你确信他不合适，就得快刀斩乱麻。不过，你应当确信给他提供了足够的反馈信息，以便让他有机会能把事情做得更好。给过机会之后，就要立刻付诸行动。

给予足够的尊重

任何情况下，辞退员工都需要给予对方尊重。你应当始终尊重他们，不管他们干得是好是坏。他们的人格与此无关，和你是平等的。辞退方式将影响到你的公司，其他员工也会关注你是如何处理这种情况的。有时候，这是影响创业公司生死存亡的大事。

章总结：构建进取型管理模式

我认为全世界的公司中只存在两种管理模式。第一种是上线的管理模式，第二种则是底线的管理模式。它们存在于不同的公司，因文化、政策和社会环境的不同，在不同的国家又存在着相应的区别。有的企业只具备其中一种，而有的公司则两者兼备。创业公司应该两者兼备，尽快完成管理的转型，实现高效的管理。

关于“上线管理”，有一位华尔街投行 CEO 解释说：“用进攻取代防守，用收益战胜风险，用冒险激励团队，用高层带动基层。”上线管理取决于公司创始人的个人魅力和冒险精神。他在公司的权威是至高无上的，是整个团队的精神支柱，也是公司战斗力的源泉。就像乔布斯之于苹果公司，比尔·盖茨之于微软公司。

单纯这么做十分危险，不是每家公司都有乔布斯和盖茨这样的人物，也不是每个企业都有苹果和微软那样雄厚的资金与团队。如果我们没有充足的本钱，或者你的能力不足，一个人驾驭不了这么多的决策，一旦从高处跌落，公司就可能死无葬身之地。

因此，创业公司更需要的是底线管理，以制度为本，充分激发团队中每个人的能量，让他们具备足够的竞争力，即使公司成长，也培养一支强大的团队。就像盖一栋房子，我们要先打好地基，再追求漂亮的房顶，否则这栋房子的外表看起来十分美丽，但结果可能是弱不禁风的。

任何时候，以人为本都是管理的正道，也是你应该遵循的原则。只有做到以人为本，才能在此基础上制定相应的制度，催生健康的价值观，为自己的公司铸造一支强大的团队。那么我们的事业不会因为缺少了某个人而丧失活力，也不会因为某个产品的滞销而斩断团队的创新能力。

就是说：

第一，CEO 要学会用制度和规则约束公司的每个人，让公司形成良好的制度文化。

第二，你必须知道什么不能做，而不是只懂得什么可以做。

这两条要求，既是针对中下层员工，也是针对公司创始人和每位管理层成员。由此设计的管理制度，即便是公司大股东、董事长和核心管理层的领导者也不能违反，否则就伤害了公司的活力和成长空间。

第七章

所有与钱有关的麻烦都绕不过去

——面对资金困境，是艰难前进还是战略收缩？

创业是艰辛的，

在起步期更是困难重重、险象环生、九死一生，

每个问题处理不当都可能导致公司倒闭。

最凶险也最现实的问题，就是“没钱发工资”。

十几张嘴等着吃饭，账上却没有几个钱。

这时候你就知道，最美妙的梦想，最动人的前景，

也比不上一摞真实的钞票。

最无奈的问题：客户拖款

你设计了完美的商业计划，你有一支高素质的团队，你开发了市场广阔的产品。但你有没有想过，回款出现问题时怎么办？

从品艺到猫眼，我两次创业遭遇最大困难，都是由于客户拖款造成的。不到四年的时间，拖欠款项一度高达490万，公司账目收入的三分之一都未能如期收回，且越积越多。章辉和张志远的公司关门大吉时，清理资产，两个人几年内被拖欠款项有600万之多。

这是创业者遇到的最无奈的问题。你千算万算，算不到自己会碰到什么样的客户。“林子大了，什么鸟儿都有。”我们接触的客户越多，业务量越大，碰到的客户类型就越多，而且客户也总会有资金困难的情况。他们具有不同的特点，或者沉默，或者健谈，或者友好，或者算计。面对各种各样的人，就需要用各式各样的合作技巧去应对。

那么遇到客户拖款时，除了倚重销售人员的努力，CEO的策略又是什么？

有家公司的年轻老总问我：“有几个大一点儿的客户老是喜欢拖款，有两个已有半年以上没付款了。每次催都说没钱，这种客户如同鸡肋。一方面是大客户，一方面不付款，我怎么对付他们？”

我的答案是报以一声苦笑。因为这不是一个人的问题，是所有创业者都面临的烦恼，甚至是痛苦。2015年的五·一，我和莉莎痛定思痛，在员工放假期间召集管理层的其他人一起开会讨论，专门拟定了一张“客户清单”。我们对公司成立以来的客户进行了总结，分为三类。

第一类是优质客户：讲信誉、守合同，业务量大，且从不拖欠，默契度高，合作愉快。

第二类是普通客户：业务量中等，偶有拖欠，但时间不长的客户。

第三类是劣质客户：业务量或大或小，但信誉差，不守合同，经常拖欠，合作极不愉快。

然后我们对公司业务做了一次减法，从节后上班开始，即时停止与第三类客户合作，加大与第一类客户的业务契合度，保持与第二类客户的原有合作模式。尽管中止了一部分业务，没有了这些预付款的收入，对公司的现金流短期内造成了影响，但由于积压欠款不再增加，成本支出相应减少，公司用一年时间逐渐走出了和这些不良客户合作的阴影。重要的是，公司的客户质量得到了提高。

当你的公司遇到客户推迟结算时，我的建议是：

直截了当地催款，不要有任何犹豫。向客户催款不是什么见不得人的事，也没有什么讲究，最有效的方式就是有话直说，不要绕弯子，也不要说对不起，商业行为一切按合同办事。

查清楚原因，别搞一刀切。如果客户拖款，在催款前，先弄清造成拖欠的原因。是偶尔的疏忽，还是对你的产品不满？是对方的资金紧张，还是故意拖欠？我们应该针对不同的情况采取不同的催款策略。

找对责任人。也就是初始联系人和客户公司的法定代表人，千万别让客户互相推诿牵着你的鼻子走。

不要冲动，不要有任何过激行为。催款是一项艰难的任务，受到冷遇也不要冲动，更不要做出过激的行为。因为一旦撕破了脸，对方可能就此赖下去，这笔款想收回来将越来越难，甚至会变成死账。

别怕因此失去客户。到期付款，理所当然。有些公司害怕催款引起客户的不快，或担心失去客户，因而不敢开口。这只会使对方有恃无恐，得寸进尺，助长这种不良行为。越是不怕失去客户，就越能维护你的利益。在正常的沟通下，如果客户坚持不付款，失去与他的合作又有什么大不了的呢？

当机立断，及时止损。比如中止供货。特别是针对客户“不供货就不再付款”的威胁时，应该当机立断，及时止损，否则你只会越陷越深。因为对方没有基本的商业道德。

定期收款，防止越拖越多。对于收款时间的安排至关重要，要坚持“定期收款”的原则，这是解决问题的根本之道。时间拖得越久，就越难收回。有专门的机构调查显示，收款的难易程度通常取决于时间而不是金额：在商业欠款中，2 年以上的欠款只有 20% 能够收回，但 2 年以内的欠款却有 80% 能够收回。

最现实的问题：没钱发工资

2017年的618，京东一天的订单超过了1100亿。但刘强东最落魄的时候，给员工发工资都没有钱。2006年初，刘强东找到汉能资本（创投机构），融资100万，目的是把公司员工的工资发了。过了三个月他又去了，想再融800万人民币，但汉能资本的人“没工夫见他”。

刘强东回忆说，最难的阶段是2008年的金融危机时期，京东的发展进入最关键的时期，资金却面临枯竭。他和助理有半年跑着见了40多个VC，最多一天见过5个VC。结果所有人都对他说不，而京东如果再拿不到钱，只能过桥贷款，每年的利息是20%，相当于借高利贷。

融资过程中，软银赛富的投资人代表甚至当面表示对京东丝毫不感兴趣，抨击京东的毛利率低，运营效率差。这次境遇，让刘强东受伤很深，和软银赛富结下了梁子。他向来是一个强势的创业者，自认为正在改变行业规则，因此在投资人面前也总是高昂着头。但他最终挺了过来。当他后来融到1.2亿美元时，就没有什么可以阻挡他了。

创业是艰辛的，在起步阶段更是困难重重、险象环生、九死一生，每个问题处理不当都可能导致公司倒闭。最凶险也最现实的问题，就是“没钱发工资”。十几张嘴等着吃饭，账上却没有几个钱。这时候你就知道，最美妙的梦想，最动人的前景，也比不上一摞真实的钞票。

遇到这种情况时，你是怎么处理的呢？

我有一个朋友创业的全部家底是上一家公司退股的股金及多年的积累，加在一起共30万。他开了公司，组建了团队，购买了设备之后并没有太多的流动资金。2013年，他同时碰到2个项目的甲方没有按合同及时支付工程款，导致公司资金周转不过来，连续半年发不出工资。

公司员工都是农村出来打工的，家底薄，没什么积蓄，工资不发，人心就不稳。他当时急得整夜无眠，借钱也借不到。他最后的解决方法是，将房子抵押给银行贷款才度过了那次难关。

他在保证员工基本生活的条件下，把借来的钱投入到项目中，保证项目正常运行和及时完工。公司员工看在眼里，急在心里，老板的做法让他们非常感动。因此，在他最困难的阶段，即便工资有所拖欠，也没有一个人离职。大家都选择了默默地支持他。

2011年7月份的一个晚上，我在济南索菲特酒店跟张志远聊到11点。济南的7月无比酷热，我一出来，就像被裹挟进了火炉，像极了公司的处境。公司在二环东路，我一个人慢慢地开着车，时速20公里，安静地开回了公司，坐在办公室发呆。

公司没钱了，明天下午就要发工资。我一夜没睡，抽光了整整一包烟。第二天一早，我把莉莎及几个核心骨干叫到楼下不远处的咖啡馆，每人点了一杯咖啡。

我：“账上还有3万块，我个人还有1千块，短时间拿不到钱，怎么办？”

莉莎：“大家谈谈意见。”

A震惊：“多长时间才能进钱？”

我：“至少20天。”

A：“今天工资发不了了。”

B：“我没问题，我的工资不要发了，大家挺一挺。”

莉莎：“我的也不用发。”

当天中午，A就撤了，递了辞职书。他要求结掉所有的工资，于是，账上的3万块立刻没了7千5。骨干还好说，要走要留有一个痛快话，员工则不好安抚。我跟莉莎商量，至少得每人发20天的生活费，否则工作做不好。而且接下来任务很繁重，是一个需要冲刺的阶段。她说：“明白！”

中午1点到下午3点的两个小时，我坐在离公司有200米的大马路上。骄阳似火，晒得头晕目眩。我买了一瓶矿泉水，琢磨怎么在2小时内借到5万块，给员工把生活费发下去，还要留下一些钱用于未来20天的成本支付。

我把能想到的人通通试了一遍，发短信，打电话，结果都是一句“不好意思”。就在快要绝望时，一个从未见过面、只在网上聊的朋友听我提到这件事，立刻打了8万块过来。他说：“这是一笔创业扶持基金，你一年内还给我。”

一个月后，我就把钱还给了他。至今，我们仍是很好的朋友。

快步回到公司，我召集全体员工说：“公司可能做不成了。资金困难，我们这月仅发20天生活费。要不你们各奔前程，我和股东继续撑着，公司要以最低的成本运作。”

幸运的是，除了A，没有其他人提出离开。公司就这么撑了过来。我们随后采取了一个应急措施，把当时的办公室退掉，第二个月搬到了附近由工厂改造的办公区，房租省掉了三分之二。公司人员也在次月进行了压缩，最多不到12个人，又卖掉了几台闲置的设备。这样，一个月的运营成本砍到了6万块。

一直到2012年搬往北京前，整整一年间，品艺公司一直就是这种状态：每月给员工开薪的时候，都是最煎熬的时刻。我记得曾给莉莎说过一句话：“一家公司连续3个月发不下工资时，就是它该彻底关门的时刻了。”我把3个月视为一个红线。如果我们到了这根红线，就意味着必须做出较大的改变。

在最困难的时候，我总是没有想通未来在哪里。这个世界上有无数家创业公司。他们的CEO想必都经历过这种阶段，但如何从痛苦的现实中走出来？答案当然是找钱。我很感激张志远，因为他没有在这种时候躲到一边，而是积极帮我想办法。他来济南时，我们一聊就是几个小时，关于怎么管理，怎么节约成本。

后来，他还把我的案例拿到一家创投机构，成功帮我的猫眼公司融到了100万元。我自己非常清楚，这个方向坚持下去是没有问题的，因为我们有很好的市场，能提供很棒的业务。我们未必要做到上亿的产值，但做好了几千万的年收入是可行的。事实上，在你做上市的千秋大梦时，也许你正经历着没钱发工资的绝境。但你会觉得特别来劲儿。这是一种特殊的状态，是人生最独特的体验。

所有与钱有关的麻烦，都有可能是一枚致命的炸弹。创业者有多么艰难，就看他在发工资时有多么煎熬就可以了。创业公司在这时就是一个白菜价，可是白菜价都没人敢买。想熬过去，创业者必须依靠自己坚定的意志力。因为对不起别人没那么重要，最重要的是要对得起自己。

京东创始人刘强东从中关村起步，那么多年一步一个深坑，四处借钱。但是一将功成万骨枯，他真的干起来了。别人行，你为什么不行？如果你也能坚持下去，也不一定会输给他，而且有可能做得更好。

问题是，你能否在坚持的同时想到解决问题的办法？

谈判就是谈钱

作为 CEO，你是公司利益的代表，总会频繁地出现在谈判桌上。你要去见投资人，说服他们融资给你；要去见客户，说服他们给你更好的条件，答应你的合作要求。谈判的根本问题不在于双方立场上的冲突，而在于双方需求、愿望、想法等方面的冲突。解决这个冲突，就是 CEO 的责任。这些需求、愿望、想法本质上就是利益。人们都代表不同的立场，希望自己的利益最大化。不会谈利益，就不是合格的公司 CEO。

利益驱动着我们每个人的行为，也是所有立场争执背后的唯一动机。你的立场就是你已经做出的决定，而利益则是导致你做出这一决定的原因。在谈判时，钱就是利益的表现。怎么看待钱的性质，为公司争取最大的权益，决定了我们能否成功地经营下去。

在谈判中协调双方利益而非各自立场，这种方法经常可以奏效，原因有两个：

> 首先，每一种利益都可以通过多种方法来满足，而人们的第一反应往往是采取最显而易见的立场。
>
> 其次，在对立的立场背后不止有利益的冲突，还有更多的其他分歧，所以协调利益比在立场上妥协更为行之有效。

就是说，“共同利益”和“互补的不同利益”都是可以谈的，立场却不容易谈判。一个明智的协议总是基于利益的合作而非立场的统一。这是商业的基础，创业者一定要深思，慎行。

注重利益，而不是在立场上纠缠，其好处对谈判的效果是显而易见的。创业者多去谈钱，因为这个阶段钱就是公司的立场。围绕钱，还有一系列的衍生利益，比如控制权、股权、分红权、决策权、投票权等。在和客户的谈判中，产品价格、供货和结算方式等则是重中之重，关系到公司的生存和发展。

但是我们怎么去做呢？立场可能是具体明确的，一眼即知，它背后包含的利益却可能不那么明显，甚至看起来是互相矛盾的。既然确定对方的利益和确定自己的利益至少同样重要，如何才能理解谈判中所涉及的各种利益关系并处理好呢？

问“为什么”。这是最基本的思考方法，站在对方的角度换位思考，分析对方会采取的每个立场。问一下自己，对方“为什么”会这样做？给出自己的分析，再走上谈判桌，给出你的答案。

问“为什么不”，考虑到对方的选择。一个比较有效的方法是，确定对方认为你希望他们所做出的决定，然后问一问自己：对方为什么没有像我希望的那么做，那么做会影响他们的什么利益？假如要改变对方的主意，首先就要了解他们现在的目的和动机。

要认识到对方也有多种的利益。在所有的谈判中，公司和客户、投资方等每一方都有多种利益，是不确定的，而不只是一种确定的利益需求。比如你在融资时，也许你既想获得最多的融资额度，又想不费力地达成一份对自己的控制权有利的协议，还想和投资人保持良好的关系。投资者想的和你完全相反，他们想出最少的钱获得最多的收益权或对公司的控制权，同时希望你能满意。

最重要的利益是公司的基本需求。创业公司如果想获得谈判的成功，CEO特别要注意创业公司最根本的需求，而不是你个人的。如果你能照顾公司的基本需求，达成协议的机会就会增大。围绕公司需求，设立谈判的出发点，一切以公司的发展为主，为公司拿到更多的利益，是CEO的唯一责任。

列一张谈判清单。我们要理清谈判各方的不同利益，最好列一张清单，不是想到什么就写什么，是具体涉及的环节和各种可能性均要写上。这么做不仅帮助你记住这些谈判的要素和不同的条款，而且当你获得新信息时能及时想出应对之策，有助于你评估自己的谈判思路，平衡这些利益。

现金流才是王道

不论何时，不管你的资质、条件如何，说到创业，它都没有想象的简单。能拿到钱，最后走向成功的，真的是极少数群体。你可能在媒体上见到许多成功的创业者讲述他们的辛酸故事，分享他们的成功经验，告诉你应该如何坚持梦想——千万不要被媒体语言蛊惑心智，正因为他们是少数的成功者，所以才有报道的价值。但对千千万万的创业公司，悲剧是千篇一律的，并不是没有做对才失败，是明知道应该怎么做却无力做到，这才是失败的主因。

所以，谈到公司生死存亡的问题时，我更加倾向于从自己的需求和能力去切入。通过总结我过去 10 年内的两次失败——做电子产品的销售和开实体店，创业的理念和管理的原则都是没有问题的，我和大部分人一样，都做到了那些大佬提出的个人化的要求：你应该怎么样，或者你必须怎么样。然而公司仍然避免不了失败。这是因为，你所获得的现金与他不是一个档次。同样的经营理念和市场环境，他可能凭借一千万美元的资金砸开缺口，你却要依靠三百万人民币胆战心惊地熬到关门。

> 现金流是王道。对所有的公司而言，这句话都是至理。对创业公司，尤其是一个指导性原则。

我比较喜欢那些在一个领域做了很多年的人。他们对自己的行业有了深刻的认识。他们突然发现一个东西“很有市场需求”。这个东西是被初步验证过的。他们觉得有戏，于是就拉了几个伙伴，一起来做这个产品。这是稳妥的创业，哪怕短期内融不到资金，这种商业模型和经营模式也可以逐渐成长起来，只是增长的速度比较慢。

为什么？因为一个经过市场初步验证的产品，是可以给公司带来稳定的现金流的。这是创业公司生存下去的基础。有稳定的现金收入，公司就可以填饱肚子等待时机，而非在时机来临前饿死在等待的过程中。

假如没有验证项目的需求之前你就拿到了很多钱（几百万或上千万融资），

公司的创始人就容易乱花钱，冲动地扩大规模，砸大钱去做市场推广，广告营销，最后突然发现账上的钱枯竭了——外面的广告铺天盖地，公司的知名度已经很高，但实际上项目要死了。他们不清楚这种知名度是靠砸钱把用户吸引过来的，还是用户对这个产品确实有真实的需求。公司的管理层这时掉进了一种成功的假象。

大多数情况下都是前者。这很不幸，一旦创业公司的这些营销策略停止了，不再花钱，或者钱花光了，那些不是基于产品最根本的需求而“被广告吸引过来的用户”就会极速流失。公司的现金池干涸了，却没有东西沉淀下来。此时，要么有新的资金进入，要么只能倒闭。

创业公司成功的最佳方式不是上市，而是完成商业的闭环，实现现金流的循环。这才能给你带来商业上成功的快感，让公司产生极大的自信。所有成功的企业背后，这都是一个基本的逻辑。

死要面子活受罪

公司最艰难的时期，很多人找我献计献策。合伙人和员工都提出他们的建议：

“缩减开支，以待市场变化。”

“改变经营思路，面向利薄量大的低端市场。”

“关掉公司，去做朝阳行业。”

“抵押房产，向银行融资！”

“裁员，只保留精英团队。”

所有的建议都很务实，这些看法都进一步强化了我的观点——创业的成败往往不是系于市场问题，而是与经营思路息息相关。市场永远都在，关键的问题是你从哪个角度切入市场，占据哪一部分领地，以及用什么样的心态和思路对待创业。

我们经历了很不务实的一个阶段，死要面子。比如，资金不充足却租了很大的办公区，长期空闲 3 个房间和十几个办公位；为了推开市场花巨资在门户平台做广告，看似高大上，实则效果不佳；我们为公司配备了两辆专车，用于接待客户，每年用不了两三次。算下来这些都是资金的损耗，我的总结是一种“爷的做派”。

虎嗅网的创始人李岷是务实创业的一个典型。她的朋友第一次去虎嗅办公室时，虎嗅还未上线，她和团队租住了北京四环外一个极为普通的三居室办公。当朋友从一个挤满了人、电脑和书籍的陋室一角找到她时，一下子反应不过来，感慨到：

“曾经是中国最顶尖商业人士座上宾的媒体人，怎么没有传统媒体某些高层领导端架子的做派？”

李岷是一个不要面子的创业者。她天天很早起床，7 点就到公司办公。她的办公桌与员工共享，早晨在这里开会，中午在这里吃饭，称得上一桌三用。我不是说初创企业的 CEO 必须像有的老总到处贴小广告或李岷的一桌三用一样简朴，关键要从中看到并贯彻一种务实的精神。

对创业要心存敬畏，对公司运营的每一个细节秉以务实的态度。后来，我听从下属的大部分建议，公司缩减不必要的开支，每月节省了大量的资金。对 CEO 来说这是一个心理上的阶段，有勤奋务实的态度，除非你的方向错了，否则创业就有最大的概率成功。

始终做最坏的打算

简而言之，在钱面前，公司 CEO 要做好最坏的打算。面对创业过程中的各种挑战，既要提醒自己不要对工作懈怠，对事情放松，同时也要有一种心理的调适，创造一种从容淡定的心境。所有与钱有关的麻烦，随时都会找上门来，要脚踏实地解决，去尽最大的努力。如此一来，即便你身处市场变化多端的风雨之中，也有可能创造出一番奇迹，实现自己梦寐以求的目标。

正确地认识公司可能面临的危机，是度过危机的第一步。只有正确认识危机之后，我们才能够采取最佳的应对策略，减少损失，控制处理成本。我们也要知道什么时候可以定义为“公司的危机”。

情况一：资金链突然断裂，无法预料后果。

情况二：资金问题已经关系到公司的安危，极端重要。

情况三：首次出现资金问题，管理层没有处理经验。

你的公司遇到的危机到底是什么？辨别和认识问题，是我们进行处理的第一步。公司到底是经营不善导致的资金损失，还是经营很好但资金池已经枯竭了？是不必要的开支过大，还是急需钱的项目没有钱？如果你不清楚这些原因，即使有最坏的打算，也无法有效与及时地解决。

了解那些危险因素

创业公司总是会遇到危机，多数危险因素都与钱有关。那么，哪些因素对创业公司的威胁最大呢？最容易遭致危机的又是什么时候呢？管理层作为缺乏经验的创业者，有的时候确实很难预测问题会在什么时候发生，这也是情有可原的。因为引发危机的因素非常多，还有很多不确定的问题在背后作祟。因此导致危机的原因往往很难捉摸，有些人直到公司关门也不明白究竟哪里出了差错。

但是，这并不是意味着问题是无迹可寻的。比如，如果出现以下现象时，公司就很容易发生危机：

1. 对市场判断失误，突然改变自己（企业）的行为模式。
2. 制度不健全，公司存在重大的管理漏洞。
3. 经营环境经常变化，管理层经常面对陌生的情境。
4. 发展顺风顺水，管理层为眼前的利益和局部的胜利所迷惑，支出急剧增加。
5. 对法律和法规不太清楚，也经常忽视最新法规的颁布情况。
6. 市场的新技术对旧技术产生冲击，你的公司正在面临这样的冲击波。
7. 竞争对手的竞争战略发生了重大改变，你尚没有应对之策。
8. 市场正在发生巨变化，公司的经营战略仍按部就班。
9. 事情太多，计划不周，你正为此头疼。
10. 内部竞争过于激烈，管理层压力很大。
11. 受到外界或内在的影响，你的情绪有些失控，判断和决策有些不理性。

当你死要面子时，就埋下了公司的危机

上述每条因素都可能让创业公司陷入灭顶之灾。但危机的发生并不是一瞬间就完成和结束的，问题的爆发也并非总是毫无防备的，而是有一个隐藏的周期：潜伏期、发生期、善后期、复建期四个过程。对你和公司的管理层而言，最重要的就是把握第一个环节，也就是在潜伏期发现问题，解决问题，不要等到危机发生了，才急慌慌地想办法。这时候已经晚了。

1. 守住风险的最低点，确立经营红线

创业者的眼睛普遍盯着前方和上方，却忽视了脚下的风险。许多创业者不为自己设立一条红线，总有一种赌的思维，以为只要在限定的时间内完成融资、发布产品等目标，就可以突破创业的瓶颈，一好百好。但万一实现不了呢？有可能便是粉身碎骨。

顾名思义，红线就是一个最低的限度，是不可跨越的底线。在潜伏期发现和解决危机，在问题还没发生时就杜绝风险，就是这一思维的体现。在公司的经营中，红线就是一个临界值，相当于一个“度”，过了这个临界值事物的发展就会发生根本性的变化，出现无法预知的坏结果。要有这个思想准备：如果退过了红线，不仅是你自己，马云也帮你解决不了。

这一原则强调我们要实实在在地考虑某种环境下可能产生的最差结果，接受出现的最差情况。在对于能够出现的所有情况进行了全面的预估后，我们就能评估可能发生的最大风险，采取相应的预防措施。可惜的是，我所见过的创业公司的管理层极少具有这种思维。因而创业公司的成长总是九死一生，这跟CEO 没有红线思维是有很大关系的。

2. 把面子丢到一边，理性地估算最坏的情况

CEO 考虑自己和公司的面子，就等于把事业的前景葬送了。所以我从 3 年前开始，就让自己没有面子——不管做什么决定，优先以公司的得失为准绳。我计较公司收支的每一分钱，和莉莎一起建立了今天猫眼公司最严厉的财务原则。凡是与钱有关的事情，都是最大的大事。因为如果不重视，就等于为公司掘下坟墓。

这也是一种典型的后顾性思维。要注重对事物危机、风险、底线的重视和防范，考虑到公司最坏的情况。比如：尽管这个项目的签约是好事，但也可能

投入巨大而无一分收获，让公司死掉；未来三个月可能不进一分钱；未来一年可能仅靠这个项目吃饭；未来五年的政策可能有变，那就是任正非说的“冬天来了”。

一定要侧重于防范负面因素，堵塞管理漏洞，防止公司的动荡。在分析当下的缺陷和预测未来时，对最坏的情况做一个预估，然后问问自己、合伙人和员工：

“我们做好准备了吗？”

别在乎面子，从红线出发，化被动为主动，认真估算在某种环境下可能出现的、不可逆转的、最糟糕的情况，步步为营，预先准备好应付各种风险的备用方案和解决办法，以积极的行动化解危机和风险，从而尽可能地让公司平安地度过关键时期。

如何最大限度地避免资金链断裂?

面对现实，接受现实

美啦创始人张博说：创业者永远要清楚自己下一秒该干什么。相比于激情，安全是第一位的。2013年，移动互联网工具非常火热，一时间出现了很多女性市场的互联网工具，创业公司跟风进入，随便拿一款产品出来就去资本市场融资。别人做一个成功的产品出来，不到一个月模仿的产品就成批上市。

那时，他们也做了一款面膜计时器。做完后就在思考，这个工具未来有没有机会商业化，商业化后的市场有多大？经过测试和用户调研，他发现直接从互联网上交易是很困难的，很可能投几千万进去却赚不到什么，就决定把这个项目停掉。

当时，张博的团队走了一大批人。他们中的许多人辛辛苦苦干了3个月，觉得老板一句话说不要就不要了，再继续往下做也是徒劳无功，因此有些失望。张博认为，虽然这种决策确实会对团队热情造成很大伤害，但作为创始人，只要你想创业，想把这个CEO做好，让公司活下去，就必须有这个魄力，要考虑做一个项目的资金链问题，尤其是回报率。如果回报不确定，再有钱到最后也会资金链断裂。因为绝大多数成功的公司，都在决策层面经历了这样的过程。

有句话说：“好的公司是长出来的，不是生出来的。”刚生出来的公司都是一个小不点儿，像一个不懂事、学走路说话的孩子，不知道未来是死是活。但好的公司一定是长出来的，在成长的过程中必须经历播种、发芽、开花、结果的过程。CEO 的责任就是履行监护的责任，分辨哪些事情可以学，哪些事情不能学，让这个孩子少走弯路，别掉进坑里。

创业者需要活在当下。你要知道下一秒会发生什么，然后提前做好准备。最大限度地避免资金链断裂，就要提前预知风险，要有悬崖勒马的勇气和决断力。

制定方案，评估风险

这个世界并没有你想象的那么美好，创业如同夜晚闯入藏满猛兽的森林，危险四伏。我们所处的世界不但不美好，反而多数时候相当残酷，完全出乎人们的意料。如果不是这样，创业者也就不会流下这么多的眼泪，就不会有如此之多的悲情故事了。

比如在体育比赛时，当一支球队越想赢球的时候，球员就越可能发挥失常，根本打不出自己正常的水平，导致大赛比分失利。这正是因为心态——当我们过于渴望某些东西时，就会变得过于乐观，意识不到也可能出现一个很坏的结果。此时，我们在心理上是不想接受这个结果的，所以情绪不稳定，精神也会变得紧张和脆弱。由此导致我们的思维能力和决策能力都直线降低，更容易孤注一掷，采取赌博式的行为。于是那个最坏的结果反而更容易变成现实。

无论你要做什么项目，处于什么行业，你能否把这件事情做好，其中最关键的因素就是心态——止损的勇气。如何才能让自己始终保持平和淡定的心态，对于任何结果都能从容接受呢？我现在的办法是——在做决策时，提前想到最坏的结果，对事情的严重程度进行客观的分析，直到自己在最后发现这个结果也是可以接受的，对公司和我的生活没有致命的打击，且回报有很大的概率超出预想，我才会去做。

那么接下来，由于有最坏的打算垫底，打消了乐观的念头，击碎了自己的美梦，你就不会过于渴望那一个完美的结果了。你的心态就会变得平和，反而更容易把事情做好。一旦没做好，我们也能从容面对。因此，在决策时先想到最坏的结果，并不是教你思想消极和不求上进。恰恰相反，在调整心态和激发团队潜能方面，这是一种非常有效的办法，对创业公司尤其具有帮助。

有一次张志远跟我说："我发现这一年公司的势头很好，几个项目都顺利签了。未来步步高升，项目一定赚钱啊。既然没什么风险，我为何不多做几个项目？"过去的历史和经验告诉他，让钱升值就得滚雪球，放在账上是没用的。所以他那时对未来充满信心，盲目自信，根本不想做什么风险评估。他又想"瞎折腾"，像前几年那几笔跨界投资一样。

但是，我对他讲了三个理由：

创业最怕"风险"二字，风险是不好的，没有人喜欢真的发生问题，因此得先预防问题。

"风险"同时又是创业者必须承受的一种相对代价。你意图获得多大的报酬，就必须承担相应的风险。它们构成了一种平衡，关键看你用何种态度对待。

创业者在计算潜在的报酬时，应该先计算潜在的风险。这是一种无法回避的重要因素。

我对张志远说，过去我们输得还不够吗？教训深刻，任何项目都是有风险的，必须加以计算和评估。如果不计算风险，投几百万（家底的80%以上）进去，一旦收益出现问题，资金链就要断，那时怎么办？这样的话创业者都不爱听，听着像是诅咒，可这样的事情每天都在发生。

一年来的顺利，让张志远产生了一定的盲目乐观情绪。就像前几年我极度的乐观主义一样。创业者乐观总是好的，有利于率领团队乘风破浪，勇敢前行，但乐观到了极致，就一定会遇到问题。

几个月后，张志远在杭州的公司就发生了一个"小小的危机"。12个月来第一次碰到了项目亏损和失败的情况，而且竟然赔掉了一百多万。为此他不得不解雇了整个项目团队，减少损失。

失败的原因是什么？就是他之前对我讲到的，他的公司基于过去的成功经验，对于新的项目没有进行必要的风险评估，对公司能承受的资金风险过于乐观了。他没有预测分析可能出现的意外因素，没有准备应急资金。问题出现时再想办法，亡羊补牢，有时是没有任何效果的。创业不是养羊，我们没有补牢的机会。

因此，越是对于品质很高的投资、项目及运营状态，就越要认清其中的风险，进行专业和深入的风险评估。因为在这种时候，创业者总是容易失去戒心，麻痹大意，进而乐极生悲。

> 当一个人坚定地认为他正在做的事情稳如泰山、不会出任何问题时，唯一的问题就是风险何时出现把他打垮。

CEO 的工作就是用聪明的方式来承受、化解风险，以带领团队追求最大利润。一流的投资人也是这么干的，这是他们和三流投资者及失败者的差别。成功的诀窍不在于有没有把事情做好，赚到更多的利润，而是有没有及时地规避风险，保证事业可以健康、有序地进行下去。

避免“也许”“可能”式的思维

有一次公司开会讨论一个很有吸引力的项目，3~5 个月的运营时间，投入 40 万元，可期回报达到 90~120 万元。那时公司已有数月没有这么大的项目了，我很兴奋，管理层的其他成员也跃跃欲试，因此开会审议客户的合同。

我说：“这个项目一结束，也许今年就可以分红了。”2016 年我们没有分红，管理层每人发了几千块回家过春节，十分凄惨。

但是莉莎说：“也许，可能，还有比这更不靠谱的词吗？”

这种思维正带来风险。我当时便冷静下来，和他们共同分析客户提供的合同，发现果然是有漏洞的。控制风险是我们对一些项目进行评估的目的，也是避免和减少损失的最好途径。对创业公司而言，风险好像是一个正面含义较多的词汇，但它同时也是杀死创业公司最主要的因素。创业公司的决策者一般不喜欢谈风险，只是一味地勇往直前。这是最致命的缺点。

在现实生活中，我们每天都要做出许多方面的评估和决策，也需要对很多事情预测可能发生的风险。这就牵涉到了对各种因素的详细分析和对未来的充分预测。最后风险的高低，就在于我们对其进行估算的准确性，也在于你是否具备“风险思维”。

在这个过程中，过于自信和缺乏自信都是很难避免的。不少人在风险和选择面前显得过度的乐观，也有好些决策者表现为信心不足，犹豫不决，甚至优柔寡断。要想让心态平和下来，提高自己预知和防范风险的能力，首先就要懂得把可能会遇到的问题进行量化，用明确的数字和表格来展现风险的大小。

重要的是，采用哪种方式进行表述，左右了我们最后对于风险的判断。公司的决策者在思考和决断时，千万不要使用“可能”“也许”“不可能”“很可能”“很有希望”“概率很高”等这种模糊的表述来影响你自己、合伙人、管理层、下属的判断。这些词汇只能告诉你们一件事：“我对风险很不清楚，没有把握，但我们想试一试！”在最后做决策时，整个公司做出的决定也是缺乏依据和自信的，而且很可能非常的“不理性”。

警惕经验，信赖直觉。卓越的风险思维的形成和提升，有赖于我们对于错觉的自我纠正，对于经验的警惕。过去的经验是好东西，但同时也是一个很容易坏事的家伙。它可以让你节省时间，也可以使你发生应用错误，产生决策的偏差。在这种时候，大胆地依赖一下你的直觉。如果直觉在第一时间告诉我们是有些问题的，不论问题目前看上去有多小，但是它最终可能会演变成一个大问题。

不要对问题选择性失明，不要只挑选有利于自己预期的信息。创业者往往忽略不利于证明预期的证据，以此来逃避风险给自己带来的烦恼。如果一个人被潜在的巨大回报所诱惑，就会在评估风险时犯下这个错误，故意忽视有害信息和可验证风险的因素，只为了说服自己去做出某个决定，并把其他人也裹挟在内。

为公司建立健全的风险思维。要将预防风险的思维转化为一种制度，让管理层所有成员都加入其中，共同控制可能的风险。CEO还需要战胜内心的不良暗示，防止陷入从众心理的误区。即，不要跟着团队决策走，要使自己从事情中跳出来，站在完全客观的角度审视问题，分析每一种因素，才有可能得出尽可能完善的结论。

创业公司对于风险的评估与判断，是CEO必须具备的专以应付“不确定性”的思维模式。它与创业者的智商无关，而与我们的心理状态有关。狂热型的创业者不太在意风险，但理智和技术型的创业者则非常在意潜在的问题。区别是我们是否愿意在一开始便接受和看到一个残酷的事实：我们是有可能失败的。

我们要及时地发现可能出现的糟糕结果，在资金投入并化为乌有之前便踩下刹车。就像天气预报的运行模式那样，每位公司的决策者都需要在自己的头脑中建立“风险分析和预报”机制。它的重要性究竟有多大，我相信你很快就能发现，如果你正在创业并拥有一家公司的话。

债务不加管控，你就死定了

创业公司总是会付出一些侥幸的代价，特别是在债务方面。有的公司业务很少，未来并不确定，但负债率已经相当高了。可 CEO 仍然很乐观，管理层也活在一种自我陶醉的环境中——未来总有大好机会的，只不过现在还没出现。

在北京的一次商务聚会中，有位当地公司的创始人兼首席执行官喝了点儿酒，对着我大谈一个项目能赚多少钱，一次投机式的操作能收获多高的利润。为此他可以全部的成本靠融资投入，且正在操作这样的项目。他丝毫不在乎负债，而我也确实知道他的公司就是这么运营的。

他：“如果按目前的进展，项目的回报率是 350%。”

我：“您先打住，如果没有你设置的这些条件，还能赚到钱吗？”

他：“当然不会的，但这些条件是不会变的。我分析很久了，团队有专业大牛。”

我：“好吧，我是说万一，万一情况有变，公司有没有后备资金偿还这么多的债务？”

他：“目前没有。”

听到这里，我想对他说，你死定了！即便现在不死，明年、后年也会死。但这句话并没有说出来。他对于高负债投资几个不确定项目的事情可能真的研究了很久，但他研究的结果却是“条件唯一”：成功的前提是必须实现他讲的这些条件。否则，怎么办呢？他并没有提供备用的解决方案。

换句话说，如果条件变了，他一定失败。失败了怎么办？只有一条路：破产清算。

抱着这种侥幸的心态经营创业公司，对债务问题缺乏警惕，怎么可能得到好的结果呢？但在国内的投资市场上，在创业的群体中，到处都是这样的人，依靠高负债赌博式地运营公司，投资几个项目。

2013年的时候，猫眼公司也经历了这么一次惊魂之旅。当时公司连续半年没有进账，项目积压很多，正在进行中。大家都很有干劲儿，因为这些项目全部做完，回报是非常高的。但我突然惊恐地发现，公司的负债率已高达200%多，超过警戒线3倍。那一夜的心情我至今难忘，辗转无眠。

这么高的负债率对我意味着什么？

第一，现金流一旦中断30天，公司连贷款利息都拿不出来，工资、客户成本等均没有着落。

第二，以目前的业务，未来2年的收益仅够清偿债务。在债务不增加的前提下，盈利也是2年后的事了。

经过一周的思考，我召集几名骨干重新制订项目计划，第一件事就是缩减项目开支，砍掉部分回报周期较长的业务，然后降低负债率。这是笨方法，但能行得通。我们不能侥幸地期待好运一定站在我们这边。但有些创业者就是太相信好运了。他们自认为可以逃避某种必然的规律，或者可以侥幸地得到某种不必然的成功。每个人都会有侥幸心理，它经常以自欺欺人的形式表现出来，如同掩耳盗铃，刻意忽视对自己不利的条件，对当前的恶劣处境视而不见，一厢情愿地认为一定能做成某一件事情，然后现在的危机就自己化解了。这种心态的危害性是显而易见的，也是创业公司挺不过生死关的主要原因。

在心理学上，人们对侥幸心理的解释是：这是一种偶然得到成功或意外地免于不幸而产生的心理。事实上在通常情况下，侥幸心理也只是一种本能的潜意识，它还不足以支配人的行为活动。但是当一个人自控能力不强的时候，这种潜意识得到膨胀以后，就容易引发冲动的行为。

企业家的心理和犯罪分子其实有共同之处。心理学家的研究早就表明，凡是有目的的犯罪活动，他们在犯罪时都有一个侥幸心理的演变过程。在犯罪活动中，支持犯人进行犯罪活动的精神支柱便是侥幸心理。

与此类似，企业家也在想："万一我是那个幸运儿呢？"

这种思想极其危险。如果你不能自觉地抵制侥幸心理在公司经营管理各个层面的产生和发展，对其做到防微杜渐，从根本上杜绝，就一定会犯下无法挽回的错误。

"我的公司需要人工呼吸"

我们知道，在公司危机中，许多首席执行官和市场部门负责人会纷纷引咎辞职，留下创始人一个人独吞苦果。因为巨大的资金问题会使许多高管人员成为受害者，但更关键的是会毁掉我们的事业，让创业者痛苦地处于一种进退两难的境地。

很多行业评论家将创业公司的危机归咎于外部原因。比如：由于市场变化引起的经营风险；由于整个行业内的"从众"心理引起的过度竞争，以及某些产品缺失充分的市场定价或商业模式、产品理念过于超前，等等。但是外因并没有这么重要，归根结底是创始人和管理层自身的责任——危机通过内因起作用，从内部开始摧垮我们。

这里，我所分享的经验是创业者在全局意义上的风险管理，而不仅是针对某个细节的风险预防。公司 CEO 必须有全局性眼光，涉及宏观架构时不能只是拿出个别部门或某些团队来进行套用。换句话说，你可以做好一个项目，带好一个创业团队，未必就能经营好一家规模越来越大的创业公司。你的事业在变化，你的能力也在随之变化，但它不一定是向上的曲线。

有些创业公司的老大坐在露台上，抽着雪茄，志得意满地说："我的公司很安全，我早就做好了万全准备。"然后，他们便微笑着和自己的大房子一起被突然刮来的风暴埋葬。

这就是创业最大的风险。在你倒下时，即便最紧急的人工呼吸都无法挽救生命。管理层虽然建立了风险管理流程，但没有深入其中，对资金和项目的关系未能进行约束，并守住底线，以至于在资金枯竭的前一天还在举办庆功宴，以为公司马上就要成功了。他们不但不知道危机何时爆发，反而充满了盲目的乐观。

这几年我发现，自己身边有钱的人呈现出两种极端：一种人是从很好的学校毕业，进入了名企，当上了高管，自己创业，成了高富帅。另一种人是普通人，他们极其普通，没有什么背景，只是有点儿储蓄而已，普通到了你看到他不会认为他有成为富翁的任何潜质。但他们莫名其妙地找到了一个机会，或者成立了一个极有潜力的公司，坚持或被逼迫着做下去，突然有一天就成功了，变成了千万富翁。

分析这两种现象，其实没有什么特别之处。前一种人既有钱，又受过高等教育，是这个社会公认的精英。后一种人说的就是马云，像千千万万的普通人一样，拿着一个项目四处找钱，受尽冷眼。在不被关注的时候突然他就成功了，而且已经走出了很远。在这两种成功者身上有一个共同点，都是方向决定了成败，钱决定了上限。方向正确，你可以走下去，并且事有小成；但能走多远，成就有多高，取决于你能拿到多少钱，投入多少资本。这个因素也决定了你的事业抵御风险的能力。

创业至今的 10 年间，我最害怕的不是选错了方向，也不是我个人不够优秀。而是很多时候，每次开始做一件事情，不到一年，我就有可能放弃掉。然后说，这个事情不行。尽管在无数次的困难阶段，公司的艰难到了一种需要送医急救的程度，每挺一天都像忍耐了 24 小时的分娩之痛。那种滋味儿可以想象，但也的确有许多人（我举到的两种人）硬挺了过来。他们没有在无限循环的怪圈里打转。

我们要战胜自己内心中一蹴而就的心态，也要战胜内心中对于失败的恐惧。任何一个创造者，都在他的人生中制造过无数的垃圾，经历过无数的挫折。永远不会有一次就成功的创业者，而只有持续努力和坚强面对问题的人，才能最大概率地让自己的事业有成功的可能。

如果方向正确，就不要畏惧风险。虽然有的公司曾经在流程和风险管理工具方面进行过大量的投入，有专业的经验，并且也可能获得了一些成效，但是这些却不能解决根本的问题。最终他们还是失败了。这往往是因为他们的创业走错了方向。在方向错误时，哪怕一点儿小的风险都可能演变成一次不可逆转的大危机。

创业需要决策导向，也需要风险管理。创业者要先做对重大决策，我们应该走向何方？以决策为导向搜集信息，判断风险，使自己具备全局观。与此同时，创业公司也要建立一定的风险管理模型，并对其进行很好的理解。预测风险，控制风险，降低因资金或市场问题使公司猝死的概率。不过，创业公司本身就是在风险中乘风破浪，对风险模型的过度依赖将会导致一种虚假的安慰，后果也是十分可怕的。

章总结：现金流和利润表，是创业公司的命根子

现在，越来越多的创业公司因债务吸干了现金流而倒闭，甚至许多知名电商也被传因资金短缺而导致裁员、高管离职。对创业公司来说，永远摆脱不了的两个关键，一是现金流，二是利润表。现金为王，创业公司的管理者应该格外重视现金流，防止出现资金链断裂的危机。

首先，提前做好资金规划，心中有底。

创业者在一开始（项目和公司启动阶段）就要准备充足的资金，提前做好资金规划（未来五年内的资金和融资计划），才能防患于未然。做好了规划，心中有底，公司后期的融资、贷款才会更加容易。银行、投资人是不容易被说服的，他们向来救急不救穷，不要指望在山穷水尽时会有投资者和银行站出来帮你。

其次，现金流是创业者的血液，时刻紧盯现金流。

你永远要记住的是，现金流是创业者的血液，是创业公司的生命得以维持的关键。如果现金流断了，你就什么都没有了。那么多的创业公司倒下都是由于现金流中断，可后来者仍未汲取教训。保证现金流的正常，就得让公司拥有可以快速变现的业务。因此，创业者在缺乏足够资金的情况下，不能好高骛远。

最后，多利用利润表来提醒自己，利润的变化代表着公司的未来。

我们在阅读利润表时，看到净利润的数值，要思考有多少利润是“现金利润”，有多少利润是“应计利润”，有多少利润是“持有利润”，又有多少利润

是“虚拟利润”。你要知道，只有“现金利润”是公司到手的利润。苹果公司为何能够如此强大并长盛不衰？正是由于现金利润的充足。很多公司盲目的在意虚拟利润，却不知道它根本就是一个数字。比如债务重组等，与现金毫无关系，对公司的发展起不到任何实质性的作用。

第八章

一条道走到黑

——所谓成功的法则，不过是“看谁先把谁熬死”！

我们在网上、

书上读到了那么多的创业理论和专家的指导性意见，

几乎每一篇文章都在告诉你要有长远的眼光，

要制订远景计划——这丝毫没错，

但前提是“现在你还活着”。

第一万次走投无路

西乡隆盛说：“战略若太复杂，必将失败。”

许多人和我聊天时都喜欢问一个问题：“你是否错过了成为一名天使投资人的机会？你是否尝试回到过去，再来一次？”答案很明显是否定的。创业令人上瘾。当创业精神融入你的血液之后，你将无法摆脱它。不论昔日的梦想是什么，你都不会再放弃创业。

2007年时我有机会成为一名职业投资人，而不是苦逼的创业者。从老东家离职时，我前后共计拿到了75万元奖金和累计150万元薪水。这些钱在今天不算什么，但在10年前足够一个人养尊处优一阵子。比如，利用我业务的关系，把钱投给那些朝阳项目，或许会开启一段成功投资者的人生。

有人也写邮件问我，一个人是否应当放弃当前舒适的工作去创业，就像我在10年前的选择一样。你们可能会认为，我一定会说：“没错，这是一个好主意。”毕竟我当年就是这么干的，辞别了年薪几十万的工作而投身创业的苦海，谁说这不是一种幸福的选择呢？

不过，在给出建议时，我通常是相反的回答。因为我需要知道某人的个人经历和当前状况，才能确定他是否适合创业。因为在创业这条路上，有时你需要一条道走到黑的精神，况且你不一定能走过去，那么多次“走投无路”的状况足以杀死大部分人的毅力，让他们放弃继续创业的想法。

所以，对单纯只有战略的人来说，创业绝对不是一个好主意。正如同西乡隆盛说的，复杂精妙的战略往往是失败的代名词，勇气可能比战略本身更为关键。作为一名创业者，面对的生活将是非常枯燥的。你每天需要工作很长时间，没有时间花费在家庭上。你的工资很低，风险很高，压力很大。你对很多人负责，唯独无法想到自己。你觉得创业很有趣，但可能在某些时段又深感羞愧，因为你的生活已经愧对了那么多人。

走投无路是常态，你的选择是什么？

当你在走投无路的时候，应该怎么走呢？公司欠下了上千万债务，产品上市仍然遥遥无期，或者业务模型仍然未搭建起来，或者团队士气已低至极点，而你仍未拿到融资。走投无路的另一种说法是——也许困境是可以跳出去的，但你还没想到办法。

这时，你是像海子一样自杀，让一切的荣耀与耻辱全部消失，不再有别人世间的嫉妒、羡慕、崇拜和斥责，还是静下心来，认真且仔细地考虑该如何扭转乾坤？

根据我的经验，事实是只有非常少的人会喜欢“纯粹的”创业氛围（十分普遍的、四处无门的困境），例如：

数个月没有工资；

数个月没有真正的产品；

需要进行许多次尝试，犯很多次错误；

多次遭到投资人和客户的拒绝；

团队总是缺乏核心人才；

……

有一些成功的创业者也表示，下一次他们更倾向于收购一些已经起步的项目，而不是从零做起，否则很容易走进死胡同。当一些想法得到验证、确定没有风险之后，大家当然都愿意跟上。但世界上没有太多这种便宜。另外，有很多人在理论上愿意创业。他们有战略，也有勇气，但当付出的代价太大时，也会望而却步，及时止损，不想再继续承担风险。

我们每天都能在新闻上看到创业成功的一长串名单。媒体为你列举这样或那样的创业奇迹，但大部分创业公司都是失败的，而且是注定要失败的。对那些最终夭折的初创企业来说，我们没有机会了解到创始人和他的团队都经历了什么。在媒体上，你不会看到诸如此类的消息，除非是一些知名的公司关闭。在大部分情况下，你只会读到融资、产品发布、超高估值，以及并购的重磅新闻。这让人们觉得自己如果创业，取得成功的可能性也很大。

可实际上，超过 99% 的创业者在迈出第一步或第二步时，就已陷入走投无路的境地。在这里，我援引一位著名投资人对创业者的忠告：

“请确定这符合你的个性，请确定你喜欢风险，请确定你可以承受你的生活状态所面临的风险，请确定你知道你的创业企业很可能无法带来经济上的回报。如果你知道了这一切，并且仍然愿意去做，那么你将享受到精彩。这是我人生中最好的体验，但对于那些性格软弱的人来说并非如此。”

习惯黑暗，但要笑着坚持

一旦开始创业，你将面临人生的大起大落。创业的第一个周期是非常的时光，从组建团队的第一天到推出第一件产品，团队和你一起亢奋地完成了整个周期，包括制定目标，招募员工，筹集资金，讨论发展方向，设定发布日期，实现项目收尾。其中体验过弄糟一切的感觉，也经历过争吵和重新思考，最终拿出了你们的成果。毫无疑问这是创业最幸福的阶段，你和团队成员坐下来，汇总成果，研判市场，关注媒体报道和客户反馈等。

数据出来时，你要么感觉兴奋，要么感觉失落。你的状态不可能是一条水平的直线，总有出乎意料之处。比如，合伙人在另一座城市激动地打来电话，他拿下了一个重磅订单；有新的合作伙伴希望加入，3 个月前他们还对你冷眼相待；亲朋好友开始称赞你，打听你的公司一年能赚多少钱；或许还有风投机构打来电话，想跟你见面。

这说明公司的目标是正确的。你的感觉无比美好。你可能认为可以将公司做大，调整一下目标，改变一下策略，招人，扩大规模，融资等。每一位创业者都希望这一天的到来，因而你花费了周末和晚上的时间，进行重组。可是突然（毫无征兆），风投机构的电话又来了，把跟你的见面推迟了半个月；合伙人定了半夜的机票赶回来，大订单被取消了；之前热络的合作电话现在没有了；亲朋好友又和你疏远了；团队成员的信心也逐渐消失……发生了什么？

你不知道是怎么回事，但你明白眼前一片黑暗。现在，你只剩下够维持 20 天的现金，在未来只好不给自己、合伙人发薪水。不过，基层员工不能没有薪水，他们希望按月发工资。下游合作方的结款不能拖欠，媒体费用一分不能少，否则网上很快就有你的黑材料。你还能坚持下去吗？

当深陷黑暗时，我们是否应当告知团队？他们中的大多数人是否能接受公司只剩下不足一个月的现金？如果员工知道这一切，他们是否会告知朋友，或投奔其他公司？要知道这意味着前功尽弃，你的理想不再有任何煽动力，人们对此不再感兴趣。

绝大部分创业者无法相信这一切，一个晚上喝掉 5 瓶啤酒，甚至用高度白酒麻痹神经。在漫漫长夜里，你踱步在阳台，徘徊在街头，或蹲坐在公司会议室，一个接一个地打电话。第二天早晨，你会发现这毫无作用。

除了微笑着坚持，没有其他选择。你需要想一个办法，这是你的责任，是公司的命运。创业都是艰难的，你只能哭过一场后再一次回到工作中，从头来过。

比“没有希望”更可怕的事情

以上情况在任何一家创业公司都发生过，并没有夸张之处。在我工作过或是有过密切联系的公司中，在我今天的公司中，这样的情景每年都有发生。是什么人可以最终坚持下来，挺过最危险的时期呢？是那些心中始终燃着希望之火的人！

我个人曾经遭遇过一次更糟糕的情况。在 2012 年那次搬迁之前，我还记得与莉莎商讨未来之路的特殊氛围。我们既要在情感问题上有一个结论，又要在公司经营方向上做出明智的战略选择。这不是一件容易的事。当时我在想，是否还要继续创业？是不是停下半年或一年？

那是非常难过的日子，整个行业好像都找不到出路。我们面临新媒体的冲击，想融入进去却又不得其门路。我们几乎用光了所有现金，但搬迁费用和重组团队的资金也是一个不菲的数字。那几天，我和莉莎就像站在一座摇摇欲坠的铁塔上，不论是自己掉下去，还是和铁塔一起倒塌，都是死路一条。

有一名员工问我，是否能支付他的工资，好让他偿还房贷；另一名员工问我，能否结清他的全部工资和拖欠奖金，因为他要结婚了。在中国，结婚对男人来说是一件经济层面的大事。他们的要求都是合理而不容拒绝的。但当时我们账户上的现金只剩两个月的基本成本了。

尚存一线希望，可总是够不着。这是比“没有希望”更可怕的事情。随后的一个月内，我和投资人、客户之间展开了密集的“较量”。一方面，公司需要尽快融资才能解决这个问题，没有什么比钱更重要的救命稻草了；另一方面，我应该和主要客户谈一谈后面的订单与合同条款的事宜——这是他们早就承诺过的。

谈判的情形一点儿也不乐观。一名潜在的投资人改变了他的态度，除非我给他公司的控制权，否则不会拿一分钱出来。投资人不愿在公司极为困难时按照之前的承诺投入资金，他们有自己的利益需求。我当时的现金流就要枯竭，而他准备和我扯皮3周。

投资人：“你的情况很糟糕，我也很同情，但我得3周后决定。”

我：“不能有任何商量余地了？”

投资人：“不能，除非你出让公司更多的控制权。”

我愤怒地在电话中对他破口大骂，然后又立刻跟客户沟通。这是我的一位重要客户。他是一个平时笑嘻嘻、没有脾气的人，职位是集团副总，人脉极广，说一不二。我请求他将最近待签的协议提上日程，告知他公司面临的情况。他沉默了5秒钟，告诉我10分钟后给我回复，然后挂断了电话。

10分钟后，他打电话过来说：“可以，但价格下调5%。”

我没有任何犹豫：“成交！”

所以，牢记这一点：

> 有一些投资者和重要客户会在你走投无路时才决定是否向你投资，或者给你一个足以救命的订单。

他们的做法是使风险最小化、收益最大化的最佳选择。从那时起我便发誓，作为一名创业公司的管理者和决策者，我不会这样对待自己的客户和下游合作方。许多人并不知道这种做法对于一家公司的信心打击有多大，但市场就是这么冷酷。

第10001次尝试

2016年10月份，我和莉莎又经历了一次人生的“多重危机”：公司与合作四年的主要客户就未来的战略协议出现了分歧，合作无限期搁置；马上到位的100万注资也因业务有变而取消；在公司三个主要合伙人中，有两个决定撤资。

这种情况下，我们原本计划的两个项目变得像灌了铅的腿，停止了步伐。

此时公司有两个选择：

1. 向主要客户低头，接受对方的捆绑战略，将公司命运彻底绑在大机构的战车上，成为他们的一部分。这跟被收购没什么区别。

2. 自己筹措资金完成这两个项目，继续坚持自己的经营模式，但要冒巨大的风险。

莉莎有些犹豫。她提出了撤离北京的动议："现在是逃离北上广深的时代。许多人撤到了二三线城市，依然做得风生水起。我们不如也加入他们。"

我说："输家总是抱怨他们已经尽力了，但我不会。一个真正失败的人，是那种特别害怕不能成功，怕得要死，连再尝试一下都不敢的人。我们是这种人吗？"

现在不是撤退的时候，这是我的观点。没有什么能够代替追求顶峰的努力，因为已经坚持了这么久。何况，我们的现金流仍能保证最基本的运营。这不是死亡，而是"坚守待机"。

我和市场部的同事去地铁、机场、商超等地方，收集公司广告的数据和产品销售情况，拜访所有的客户、同行，探讨互补性的合作。那个月，我几乎走遍了北京每位客户和同行的办公室。当看到公司产品和服务有着很好的人气时，团队士气被重新点燃了。这是 CEO 的任务。你必须在低谷时振奋下属，让他们知道公司是有希望的，而且已经取得了相当了不起的成绩。

有一天，我到电视台现场看一个商业采访的节目。某位创业失败的嘉宾身后放置了一个大屏幕，播放着他在创业过程中记录下来的影像片断。随着主持人的提问和观众的互动，嘉宾忽然流下了眼泪。他说：

> "我从来没有想过放弃，因为当你开始做这件重要的事情时，除了坚持下去，就不再有其他选择了。"

失败在不停地重复，我们却在反复地坚持，从来没有真正想过要回头，或者彻底改变公司的理念。在创业的低谷时，我最糟糕的事情莫过于在一周之内裁员 85%。当年 10 月份，在猫眼公司的合伙人尚未决定何去何从时，我主动要求他们在 12 小时内做出决定。让最亲密的战友离开公司是对人性的考验，但我们都明白，只有和你一样有信心的人才能留下来共同战斗。在多个夜晚，你会因公司的窘境而彻夜难眠，但这挡不住次日清晨起来，你仍然精神抖擞，战力十足。你总是公司最有活力的那个人，你必须成为这样的人。

活下去才是第一要务

创业家、风险投资家马克·苏斯特（Mark Suster）说：

> 当你创业时，请确保能够接受大起大落。当你最终抽身时，你会发现已经走过了很长的路。

有人会在耳边告诉你，要先实现收支平衡，再追求阶段性成长。在此之前，你要适当地放弃远景计划。不得不说这是务实之谈，但总是被大部分创业者拒绝。我们在网上、书上读到了那么多的创业理论和专家的指导性意见，几乎每一篇文章都在告诉你要有长远的眼光，要制订远景计划——这丝毫没错，但前提是“现在你还活着”。

看着美好的未来高速前进，疯狂烧钱，你发展的速度会非常快，飞翔的高度也会非常高，同时你跌落的低谷也会令人难以置信的低。也许不会粉身碎骨，但你会感到非常孤独。这些年所有的经历都强化了我的一个看法：

> 中国的创业公司，活下去才是第一要务。

我和章辉曾经一起去见投资人，希望获得至少300万元注资。当时，我们的业务对接已十分纯熟，准备合二为一扩大团队，整合两个不同的业务环节，提高运营效率。我们对结果充满自信，因为公司当时的现金流非常充足，发展势头良好。我也听到了其他类似公司融资成功的消息。

但是投资人说：“我当然愿意积极参与到你们这样的公司，所以你们过来之前，我先仔细了解了一下公司的资料，做了一些调查，有些信息你们自己都未必清楚。现在我给你们提出一个建议，先招聘到正确的团队，打造出高价值的

产品。如果未来一年公司仍能保持现在的势头，我投 500 万进去。”

即便公司最顺利时，融资也不是最重要的事，而是如何继续活下去。投资人的观点反映了他们对这个行业、市场的担忧。有些人也会相信这样的说法，因为这样的态度总是来自于投资人。投资人不会给出乐观的建议，他们会把涉及成败与否的决定权踢回给创业者。在投资人的脸上写着一行字：如果你靠自己都活不过一年，我给了你 500 万，你也活不下去！

这就是苏斯特说的“大起大落”。这个世界不是你的老妈子，你要靠自己活下去。现实情况是，大部分的成功和失败都来自于创业者，其结果也将由创业者自己承受。投资人有时不会认可你的经营路线。就算经营顺利，盈利很不错，他们也会摇头。因为投资人对于某款产品成功或失败的感觉并不会非常地强烈。他们往往会投资多个产品、多家公司。所以，不要以为在你情况还好时就能顺利地实现“融资再发展”的目标。

“管不了那么多了！”

创业者要抛开那些“拧巴”的问题，只关注眼前的麻烦，因为我们只能做自己最擅长的事。

创业者是永远的“麻烦制造者”。我们在崎岖的山路上劈荆斩棘，每天给自己找麻烦，和投资人、客户、员工的麻烦不断，偶尔攀上高峰，也风雨飘摇。

创业者成功的喜悦仅在一瞬之间。商业的布局、管理的挫折与收获，这些问题作为一个整体，才是让我们无愧于心的快乐的本质。

革自己的命

2008 年，中科院博士陈沫是马化腾亲自面试的 5 名北京应届毕业生中的一员，学历和知识自然是过硬的。马化腾认为他极有潜力，想收到帐下。但他最后没有去腾讯，而是加盟了中国移动。短短两年间，陈沫取得了优异的工作成绩，在几个领域中代表中国移动与全球的移动商接洽，商定国际标准。

人们都觉得他会是中国移动未来的重要一分子。但在创业的大浪潮下，陈沫不想就这么舒适地过下去。他有着不断推翻过去、尝试新事物的基因。就像我说的，创业者是麻烦制造者，要善于革自己的命，从舒适空间跳出来，坚持把内心的想法变成现实。他离开中国移动，开始了创业之旅。

第一次创业是不如意的。他把一拨拨同事招进来，又把人们一一送走，仅剩两个合伙人，公司就那样解散了。但他的热情不减，去硅谷成立了新公司，展开了新项目。陈沫说过一句话："创业是痛苦的，你不清楚未来是什么，终点在哪里；创业又是幸福的，因为和其他人比起来，你有一个坚定的目标，有值得坚守一生的东西！"

在创业之初，你的产品肯定是不成熟的，服务也多数不到位。我深有体会，公司成立后的几个月乃至一年的时间，我和团队忙于修补漏洞，总结得失，反省错误。这时客户不满意，员工不高兴，市场的反应是负面的。但你管不了那么多，坚持做下去，才能逆转局面，让情况好起来。

做你擅长的事情吧！

Paragon Genomics 公司的 CEO 谌涛说："要选择正确的方向，做自己擅长的事。"2015 年 1 月份，谌涛与其合伙人刘至东博士在美国硅谷创立了 Paragon Genomics 公司，进入基因产业，希望将基因科技应用于健康领域。那时基因产业刚刚兴起，谌涛自己也不是十分了解。但是在药物研发过程中，他认为基因是至关重要的一环，因此他对基因行业十分看好。所以在哈佛商学院的时候，他专攻健康领域，并且选择了很多创业方面的课程。

他觉得，一个人要做事就得做到"极致"。这正是他一再追求的目标。回顾自己十几年来从积累经验到最终创业的整个历程，他对创业者的建议是，人在创业时应充分发挥自身的优势，不要管太多，把自己最擅长的事情做好就行。

当被问及在创业过程中最为骄傲的事，他说：

> "我觉得应该是选择了正确的方向。特别是对于早期的创始人来说，选择哪一条路、以什么为切入点、走怎样的技术路线都至关重要，关乎最终的成败。"

就是说，如果有一件事值得你坚持下去，那它一定是你擅长的，同时也是当下、未来的市场很有需求的——先看清和做出正确的选择。尽量不要跟风，别进入那些已经饱和的市场，找到一个对的空间，建立你的领地。这时，你一条道走到黑，最终也能见到光明。有时候人们觉得一些领域的市场可能很大，但是很多人一下子涌了进去，没有原则，没有主见，那时候自身的优势也不见得存在了。结果就是，看见别人做得很好，自己去了却毫无机会。

我的处方

假如你现在已经有了一张清单，上面列出了所有“不应该做的事情”，那么只需要把清单的类目反向思考，就等于拿到了一张 CEO 的行动指南。

1. 认清自己的缺点，比看到优点的重要性更大。这能为你的行动画下一条不可逾越的红线。

2. 如果在擅长的领域坚持做下去是“不正确”的，那你放弃之后也找不到正确的事情。

3. 可以不负责所有的决策，但关乎生死存亡的问题一定要由自己决定。

这是三条行动原则。假如你正好是一家初创企业的头儿，你很难从投资人或合伙人那里听到究竟怎么做才能避免失败的建议。他们会帮你分析如何行动有可能成功，但失败的责任却总是 CEO 的。如果你能避免所有导致失败的错误，自然就会成功，但这往往是不可能的。你要坚守的行动原则便是，不要管那些自己左右不了的麻烦，把你心中最要紧的事情抓住，然后一直坚持下去。

绝望时记住四个字：耐心，等待

没有耐心的公司都会烟消云散，不懂得等待的创业者都会退出竞争。运气是我们的翅膀，但成功从来都不是偶然现象。公司成功的前提是经过努力的准备和好运的眷顾。即便天上下金子，你也要勤劳地去捡。

这是一位老前辈对我数次的忠告。他从一家科技公司退休有四年的时间了，过着陪太太逛菜市场、回家煲汤的自在生活。他经常在周末打电话给我，询问一些工作中的问题，然后让我保持耐心。

他深知耐心对创业者意味着什么，给我讲了许多初创企业的管理者在“黎明前的黑夜”选择放弃的故事，结果没多久自己的想法被另一个毅力更强的人实现了。有时候一件事情、一个项目、一个产品不是没有机会，没有市场或者没人关注，而是在应该坚持熬下去的时候你选择了三心二意。

这叫作给自己留后路——不投入全部的精力和希望，一旦事不成就能心安理得地撤退，还能安慰自己说，幸亏我没有把身家性命赌进去，还好我留了后手。想想看，我们有多少时刻正是这么算计的呢？所以十人创业，九人不成！

没有耐心和持久力的人，就是马云口中所说的：

> 你在晚上想了很多，规划得很好，第二天起来什么都记不得了，该睡到 12 点还是 12 点，该打游戏还是打游戏，你什么都没改变。

逆境，实际上是我们人生旅行的一部分，是创业的基本组成，没人可以例外。

有一次莉莎做季度盘点时说：“你知道的，我们已经面临太多的逆境。不是说战胜黑暗，而是在黑暗中找到一丝亮光。我们喜欢说：‘知道什么是正确的，为之而战，不要做傻瓜。’但我觉得认为正确的事情就要坚持下去。当你这样做的时候，当你做真正不一样的事情时，你就会有一些反对者。我们只需要习惯就好了。”

在许多人看来，这么多年公司始终没能实现真正长期稳定的盈利，未能体现出巨大的成长性，我却一直坚持着，就是一个傻瓜，但是莉莎不这样认为。她负责纠正我性格中的缺陷，保证公司的运营走在一个相对稳妥的方向，但她始终是我坚实的后盾。每当有反对者出现，她都会帮我抵挡那些抨击。

我掉了层皮，熬死了大多数

少犯错误，我们才能离“成功”更近一些。我的总结就是“熬”，在困难的处境中和竞争对手比耐心，看谁撑得住。什么是成功？成功就是——你犯下的错误是别人的一半。然后别人倒下了，你却坚持到了最后。成功就是迷路的次数最少，你只要比别人少走一步弯路，就能第一个到达终点，战胜对手。这也是创业的一部分，是我们需要领悟的创业哲学。

这就像足球比赛，一支球队想在世界杯比赛中最终折桂夺冠，首先不是看它的进球多不多，而是看它的失球少不少，能不能守得住，要少犯错误。否则，很可能在淘汰赛中就被对手偷袭得手，尽管攻势如潮也只能出局。

同样的道理对创业者也十分适用。一家初创企业要想突破困境，不仅和自己比，还要和对手比，在艰难的环境中拥有极强的耐力，全力地避免失误。熬得住，你就赢了；熬不住，你就翻船！

比谁活的时间更长

也就是说，我们在做公司的前期，甚至在相当长的时期内，不是比谁赚的钱多，而是和竞争对手比谁活的时间长。纵观近几百年的历史，赚钱的公司数不胜数，但存在时间超过一百年的又有多少呢？这些最成功的百年名企的共同点，就是他们很少犯错误，几乎每一步都走得很稳。

网易公司的创始人丁磊说："从公司成立以来，我们一直在不停地琢磨，研究如何少犯错误，如何多跟别人学习。为什么许多企业失败了？我们找出一些失败的理由，进行分析和琢磨，看看存在哪些道理，去汲取教训。我认为互联网企业与传统企业没有本质的区别，都需要避免错误。不是说互联网公司就有特异功能，就可以作为特例来对待了，就能呼风唤雨了，完全不是这么回事！"

这是丁磊的原则：少犯错误，至少比对手要少。有一次，公司员工十分羡慕那些房地产网站，在汇报工作时说："他们在某个城市的站点独立 IP 才两三万，就能拉到几千万的广告收入，我们可以尝试吗？"丁磊听了以后马上拒绝："不可以！这些东西无法长久，纯属骗人！我们不要学习，我们也不要去做。"

正是基于这个重大原则，网易公司才挺过了当年的互联网泡沫，并且一直发展到今天，成为中国的门户网站之一。当年那些冲动冒进的互联网公司大部分都倒在了泡沫中，早已灰飞烟灭。

在总结网易的发展时，丁磊认为不是网易公司做得有多好，网易也有很多缺点和问题，而是由于竞争对手犯了太多的错误，才让少犯错误的网易抓到了机遇，走在了它们的前面。

“重要的是，在犯过错误之后，要不停地改进，使错误越来越少，使自己越来越进步。我自己比较开心的一点儿，就是能够学到怎么去做一家公司，少犯哪些错误，来总结这些经验，避免自己犯下这些失误，汲取里面的教训。”

这些年，我的感悟和他是一样的。在这 10 年的创业生涯中，我看到了太多同行和创业者犯下的错误。他们犯了一个又一个的错误，梅花间竹一般，就好像一个人非要往悬崖下面跳，你拉都拉不住。当他们倒下时，还要归咎于市场环境、政策、对手的道德水平等因素，完全意识不到自己的战略问题。

所以，这是一条无比宝贵的、血的经验——让自己的公司活得长一点儿，比闪耀星空的昙花一现更有价值。

避免致命的失误

许多创业者由于在过去比较成功，取得过一定的成绩，获得过不菲的名声，于是他们在做事情的时候更多的是凭感觉而不是理性，凭的是经验而不是科学。他们按耐不住激情四射的冲动，信心膨胀，志得意满，冲动自大，听不进意见，只想大干一场。在公司的决策中，极少做踏踏实实的周密调研，不顾实际情况，四处出击，犯下致命的失误，最后导致公司在经营上的重大失败，一夜之间就从山顶跌到了谷底，摔得粉身碎骨。

如何避免犯下这种错误呢?

第一，即使最困难的时刻，也要想到“有人比你更困难”。

第二，由老板决定一切的上线管理，也要兼顾团队的集体判断。

从 2007 年到今天，整整 10 年间，我在文化行业的冬天和互联网 + 吹来的春天之间来回转换，却始终坚守自己的经营方向。经历了各种困境，挺过了无数的挫折，我自己掉了一层皮，但也熬死了大多数的同行。许多人不堪创业之艰，早已经关掉公司，凭着创业时期积累的经验去大公司拿一个高薪的职位，而我还在坚持着。

不能始终如一，无法理想坚定地一直走下去，因而左右摇摆，自我否定，恰恰是几乎所有中小型公司的常见形态，也是他们失败的主因。当然，单纯地放弃创业并不是罪大恶极的，它取决于创业者对形势的判断，也有其绝对适用的条件。比如，在公司经营中，当业务链断裂、管理失败、市场窗口消失时，创业者要及时止损。当公司度过原始积累阶段，进入深水区，承担的风险越来越大，需要突破瓶颈时，创业者的能力无法达到要求，也会启动退出机制——自己退出，让有实力的人或机构接手。对后者来说，这是创业的成功，并不是失败。

找到你坚持下去的资本

空闲时间，我很喜欢读历史。刘邦屡败屡战，曾国藩屡仆屡起，根本原因是他们都有坚持的资本，因此能够“不败临敌”。就像曾国藩说的：“天下之至拙，能胜天下之至巧。”这个拙字，就是本节我要讲到的，一个人的资本不是钱财，不是管理的技巧，是其内心对于创业的理念，对于创业的信念。人要有实干精神，再加一个可行的计划，创业就有极大的成功可能。

人在自己的一生中要长大三次：第一次是在发现自己不是世界中心的时候；第二次是在发现即使再怎么努力，终究还是有些事令人无能为力的时候；第三次是在明知道有些事可能会无能为力，但还是要尽力争取的时候。

只有实干才能成功。实干就是脚踏实地，不要嘴皮子功夫，不做空想家，老老实实而且按部就班地实施自己的规划。只要你走得稳，步子迈得实，即便计划有些冒险，也总能获得一个不错的结果。相反，有的计划再稳妥，如果流于口头，不付诸于行动，最后只能坐视机遇流失，什么事情都干不成。

RGDO工程咨询公司总裁格列宁先生开始创业时，他的公司只有7人。但是现在，格列宁以及他的工作团队成就了公司。他将梦想与实干紧密地结合起来，并带领自己的工作团队从梦想到现实，用实际的行动超越了现实。

和那些站在曼哈顿大舞台上口水纷飞却一事无成的人相比，格列宁正是一步一个脚印将自己的梦想一一实现，成为人们的学习榜样。

当他决定融资建立工程实验园区来实施一种多元化的战略时，很多人都认为他是个梦想家，甚至他不过是一个无稽的幻想家。因为这需要约50亿美元的巨资投入，而当时他的公司年利润才几百万美元。面对这种似乎是难以实现的追求，格列宁却挺了过来，抓住了转瞬即逝的市场机会，成功地找到了投资方。更重要的是，他将实干精神发挥得淋漓尽致。

创业的实干精神并不需要你非得做出什么惊天动地的人事（马云、刘强东只是少数），你只要冲着一个有价值的方向去脚踏实地努力就可以了。比如，我们对客户和员工的承诺，对项目的进度安排等，一切以实干为主，而不是停留在纸面上的空谈。

形象地说，就是如果不做这件事，你自己就会觉得不对劲。同时，做这件事，你还要有强烈的紧迫感，因为我们的一生是有限的。实干要抓住时间，要高效地利用时间，要和有限的时间结合起来，让时间有高产出，让工作有高效率，让公司一步一个脚印地发展。

成为一名实干家

对创业者而言，实干比畅想更加重要。有一次我和莉莎讨论时说：“难道我们愿意终生复制别人的产品或者只是搭配、组合别人发明的东西吗？难道我们就这样接受不堪的现实，对自己的梦想什么也不做？每个人都应创造性地工作，踏实地工作，利用大好的时机，不能只是坐在原地等着别人来为你做出改变，不能等着上帝给我们运气，也不要以为我们得需要一个多么好的机会才能做出一番别样的事业。因为即便是一个好的团队，也是通过带领人的实干主义一步步地搭建起来的。实际上，从眼前的一件小事开始做起，开始第一步，我们总能慢慢地收获成绩。”

玫琳凯化妆品创始人艾施就是通过亲身使用之后，才确定了她的护肤品质量是一流的。她怎样获得自己的机会？凭借的不是运气，也不是空想，而是切实努力以及认真的尝试。她从一家本地的美容师那里得到了自己的产品——这位美容师在家调制秘方，专为患者、亲属和朋友服务。在这位美容师过世后，她就从这家人的手中买下了这款秘方。但是，她并没有因为产品是现成的，就不去组织测试团队来试用产品，或者不做任何的市场调研，而是精心地结合每个人皮肤的不同，对产品应用和市场开发投入了相当大的精力，然后才形成了属于她自己的大受欢迎的产品。

这种通过“解决自己的实际问题”的实干原则来经营公司的方法（不要空谈上市或融资，要和团队把每一个项目、每一个细微的工作做好），最大的一个好处就在于它可以使你爱上自己的事业，享受自己奋战的结果。对于自己的公司，你应该十分了解它目前存在的问题以及解决问题的价值所在，并清楚应采取什么样的工作方法。

> 我们除了努力之外别无他途，必须一步一个脚印，争取每一个很小的进步。积少成多，才能汇聚为大成功。

只有实干是创业者最需要的，是创业者最值得倚重的。毕竟，我们都会为了自己喜欢的事业奋斗很多年，甚至会付出自己的一生，但空谈却只有几分钟热度。这是一条重要的原则——创业者要当实干家，去做自己真正关心的事情，并且把它做到极致。

看看已经取得的成绩

现在，能不能看一看你自己已经做了什么，有没有做对事情呢？

你的头脑中或许有一种好的创意，你很想去创造和实现它。但是，当它只是停留在创意阶段时，与你的人生是一点儿关系也没有的。你必须把它变成现实，它才变得和你具有了某些重要的联系。真正有意义的事情是你在做，而不是你在想或计划什么，也不是你整个团队都在空想，只希望拿到投资了再做——这是很多创业公司的心态。

总是有这样的创业者，他们属于天然的“空想派”，每天都感叹命运的不公：“我早就有这样的创想了，可惜当初没有融到资，否则我现在也是一个当之无愧的亿万富翁了，我的公司也早就做大了！”

可他其实什么都没做。他只是租了办公室，组建了团队，然后就到处找钱，项目一直停在原地。他每天都是在畅想未来，以为自己本应是一个让人羡慕的成功企业家。在嗟叹时，他们就连一丁点儿的心虚都没有，反而振振有词，心安理得，丝毫不觉得自己想要做的事情丝毫没有进展。

电影制片人斯坦利曾经说：“喂，制片人们，快点找部摄像机和一些胶片吧，随便拍个什么样的片子出来都成。”因为他十分明白，当你刚开始一项工作时，你最需要做的就是马上去干，而不是絮絮叨叨。你必须起而行之，开始建设属于自己的东西。

再好的想法如果不付诸于实施，不经过双手的努力让它变成现实，如果没有已经取得的并且继续进步的成绩，它就只能是一个想法而已。并不是有了一个好的想法，你就多么的与众不同了，因为这个世界上的每一个人都有奇思妙想。投资人不是看这个，市场也只是认结果。因此，如果现在你觉得自己的想法很有价值，项目很有市场，那就抓紧走出第一步看看，然后坚持下去，看看有什么事情会发生。

从我这几年的经历看，创业者都喜欢谈创意。我去798艺术街参观，满街都是创意展示，坐进他们的办公区，交谈中每一个点子都好像能融资几个亿，然后创造多少产值。几年过去了，并没见到多少人将自己的点子变成现实。创意这种东西是价廉物美和应有尽有的，真正的问题在于我们执行的力度和坚持的时间。你要知道的是，在一项事业的完成过程中，最开始的做计划和做创意的部分，只不过是一个微不足道的环节，只有长时间地行动起来，才能最终把它变成现实。

如果你的项目是有市场的，有应用空间，就不要给自己找借口。总有人对我抱怨，说他没有时间把公司的事情管好。他很烦，很累，公司暂时就交给手下打理。同时他又盼望着公司能够成功。我观察他的生活，发现他的时间其实多得是，玩游戏、喝茶、约会、聊天……他有的是时间，可为什么放到工作上就没有时间了呢？

他的公司可能已经开了四年了，创了四年业，却不知道自己进步了多少，取得了哪些成绩。这是让人容易放弃的原因之一。归根结底，是他不敢面对现实。比如，之前夸下的海口一直实现不了，对投资人和团队没有交代，索性就欺骗和麻痹自己。创业到这时便成了勉为其难地维持，更像是开了一个不死不活的“小区超市”。

有个人对我说，他自己非常想开一家公司；有个人想推广自己的项目，也有钱，可觉得时间不够；还有个人创业两年了，准备再去融资，因为项目缺钱了。当我问他们过去取得的成果时，其实都说不太清楚。

“对啊，我做了什么？”你看到的是对方的一脸茫然。

只有那些愿意牺牲游戏和娱乐时间来认真处理工作，对自己做过的每一样工作都能使其有所收获的人，才能称得上实干家。他们创业的成功概率才是最高的。大多数人对待创业抱持着一种传统的认识，好像生意半年内不成功，就等于黄了，过去做的一切也都没有价值了。因此，他们不注意积累，也很少寻求坚持下去的动力。

我并不是在怂恿创业者透支自己的时间和身体，把全部精力都投到创业上，但一天至少工作 15 个小时。我还建议创业者尽可能在每周多腾出一些玩手机、发呆、听音乐以及其他根本不知道应该做什么的时间，用来认真地琢磨一下昨天和今天的工作处理情况。这对于增强我们的实干能力已经足够了。

明确的方向和原则

在坚持的同时，清醒的创业者还必须牢记自己到底为什么要做这件事。你要知道这是不是自己的方向，以及必须遵守哪些原则。

> 公司创始人和管理者要有主见，才能成就大事。我们并不只是为市场提供一个产品或一项服务那么简单，而是去践行一种信念，检验一些原则，实现一些梦想。作为用行动证明价值的人，你当然要了解自己到底是为什么而奋斗，并且要让别人理解和尊重你的原则。

CEO 维护自己强大的原则也是要付出代价的。在这个过程中，你作为责任的承担者，可能必须做一些事情。比如，身为公司管理者，你需要果断地解雇某些人，打破一些旧的利益纠葛，做一些暂时不被人理解的事情。做这些事情就是一种对正确信念的坚持。

在这其中，不乏有人诋毁你，控诉你，冤枉你。人们觉得你傲慢和冷漠，实干者总被人们如此看待。但这就是人生，做实事的人总是被一部分人热爱，同时被另一部分人憎恨。对此，你做好心理准备了吗？

如果你的方向和原则没有引起任何人的注意及拥护，只能说明你努力的力度可能还不够。同时也可能代表你这个人比较无趣，如果你认定自己的梦想正确的话。为此，你也要制定相应的策略来改进自己的行动风格，以打动手下跟随你的脚步。

在公司的经营管理中，你还必须要追求简洁的风格，让自己体现直接的力量。因为大多数人在行动中都过于复杂了。他们想得太多，体现出了太多的特性和太多的困惑，总是走走停停，不够坚决。你要做与之不同的人，要充满斗志，一直走到底，不会为了意外因素而停止尝试的脚步。

如果你的梦想和行动不适合于每一个人，或者团队找错了人，这也没有关系。因为你必须学会为了那些爱你的人而放弃另一部分不爱你的人。这应该成为你的立场。请相信我，这对于你十分重要。创业者在必要时应该对人情极为残酷，坚守自己相信的，并只和同道中人站在一起。因为假如连你自己都不知道自己到底相信什么，那么你所做的一切都会成为泡沫，成为任何人都可以轻易质疑的、经不起考验的一场“骗局”。从此以后，你说的任何话和做的任何事情都能被人轻易地否定和反驳，也被人无情地嘲笑。

可是，一旦你的立场坚定了，那么你该如何决策就显而易见了，你就能在公司建立起属于自己的权威，为员工树立一种不容置疑的标准。

越是追求实干的创业者，他执行计划的主动性就会越强，对现实的改造力度也就越大。这样的创业公司不惧怕问题，也能预防风险，他们更容易走向成功。他们的心中就没有“等待现实自己改变”这种不作为的概念。他们知道自己应该做什么，如何做才能改变现实，实现梦想。

具备可行性的计划

洛克菲勒财团的一位财务官讲到过一个悖论：什么样的计划是可以赚钱的？如果不尝试一下，又怎么知道它能不能赚钱呢？他说，市场是非理性的，既然我们面对一个非理性的市场，那么大多数的风险就是难以预测的。如此一来，这个世界上有真正有效的风险控制计划吗？一个未经检验的计划如何给我们带来强大的底气并坚持执行下去呢？

他说得很有道理，但需要一个成立的前提：必须在非理性领域才能抛开对于风险的预测，因为这时任何预测都失去了价值。不仅是风险，就连能否盈利也成了一件未知之事。那么当你准备收购一家公司、购买一支股票或者设计、生产某种产品时，又怎能说服投资者把一笔巨款交给你，或说服团队同意你的计划呢？

对于站在市场前沿的创业者或居于重要位置的公司管理者来说，总要给自己准备一些判断可行性的根据。因为总有一些领域是理性的，它的趋势可以判断，它的前景也能够预测。在我看来，判断一个计划的可行与否，第一原则就是你不能空想。坐在家里哪里都不去，灵机一动就出台了一项计划，就想做一些事情？对不起，这意味着极大的危险，而且是很可能失败的。

坚持不能依靠空想，因为空想是在滥用你的智慧，让你的努力变成没有价值的泡沫，挡住你的眼睛，然后把你置于危险之地。空想也是让人失去理智的根源，很多创业者想到什么做什么，没有建立一个理性思维的模式，也没有仔细想想与之相关的问题，没做好准备就开始行动了，因此才容易走进死胡同。

对创业者来说，怎么做才是可行的呢？怎样的方案又是“相对安全”的呢？我认为你应该做到以下几个方面：

你的产品有没有需求？没有需求，你就什么都做不了。因为市场就是需求，或者是即将产生的需求。有人需要，你的产品才有价值，你才受欢迎；没人需要，就算你提供的东西是世界上最完美的，又有几个人愿意看它一眼呢？需求是可行性的第一标准。

能否提供功能？你的公司提供了什么？或者说，你的产品和服务的品质能不能让人满意，能否提供可以帮助人们解决问题的功能？如果提供不了关键的功能，即便有需求，你的产品还是卖不下去。假如忽视这一条，那么你的公司就会承担很大的成本风险。

资金和财务问题。这是非常关键的一个方面。资金本身就意味着风险，就是风险的代名词。比如，对于一个即将创办的事业，在财务方面却不具备可行性，一是没有这么多钱，二是不好对外融资，那么这个计划就没什么实行和坚持下去的必要了。因为支出本身就是风险，必须加以考虑。倘若支出过大，则削弱你的利润和回报。收益小到了一定程度，这件事的可行性就消失了。

团队的执行力如何？那些帮你做事、替你实现计划的人，他们是可行性的最大保障。只有一个计划是不行的，只靠你自己也是无力的。再卓越的 CEO，或者有一个“超级想法”的创业者，都不可能孤军奋战，都需要一群优秀的帮手，建立一支出众的团队。

章总结：不忘初心，方得始终

有句话说得好：“不忘初心，方得始终。”现在很多人不能创业成功，就是少了一颗坚持理想的初心，少了一条道走到黑的勇气。当你选择一个项目去做，成立了自己的团队时，就意味着走上了一条“不归之路”。伟大的创业者死磕到底，失败的创业者半途而废。

许多创业者做了一个公司，如果有 3 个月不能盈利，就会十分恐慌，然后想换一个项目去做，甚至想关掉公司。这恰恰是创业的大忌，你一旦更换了方向，前面积累下的经验基本就白费了。

在这一章中，我强调的一条原则就是：你和你的团队永远只锁定一个主要的项目，或者一种商业模型。在明确一个合适的思路后，就要始终如一地坚持下去。这样，你与团队都不用再次学习，每天都是重要的积累，都会产生“复利效应”。创业，永远要在已经盈利或有所进步的地方扩大战果。而不是用已经拥有的收益去探索未知。

第九章

未来很近，成功很远

——你以为马上要成功了，其实只是海市蜃楼。

当你觉得无路可走的时候，老天就会给你一扇窗。

但事实上，当我们无路可走的时候，就真的无路可走了。

马云说今天很残酷，明天更残酷，后天很美好！

当我们满怀期待，步履蹒跚地坚持到后天清晨时，

马总憨憨地告诉我们，对不起，打错了一个字：

今年很残酷，明年很残酷，后年很美好。

成功的假象

“创业公司都有哪些成功的假象？”

这是一个创业者不想面对的问题。正如罗永浩说的：“新东方成功地制造了理想主义者创业的假象。”人们觉得俞敏洪等人都是理想主义者，进而“理想主义者创业就一定可以成功”。遇到类似的挫折时，创业者所想到的第一件事不是严重的后果，而是近乎天真的沾沾自喜——觉得自己即将成功。

失败的前一夜

事实上，创业是一个极其复杂、条件苛刻、要求严格和执行残酷的事情。所以在现实生活中创业成功的人很少，能做出大成就的人更是少之又少。在今天，当我们听到某某某创业成功而自己也正激情豪迈，投入全部精力一展身手的时候，你是否意识到，看似顺风顺水的背后实际更多的不是成功的预兆，而是一种哀兆？

在成功的前夜突然猝死的公司有很多。我认识一个不到30岁的小伙。他开了一间规模不小的工厂。那几年和我一起做过电子产品，还投资650万进军互联网，两年内赚了接近一千万，住着别墅，开着宝马，过上了香车美女、经常出席企业家论坛的生活，达到了很多人十几年都到不了的成功境界。

他说：“是不是过两年就可以估值上市了，假如我的互联网项目开发成功的话？”没错，风景一片大好，走到哪里都是掌声，媒体也在吹捧他是未来的企业家之星，把他的创业史当成年轻人的励志史，是人们应该学习的榜样。

但是突然有一天，仿佛一觉醒来，他的公司就完蛋了。因为他的资金链断了，项目却还在继续烧钱。由于他无法注入项目开发所需的第三期资金，团队的精英人才纷纷离职，投资机构也中止合作，并向他索回之前的投资。一石惊起千尺浪，供应商听说了消息，也联合起来找他要钱，要求他立刻结清过去几个月的货款。他没有选择的余地，几天内就破产了。此时，距离他上次在一所大学演讲刚过去了不到一个月的时间。

创业者常常会遇到一些成功的假象，看起来项目运行顺利，团队人才济济，市场风向很好。这时公司管理者总是有一种志得意满之情，有登顶泰山的感觉。然而，最危险的就是这个时候，未来很近，成功仍然很远。正像任正非说的：

“你随时会掉下来，万劫不复！”

现实在你的背后

章辉曾去一家创业公司待过几个月，担任创意部门的总监，拿到了年薪 120 万的工作合同，然后主动离开了。他对那家公司的老板和管理层看得很清楚。老板在战略上就是一滩烂泥，把员工当劈柴烧，把市场当儿戏。虽然投了许多钱进来，公司处于迅速扩张中，但失败是避免不了的。

这类的创业公司很多，管理者缺乏战略头脑，执行者忽视战术细节。公司虽然扩张很快，但是不可能成功。这类公司的拐点就是当公司没钱的时候。章辉当时说，他不怕失败，但他抗拒稀里糊涂、白白地送死，浪费自己宝贵的时间。他既然放下了自己的事业去给人打工，就是要打明白仗，打有胜利希望的仗，可他发现现实全都跟他的想法相反。

于是，章辉又回到了老地方，重新做起他的公司。这就是现实，优秀的创业者总是少数，大部分是平庸之辈，因而他们的失败没有什么可惜的。重要的是我们自己要看清楚：

我应做什么，我该怎么做？

我离成功很近，离失败也很近吗？

一笔让人“拧巴”的注资

2015 年 9 月底，有个投资人通过朋友找上我，计划投 300 万，一起把公司做起来，把我的公司盘活做大，共同获利。但他提了一个要求，必须增加一个业务。这是硬条件，不同意就没有这笔钱。

那时，公司正处于“资金的冬天”，勉强维持运营，刚刚能够发的起员工工资，可是公司拖欠房租已有 4 个月了。每天早晨 8 点、中午 12 点和下午 5 点，我都会一天三次准点收到房东的催款电话，就差上门来请我们卷铺盖走人。员工在非常尴尬的氛围中工作，每个人的脸上没有笑容，个个处于高度紧张的状态。我们已经到了卖掉几台设备才能交房租的地步。

所以，这笔 300 万的投资意向毫无疑问是雪中送炭。但却让人感到无比的“拧巴”。碰到这种情况，你会怎么选择？创业者为了获得资金，有时需要出让重大的权益，比如公司控制权，或者比例很高的股份，甚至是未来经营方向的决定权也要由投资者掌握。许多人选择了低头，但也有更多的人选择了另寻他途。

对创业者而言，即使是“救命钱”，在做决定时也要慎重思考，因为创业公司的融资永远都不是一个简单的问题。

未来很近，救命的很远

有人说，投资者和创投机构对创业公司的投资分为三种：雪中送炭式、锦上添花式，和阿里巴巴式。阿里巴巴式被单独列了出来，意在说明大的机构对创业公司的碾压心态。在实力强大的投资机构面前，最优秀的创业者也很无奈，并没有什么选择的余地——要么接受，要么拒绝。

锤子科技的早期投资人、紫辉创投创始合伙人郑刚曾经在朋友圈里说道：“锤子科技差点儿被阿里巴巴害死。明知道创业公司拖不起，前前后后弄了半年，最后却说不！要不是紫辉的坚持，你怎么在陌陌上赚了 10 亿美元？”

阿里式的投资是对创业公司的“雪中送炭”，还是“锦上添花”？在他看来实在不好说，因为阿里宣布得很高调，但打钱时却慢得像乌龟爬行。合作早已经公布，钱却一直在路上。有人戏言说，被它投资的创业公司都要死了，承诺的钱还没有到账。

郑刚帮助创业者总结出了找阿里投资的几点经验：

> 没有钱、缺钱的情况下千万不要找他们，他们是大怪兽，对于创业公司无法、不可能怜悯和雪中送炭；
>
> 对待这类公司不能区别对待，就是一个投资，没啥 BAT 不 BAT 的，融资看的是诚意和速度，不是对方的名气；
>
> 他们天生就是接盘侠，不到企业发展的成熟期，千万不要让他们投钱！
>
> 他们永远关心的是自己的利益，你能给他带来多少增值，不是创

业的你；

他们的投资人员都是打工的，一没资源，二没兴趣帮你增值，三没动力、没奖励帮你成功，你的死活和他无关！

到关键时刻他们会按合同来执行，根本没有商量的余地。

在融资过程中，阿里投资部的人当初答应投资给锤子科技，这个决定是马云本人通过的，但阿里 CFO 却给出了否定的结论。于是事情搞了几个月，就是没有成功。当我看到这个故事时，想到的正是 2015 年我那次拧巴的融资经历。钱就在眼前，甚至就在合同上写着，但想拿到手却不是那么容易。这也是一种成功的假象——你看起来得到了，实际却一无所得。

罗永浩自己也说过，锤子科技最凶险的时候就是 2016 年，两次发不出工资，传出被收购的消息，一度濒临破产。未来总是很近，能救命的却离你很远，有多少创业公司陷入了这样的坑？

死了都等不到注资

与罗永浩有相同感慨的还有无界传媒，他们死了都没有等到阿里巴巴的投资。在 2015 年的一则新闻中，财讯集团、新疆天山网和阿里巴巴联合组建了新媒体机构无界传媒，在当时是轰动媒体圈的一件大事。其中的重中之重，就是阿里号称的 4000 万投资款。对任何一家创业公司，这不亚于一笔巨款，足以让一个新公司昂头挺胸地杀进惨烈的竞争场，面对那些强悍的对手。有阿里的钱在背后，这就是底气。

无界传媒当时有员工 104 名，一个月的工资成本就是 220 万。当时首期投资也是分批到账的，截至无界公司失败的 2016 年 4 月，也只是收到了新疆方面 2300 万和财讯集团 900 万投资，这些钱在运行一年中就花完了，阿里的钱却一分没到。

基于上述血淋淋的案例，我后来在与投资人的接触中不得不格外小心，保持着一万分的谨慎——宁可不要，直截了当地拒绝以节省精力，也要避免把大把的时间浪费在与这些不靠谱的投资人的谈判过程中——这好像是在与一个不会变成现实的美梦左拥右抱。

两个我："明天会来的。""明天不会来了。"

从开始创业至今，每天都有两个"我"在对话，我好像活在两个完全不同的世界中。泪水，希望，激情，淡然，垂头丧气，斗志昂扬……这些截然不同的情绪轮番出现，可以在极短的时间内浮现在我的身上，毫无违和感。

我："做完这个项目，公司就活了！"

另一个我："做不完这个项目，公司就死了！"

我："明天当然会来的！"

另一个我："明天当然不会来的，因为这话你年年说，月月说，已经过了无数个明天！"

我："这一次和过去不同！"

另一个我："嘿嘿，那就走着瞧！"

在公司前途未卜时，我们每天都像是蹲在黎明前等待日出。每天都在等死，也都在守候希望。我们既是虔诚的信徒，又是孤注一掷的疯狂赌徒。

创业公司好比将要破土而出的种子，虽然弱小，却也自带蓬勃的生命力。人们看好创业公司，就像我们看到孩子就看到了希望。但却不是每一家公司都能从弱小的状态中成功走出来。创业公司渴望长大，可一旦组织的体量壮大起来，又会有其他可怕的麻烦。你在创业的旅途中永远不得停歇。

有位企业家说：

> "当你觉得无路可走的时候，老天就会给你一扇窗。但事实上，当我们无路可走的时候，就真的无路可走了。马云说今天很残酷，明天更残酷，后天很美好！当我们满怀期待，步履蹒跚地坚持到后天清晨时，马总憨憨地告诉我们，对不起，打错了一个字：今年很残酷，明年更残酷，后年很美好。"

这是创业的真实情况，无论如何你都摆脱不了残酷的考验。创业初期的恐惧、彷徨和焦虑不安会让每一位创业者都想尽快摆脱弱小和残酷，走向壮大和美好。但当公司挺过一些重大的考验时，新的问题也会出现。

比如：

在被巨头收购和独自等死之间，你会如何选？

很多创业公司融资到 B 轮 C 轮，拿到了几个亿甚至几十个亿，就可以高枕无忧了吗？

有人说，创业公司不壮大是等死，壮大是找死。但创业者往往没有选择，要么被收购，要么等死，因为寡头时代已经渐近。

有很多令人唏嘘的案例。例如，融资超过 3500 万美元的蜜淘依旧倒闭，明明很不错的项目，却突然就死了。是的，貌似是庞然大物，可一夕之间就倒在了地上。原因是什么？绝大部分的原因都在创业公司自已本身，CEO 盲目乐观，松懈自满，战略不清，融资能力差，人才难继，没有造血能力，文化价值观不落地，同时没有危机意识……然而，这还不是最致命的原因。

我给你的一盆冷水：不要总想着壮大，因为壮大的死亡率超过弱小的一千倍。大多数创业公司都死在由小向大的转型过程中，根本原因是忽视了自身的承受能力。在准备不充足时就妄想变成大公司，是最快的取死之道。

学会让成长速度降下来：别以为成长速度很快就是好事，如果团队结构和业务模型还不成熟，就不要急于寻求明天的成功，应该转而夯实当下的基础。成长速度没有快慢之分，只有恰当与否。结合自身情况制定发展战略，才是创业公司成功的突围之策。

有一家名为趣学车的互联网驾校公司成立不到一年，业务增长非常快。但这家公司的创始人兼 CEO 刘老木却给员工写了一封公开信。他认为公司发展得越快，反而显得越紧张。他向员工强调了弱小的美和弱小的力量，希望团队能够战战兢兢，不要自满。这既是创业者的真实写照，也是一种极为现实的警醒。每个人的创业状态都是不一样的，但在成功创业者那里，为了真的可以迎来明天，清醒和谦卑是必不可少的。

死在成功前的最后一秒

企业创始人不经历千辛万苦、千锤百炼，不吃一堆的亏，不倒一大把的霉，是很难成长和真正成熟起来的。尤其对死亡率极高的创业公司来说，CEO 的判断能力和战略观完全决定了公司在初期的生死。

强如马云，他也不是完人，也犯过许多错误，其中一些是致命的失误。幸运的是他能扭转乾坤。在 2013 年的一次颁奖典礼上，马云说，自己将来如果要写一本书，就写《阿里的 1001 个错误》。他还承认，阿里公司其实不止犯过 1001 个错误，许多错误他也看到了，但没有去理会的时间，因为公司发展太快了。

创业就是打天下，明末起义军领袖李自成的创业团队死在了成功前的“最后一秒”。他的能力还有一点儿欠缺。但这一点儿欠缺却是致命的。比如，他只注重扩张的速度，四处游动，没有根据地，没有重视人才培养。这导致他打到北京城下时，团队的本质仍是流寇，不具备治理天下的能力。因此，李自成的创业在登上最高峰时突然失败，丝毫不足为奇。

反观刘邦和朱元璋，他们作为公司创始人和 CEO 就明智很多。在团队建设上，他们所用的人大部分都是丰沛和濠州旧部。打天下的同时，他们不断地培养这些人才，再吸纳其他人才。跟着刘邦和朱元璋，这些人才都在成长，逐渐成为独当一面的分公司管理者。在战略层面，他们十分注重控制公司的成长速度，战略清晰，定位明确，不追求急于成功，而是等待合适的时机。

一个杰出领导者的标志是让他的团队成长，让公司逐渐成熟起来，而不是盲目地追求速度（急于融资和扩张是错误的）。创业公司得天下太快，并不是什么好事，往往会昙花一现，死在成功的前夜，成为别人眼中的教训。

你不知道明天会发生什么

人的命运就像股市，创业公司的命运也像极了股价。你永远不知道明天会发生什么，只知道自己应该奋力前行，等待命运的揭晓。很多人于是靠感觉去选择命运。也有很多人靠努力去选择命运，但你永远无法决定最后的结果。

张志远在项目失败后发给我的一封邮件中写道：

> 我们个体在世界中，犹如小笔资金在资本市场一样。我们能够决定的只有自己的行为，除此之外决定不了任何事。我们可以建立理性的模型，可以做很多的准备。但是一旦进来，未来就不可预期。

这段话形象地说明了创业者在市场中的处境。我们创立一家公司，做了一个项目后，就开始在命运的河流里随波逐流，成功和失败都是不可预期的，关键是抓住属于自己的机会。成功既不是靠信息，也不是靠改变赢得，而是靠自己的不懈努力和命运眷顾的概率，也许还要加上贵人的相助。孙子兵法最核心的智谋，讲的也不是如何取胜，而是教你怎样立足于不败之地，再依靠对方的纰漏来逐渐取得优势和胜势。创业的竞争也是同理。

死扛下去，比别人多坚持一秒

现实永远都与我们预计的差一点点，不在你我的预计之中。也许是高一点点，也许是低一点点，但不会永远保持一致。创业者在比预计低的时候要学会承受，而在高的时候则仍要依靠谦虚维系优势，持续地成功。因此，先要让自己成为一个意志力强大的人，再承认自己创业者的身份。

有时候，死扛下去总是会有机会的。这是我始终信奉的一条原则。多年以来，总是这一条原则（比其他方法）让我坚持下来，度过了一个又一个难关。即使没有赚到太多的钱，也使我收获到了许多工薪族领悟不到的道理。

竞争与创新的窘境

写下《用理工科思维理解世界》的著名撰稿人万维刚说过一句话："创新是落后者的特权。"但在本书倒可以进行另一种解释——我们不是因为要竞争才创新，而是要推动自身的变化，跟上社会或商业发展的速度。竞争是创业公司生存的本钱，但创新却是创业公司发展的推动力。

问题是，如果你的公司竞争缺乏实力，创新又没有资本，应该怎么办？创

新永远是一个公司发展的灵魂所在，这是一条无论过多少年都不会改变的真理。如果你仔细研究过那些历经风雨数十载仍旧屹立不倒的品牌、企业，你就会发现，他们的产品从来没有停止过更新，好的产品经理层出不穷。让你能够一直记住它的，除了经典就是源源不断的惊喜。

我们知道，乔布斯和他的苹果之所以与众不同，广受追捧，就在于他能把创新深深地植入到企业基因中，这就让苹果公司流淌的血液中永远充满新产品的味道。在创新领域，苹果公司是全世界的创业公司永远需要学习的榜样。

美国《新闻周刊》有一篇评论说，乔布斯的伟大，是因为他不仅仅创造了苹果和众多赚钱的产品。作为一个伟人，他的创新还改变了个人电脑和互联网的面貌。美国总统奥巴马说："乔布斯让电脑个人化，把互联网装进我们的口袋里。"

但是，99% 的创业者都不是乔布斯，也无法学习乔布斯。因为我们缺乏他的成长和工作的土壤，也未必有他的才华和运气。很多人在学习乔布斯时都走入了歧途，原因就在于他们为了学习而学习，为了创新而创新。

不要为了创新而创新

不可否认的是，今天许多互联网公司的创业者都是"技术狂人"，有着向乔布斯学习的资本（相似的背景和相同的技术梦想）。但与其他大多数技术人才不一样的是，乔布斯从来不迷信技术，他对那种为创新而创新的技术狂始终是不屑一顾的。乔布斯认为，技术精湛并不一定是产品的优势，因为商业模式和各种配套设施在一定程度上决定了技术的定位，而不是技术决定了前者。如果我们的技术太超前，导致配套设施跟不上，或者不符合消费者的实际需求，那么这样的技术创新就一定是失败的。

这是一种务实的精神。从这一点来说，很多公司的创新都是失败的，创业者与团队也在追求创新来提高竞争力的道路上走进了一条死胡同。创业者如果简单地为了追求产品的更新换代，把消费者已经熟知的操作方式和使用习惯刻意地改掉，这种创新除了带给消费者"重新学习"一种新产品的麻烦之外，得不到任何赞许，而且很有可能会导致消费者转身离开，投入到其他产品（竞争对手）的怀抱。消费者不会同情你。他们会吐一口唾沫，毫不留恋地转身离开。

所以，我的体会是：简单就是好。简单的东西最有竞争力，同时创新的目的也是为了让我们的服务体验和产品使用越来越简单化，越来越方便消费者。要把简化作为创新的原则，把复杂的科技简单化，依靠简单创新造就有品位的产品。只有这样，才能赢得消费者的认可，进而巩固产品的市场，让公司站稳脚跟。

例如苹果产品的创新，从 iPhone4 到 iPhone4s，再到 iPhone5，我们从中可以看出，苹果公司在其最辉煌的时代一直都在延续同样的风格，并没有为了创新就“粗鲁”地做出翻天覆地的改变。这样的创新充分考虑了消费者的接受能力，不仅带给消费者新奇感，更重要的是更加人性化。我们也要参考它的成功经验。

侧重于服务和体验

一家优秀的公司在做产品设计的创新时，必须注重服务和用户体验。技术是生存的基础，服务和体验则是发展的翅膀。

还是以苹果公司为例。在服务和体验方面，苹果的最大创新就是它的在线商店业务，苹果在线商店提供有 Mac、iPod、iPhone、iPad 及各种配件的在线订购，并且提供部分地区的免费送货服务。同时，iPad、iPod touch 的在线订购还将与全球同步实现免费刻字的个性化服务，所有订单提供付费礼品包装。除此之外，苹果 Apple Store 在线应用商店供那些使用 iPod touch、iPhone、iPad 的用户方便地购买或者下载各种应用程序。消费者在使用的过程中，如同身临一个便捷超市，只需要简单的操作就能享受到贴心的服务。

在用户体验方面，苹果可以说是做得最优秀乃至无法超越的一家公司。苹果在世界各地建立自己的苹果专卖店，为各地消费者提供了一个绝佳的体验平台。可以说，这样的苹果零售店已经不单是一个苹果产品的销售渠道，还兼有沟通用户的功能。

在苹果体验店中，你能感受到的最大不同就是你可以只是随便体验一下产品。消费者能够只是为了体验新产品而在苹果店里玩游戏，听音乐，不必为了不买而感到尴尬。实际上，很多消费者就是抱着体验的目的来逛苹果店的。而很多产品和公司在这一点上做得很差。因为“用户体验”的成本太高，他们从消费者一进门的瞬间就亮出“不买就别碰”的态度，这让很多潜在消费者都带着望而生畏的感觉流失掉了。

对创业公司来说，推广用户体验虽然成本高，但潜在的收益更大。这当然需要在前期有足够充盈的资金投入，创业者应该思考一下自己的资金实力，决定是否加入用户体验式创新的竞赛。

建立创新体系，应对激烈竞争

著有《创新者的窘境》一书的克莱顿·克里斯坦森在哈佛大学的一次论坛中说：“有的优秀公司没有专门的创新系统，这并不意味着它没有科学的流程。创新体系首先需要一家纪律严明的公司，然后才能建立了不起的生产流程。但生产流程本身并不重要，重要的是怎样合理地利用流程，使得公司运作更加有效，创新更加有力！”

其实说到底，创新最需要有意识、有组织、有纪律性地开展。意识、组织和纪律性是创业公司应该拥有的优秀基因。有了这三种基因，才能摆脱竞争与创新之间的窘境，不再为了如何选择而困惑。任何机械的学习都能产生创新的力量，而不需有意识地学习什么创新法则。正如乔布斯所说的：

> “我们专注于制造与众不同的产品，但我们不会有这样的想法：让我们去参加研习班吧！让我们去学习 5 条创新法则吧！让我们想一些创意吧！让全公司都来遵守吧！为了创新而创新，就像没有个性的人非要装得有个性一般，让人看着感觉非常痛苦。”

章总结：永远不要盲目乐观

今天，一种最常见的情况是创业者都很年轻，是热情洋溢的年轻人。有许多年轻创业者几乎没有经过多少社会的磨炼。他们的能力体现在某一方面特别强，达到了天才的地步，因为总能提出一些天才的设想。但其他方面却很弱。比如，虽然他们具有很好的市场能力和公关能力，富有远见的战略规划和谨慎的商业布局，但是往往会表现出不成熟的过度自信和武断。创业不要盲目乐观，要保持最为谦卑的态度和警惕的头脑，方能跨过重重危险，走进安全区。

第一，你要放眼长远

初创企业的发展，稳健永远要比成长速度更重要。假如你每年能有30%~40%的利润，这已经是一个疯狂的数据，那么3~5年后你就能有机会把事业做得更大，而不需奢求明年就一定要怎样。要做好跑马拉松的准备，一步一个脚印，按部就班，不要存有抢短线、做投机的幻想。当前的数据并不适用于最重要的事情，比如我们对未来的预测。

第二，你要慎选行业

创业时要选择自己熟悉又专精的行业，而不是陌生的领域。在初期，我们可以小本经营或者寻找股东合作，按照创业计划逐步发展。这被许多人所不齿，但却是走向成功最安全的路线。

第三，你要精兵简政

在公司创业初期，必须精简、节约、高效、务实，确保自己能一直遵守这四个关键原则，不要追求表面的浮华，不必为太长远的设想先期投资。如果投资效果是3年内看不到的，那就不要轻易涉足，除非你有源源不断的自己可以做主的资金支持。

第四，你要管好资金

公司是由人才、产品、资金组成，其中资金是公司的生命线。如果自有资金不足，需要不断融资，就会导致创业公司的利息负担过重，降低利润，甚至无法成就你的事业。因此，一定要有"多少实力做多少事"的观念，不要轻易举债经营。

第五，你要结好同盟

在刚开始创业和公司成长的过程中，一定要讲究联盟战略，特别是要与同行业中的优秀公司联盟。通过联盟方式，我们能在自有产品之外，附带推销其他的相关产品，达到互相推动、共同发展的效果。

第十章

比等死更难的事：转型

——90% 的创业公司都死在转型期，你做好准备了吗？

公司不断的失败累积的是 CEO 和管理层成员一次次失败的经验，

而成功经验的获取只有两条路：

要么你自己成功，要么从别人那里吸取。

显然，吸取别人的成功经验对于我们来说更像是一条成功的捷径。

不过，仅仅学习他们的成功就可以了吗？

又一次讨论转型

当公司又一次准备转型时，我想到的是被誉为“连续创业者”的追盟（Dreamobi）创始人及CEO李孔明。他经历了两次转型，曾经融资上千万，但最终却无力回天。几年前，李孔明在北京三里屯的SOHO租下了一间在7层的办公室，开启了自己的创业生涯。

不久，他的追盟公司在一次创业大赛上拿到了全国第二名的成绩，得到了徐小平、曾李青、昆仑万维以及国金资本上千万元的天使投资。但不到两年，资本寒冬来了，投资方毁约，资金链断裂，他的公司只好转型。虽然在转型初期有不错的业绩，但没维持多久。又勉强经营了一年，公司仍然增长乏力，李孔明让公司停止了运营。

创业的失败总是远比成功后的赞誉来得震撼。曾在全球第二大的移动广告公司中国区做过销售总监的李孔明对于这次失败很难承受。他努力挽救公司而不得，项目停止后患上了轻度抑郁症，凌晨三四点时依然处于焦虑中无法入睡。他不断地复盘，沉溺在过去的决策失误中不能自拔。等他振作起来想再度寻求融资时，窗口已经关闭了，公司的大部分资金已经被用作预付款，其他运营资金依然没有着落。

回忆这段历史时，李孔明总结说：

> 融资失败是公司难以运营下去的直接原因，但深层次的原因在于，很多事情没有做对。比如，我们在做预付款签约媒体的时候，其实可以不用那么激进，虽然不付预付款会抢不到媒体资源，但我们可以先进行小规模测试。两三百万的预付，对创业公司来说是不够谨慎的。创业公司做错一些事也很正常，但一系列的失误则会导致最终的失败。

如果你没有赶上一个行业最初的红利期，被需求推上舞台，那么当你的公司经营到一定规模时就必然面临转型。因为你所获得的需求是有限的，你必须开发新的需求。但创业公司本身的资源有限，推动转型的能力很小，迫切需要外界的力量。所以，你很可能难以谈下新的合作，或者在谈下之后，被竞争对手以更多的资源抢走合作伙伴。因此，合理地利用资源，以及推进项目的节奏比转型更为重要。

转型就像一次试图翻盘的尝试，如同在游戏中人头比落后，外塔被推时那样，小心地运营着兵线，力求反败为胜。但有些时候，你的奋力一搏却会获得相反的效果，甚至可能加速你的失败。因为你认为的正确之举，也许是错误的，你和团队却不知道。

回归创业的本质

有位创业成功的互联网公司大佬说过一句定论：为解决一个具体且刚性的需求而存在的创业才是有价值的。这就是创业的本质。这是一家商业公司成立的价值所在。需求存在，创业才有价值，否则就没有意义。毕竟不是谁都能无中生有，从一片荒芜的市场上撬动需求，从冻土的深处挖出金子。

回归创业的本质，就看你和团队能不能找到优秀合理的解决方案。只要这个公司能活下去，那么总有一天能找到理想的方案。前提是你可以活下去，不是转型那种活法，而是不需要转型就能活下去的商业模式，你要力求实现这种成功。

我们要有“求真之心”，理解创业的目的，不要为了创业而创业。否则一旦遇到大的问题，创始人就会开始怀疑项目本身的价值，然后就会引发可怕的多米诺骨牌效应。

我们需要转型吗?

2017 年，猫眼公司的转型计划经历了从肯定到否定、从犹豫又到肯定、最后沉寂无声的过程。我总结了过去十年的经验和教训，特别是从文化、培训、广告、电子产品等多个行业的创业经历，对是否需要转型的问题进行了至今为止最理性的思考，和莉莎做了长时间的讨论。

我：“假如再次融资，公司现有的业务模式能带来更多的收益吗？”

莉莎：“能，但增长是有限的，远低于投资者从中获得的利息回报，我们可能要签对赌协议。”

我：“假如不融资，公司扩大人员规模，调整人员类型来实现规模的扩大，追求廉价多销的路线呢？”

莉莎：“可以算一笔账，这种方式可以增加12%的收入，但我们的成本相应地也增加了12%，最后的利润相差无几，精力却多耗了几倍，值得吗？”

我：“除了等死，是不是还有其他办法？”

莉莎：“我们不是在等死，是在半死不活地等待机会。”

我的三个问题，莉莎都给出了否定的答案。她的意见十分明确，与其再次转型，不如永久关闭公司，答应机构合伙人的要求，接受他们的股份，被其收购。从利益回报的层面讲，那才是一劳永逸的好买卖。不过，我们最终的决定仍然是将公司继续经营下去。我们没有采取彻底转型的方式，而是调整业务的类型，希望在安全的前提下减少经营成本，扩大未来的收益。

在决定公司是等死还是转型时，首先要判断你面临的需求到底是“刚需”还是“伪需求”。这其实也不用太复杂的辩论和说辞，只要做一个小范围的调研，冷静地分析一下，你就明白，因为用户的反馈会告诉你真实的答案。

绕不开的障碍

要看到一家公司的真实情况，他们的新闻稿永远说明不了问题，财务报表也不是真实的，你必须听一听一线员工在说什么。我知道这个道理是因为付出了惨痛的教训。2013年6月，公司向创投机构申请了一笔200万元的融资，用于未来6个月的转型。那时我们正好做了几个高收益的产品，市场反应极佳。机构负责人对我的计划很感兴趣，派了一个小组到公司做基本的评估。

在接待过程中，我和他们的主管人员谈得一直很好。对方翻阅了公司几年来的财务情况，对员工信息也做了了解，满意地保存好资料就回去了。但是三天后，我接到的却是拒绝的电话——融资申请被退回了，理由是公司真实的情况不符合他们的预期。

我非常纳闷，所有的数据都没问题，甚至高于他们的预想。问题出在什么地方呢？过了一周我才知道，是评估小组在公司时找了几名员工聊天，无意中得到了一些关于公司管理层面的信息：员工对公司的管理方式和薪酬制度有些不满。这个信息是致命的，对方觉得我目前的团队并不团结，如果转型会面临极高的风险。

由此我得出的结论是，创业者必须跨越层层障碍，以更加市场、更加积极和更加健康的方式，在恰当的时机实现转型。

员工的心理障碍

转型的第一个障碍就是员工。公司需要调整团队的结构，引入新鲜血液，裁撤不合适的员工。他们会怎么想？虽然每个人都想通过自己的努力在新的团队中谋得一席之地，证明自己的能力，但人们仍然会有疑惑：

1. 新的公司中有我的位置吗？
2. 新的公司中我能拿到多少收入？

对此，CEO 的责任是明确公司转型的人员调整思路，公开透明地向员工说明——给予员工思考和决定的时间，稳定军心。一方面，你要安抚团队的核心，另一方面，也要让基层员工早早做好心理准备，凝聚团队士气。

具体做法是：

1. 对人员的去留早做说明，别让员工长时间猜测。
2. 对薪酬制度的调整，要征求员工的建议，给予合理的承诺和满足。

市场障碍

市场就是需求，如果没有需求，转型合适吗？毫不客气地说，大多数初创企业的转型动机是上市。为了在适当的时机上市圈钱，公司总倾向于进行转型包装，在创投机构的推动下改头换面，以焕然一新的形象面向市场，希望一举上市成功。

讽刺的是，市场会对一大批动机不良的公司说不。需求达不到转型的要求，做出上市或提升经营模式的决策就是大错特错。以我的经验看，凡是以上市为第一目标的创业公司，他们的最终结果都是悲惨的——即便上市成功，也难对其抱有乐观的期待。因此，市场障碍是你在做转型决策时绕不开的，要考虑好以下这三个问题：

1. 转型后的市场份额或消费群是否能够扩大？（回答必须是肯定的。）

2. 我是为了上市、融资，还是为改善经营而转型？（如果是前者，建议你冷静。）

3. 我是迫于内部的压力，还是外部投资机构的要求而转型？（这关系到你是否愿意屈从于投资机构。）

资源障碍

缺乏足够的有力资源，转型一定无法成功，你总会冒九死一生的风险。资源包括诸多的方面：

1. 资金：最好是充足的自有资金，由你和合伙人投入的资金比例应在70%以上，其余部分可以融资或贷款。

2. 人才：应有大量能胜任转型时、转型后的管理和经营的优秀人才，其中包括重要的骨干，团队也要有足够的凝聚力应对这次转型。

3. 政策：和市场有关的政策条件要利于或能催化公司的转型。这是极为关键的因素。它能促成公司顺利成长、壮大的“趋势”，是有利于创业公司突破瓶颈的“东风”。

奇怪的是，有些CEO和幕僚在上述条件三者不具其一的背景下就敢于提出转型，推动转型，铸成了公司的失败。在我的经历中，至少有两次转型的尝试都具备了资金和政策的条件，仍然功败垂成。这说明一家公司的转型是如此之难，必须慎之又慎，谨慎决策。

模式障碍

在找到新的经营模式之前，即便前面的障碍都解决了，转型也是不合适的行为，至少是有些过激的。例如，我们要构建好公司未来新的商业模型——是线下还是线上为主，是依托互联网带动实体，还是完全虚拟化、去中间化？经营的主思路要明确，才能看到并建立一个高效的模式。假如你对未来的经营模式仍然懵懂无知，或正在探索之中，那就尽可能别“摸着石头过河”。因为这样做的风险总是巨大的，九死一生。而且我相信，绝大部分创业者都不是那个幸运儿。

前途未卜

有几个词会日日夜夜挂在创业公司 CEO 的大脑显示屏上，其中一个词就是“前途未卜”。公司顺利时，我们担心明天突起风云；公司不顺时，我们忧虑今天能否挺过去。用一句话形容——创业比等死更难，转型比找死更痛苦。

2016 年 1 月，小米组建了自己的影业公司，然后跟被同为互联网电影公司的乐视影业对垒。同年 6 月，小米影业的有关负责人还在上海电影节上表示公司重点是制作而非投资。但仅过了 5 个月，小米影业的宣发部门就撤销了，理由是这样的：

> “小米要把业务中心放在手机上，不准备做真正的电影公司，不会有自己的片子，也就没有宣发需求。”

这不是食言，而是转型的无奈。以小米公司这么强的实力，涉足一个新领域也是无比的艰辛。现在，小米影业做出了最终的调整，保持了一个 10 多人的部门，核心职能是助力于小米品牌，做投资和植入工作，不再涉及制作。与此同时，两年前还风头无两的乐视影业，已经随着众所周知的“乐视资金链断裂事件”进入了低潮。

对小米公司的这次转型，我的评价就是四个字：不伦不类。这恰恰也是创业公司最喜欢走的那条路，取得了一定成绩后，就想多领域经营，这里踩一脚，那里伸一手，似乎不玩一次转型操作，就仿佛守不住昨天打下的江山。但对陷入转型思考的公司而言，最后一根稻草，和最重的那捆稻草，并不是同一个概念。假如要靠转型（进入一个新产业）对公司的发展起到强大的推动力，这样的计划往往是不能实现的，因为本末倒置。

我走进的那些死胡同

公司的不断失败累积的是CEO和管理层成员一次次失败的经验，而成功经验的获取只有两条路：要么你自己成功，要么从别人那里吸取。显然，吸取别人的成功经验对于我们来说更像是一条成功的捷径。不过，仅仅学习他们的成功就可以了吗？当然不是，尤其对于一个刚入门的创业者来说，那些不能够完全“对路”的成功秘诀在使用的过程中更像是一种“邯郸学步”。不但没有益处，反而害人不浅。

我从多年的亲历和观察中发现，任何一个从“作坊式”的小公司开始的创业者，在学习和成长的过程中都会走下面的这些弯路：

和哥们当合伙人

不少创业者一开始的合作伙伴都找了熟人，比如找自己的好哥们。但是熟人到最后往往都变成了“仇人”。

D先生和我是一个血淋淋的教训，从朋友到敌人，我们用了4年。原因就是一起做公司并逐渐产生了利益分歧，引发了一系列事件。在创业之初，每个人都喜欢跟自己的熟人一起干事业，因为双方脾气秉性相投，利于相互协作。这是可以理解的。但当公司发展到一定阶段的时候，相互之间的利益矛盾便严重对立起来，甚至会弄到反目成仇的地步。

为什么会出现这种情况？因为我们极容易把感情和钱混淆到一起，股权明晰但财权不清，义务明确但责任模糊，整个公司可能都是一本说不清、道不明的糊涂账。更重要的是，由于是哥们，在需要断臂时你往往优柔寡断，迟迟不愿做出那个决定，让公司错过最关键的发展机会。

沟通的死胡同

在一定阶段内，创业者不由自主地体现出家长式的沟通风格，导致了和员工的沟通不畅。

我们都知道家族式创业是最常见的一种方式。家长式的管理作风也是企业中比较常见的问题。其实这一问题不仅发生在东亚国家，欧美的许多初创公司也存在类似现象。公司领导者以一家之长自居，凡事要面子，一切以自我为中心，一人掌握整个公司的话语权，任何事情都靠自己的权威定论——因为创业是在实现他的梦想，他对此有非常迫切的愿望。结果就是，公司内部的沟通不畅，员工的意见得不到重视，下属怨声载道，严重影响公司的正常运营与发展。

用人时的血亲关系

裙带关系融入用人制度，这是很可怕的弊端。一个初创企业成立时，由于招人难，创业者喜欢让自己的亲朋好友来帮忙，填充位置。时间久了，这就给公司埋下了破坏力极强的定时炸弹。

裙带关系严重的公司，管理者用人唯亲疏论，而不是唯能力论。这种问题出现的根源在于缺乏信任机制。大家互不信任，公司也没有科学的运行机制使团队成员（尤其创业者对下属）产生足够的信任感。结果你只能借助原始的血缘关系来维系公司的团结。在刚开始时，以血亲为主的裙带关系或许能为公司带来强大的执行力。但这并不持久，公司的人才体系早晚瓦解，团队质量也会急剧下降，使公司最终变成一个没有活力、没有公平的用人制度的“活死人组织”。

不合理的商业模式

做生意就是寻找合适的商业模式。或者说，你要明白自己依靠什么方式挣钱。比如苹果，它是卖手机以及后续服务的，也是开发系统软件的；再比如华为、阿里巴巴等，它们都有自己的商业模式。如果创业之初，商业模式选择不合理，成功就将无从谈起。

创业者最容易犯的错误是两个：

1. 在力量弱小时选择了强大公司的商业模式。
2. 在需要进行模式升级时，思维僵化，仍然抱着过去的作坊式经营不放。

理性的创业者应该能时刻认清自己所处的位置，根据公司发展的状况选择正确的商业模式，脚踏实地，不好高骛远，同时也要与时俱进，跟得上市场的变化和公司自身的需求，做出对应的决策。

最后，你一定要成为伟大的学习者

公司的成长总是处在一条拆掉了所有指示牌，也没有路灯的道路上，你无经验可以借鉴，无前人为你指路。没有人能快速地通过某些捷径来成为一名伟大的成功者，创业公司更是如此。

但创业的游戏规则就是要不断地学习，特别是在失败中学习，在挫折中汲取教训，改善和提升自己。德国哲学家歌德说："人不光是靠他生来就拥有一切，而是靠他从学习中所得到的一切来造就自己。"一个人的成功靠的是 1% 的天分和 99% 的汗水。我们只有不断学习，才能进步，才能不犯别人犯过的错误；一家公司只有不断学习，才能在万千竞争对手中脱颖而出。

学习别人会使我们少走很多弯路。这些创业中的错误值得每一个创业者反复深思，如此才能避免让同样的错误出现在自己身上。创业者在走向成功的道路上必定会遇到很多难以解决的麻烦。不是每个人生来就天赋异禀，任何伟人的成功之路都是坎坷和不断地克服坎坷铺就的。

不转型一定会死吗？

"我的公司要转型了！"有一次，章辉兴奋地打电话告诉我。我苦笑一声，因为上周四张志远说了一模一样的话，甚至一字不差。经过这么些年的起起伏伏，我不是讨厌"转型"二字，而是早已经神经麻木。我更想做出一个选择然后与公司共同勇敢地坚持下去，只要这个选择是正确的。

因为在我看来，如果不转型就是死，那么转型也可能逃不过死掉的结局。

我们每个人都有缺乏继续尝试的耐心和勇气的时候。像章辉，他曾经关闭公司，躲到乡下过了 7 个月的消失时光。那是在他无可选择之时，只能逃避现实，完成心境的重建。特别是当打击接二连三地到来，公司管理层就会情不自禁地怀疑自己的能力，甚至抱怨当下的境遇。

但是仔细想一想，那些成功了的人，他们无非是比失败者多坚持了一次，再次尝试了一下。在成功和失败之间，有时候比的就是耐力。假如你无法实现转型，也不代表公司就一定穷途末路。相反，转型也可能增加死掉的概率。

美国著名的《黑人文摘》于1943年刚开始创刊的时候，前景并不被业内看好。杂志创办人约翰逊当时为了扩大发行量，决定撰写一系列“假如我是黑人”的文章，并请一百个人把自己摆在黑人的地位上，换一个角度来思考黑人的处境问题。可是这个想法要实践起来确实很有困难。他想，如果能够邀请到罗斯福总统的夫人埃利诺来写这样一篇文章的话，一定是很有号召力的。既能够推动杂志的发行量，还能够解决黑人的问题。

于是，他给总统夫人写了一封言辞非常恳切的信。结果可想而知，罗斯福夫人回信说她太忙，没有时间写。但是约翰逊并没有放弃，他又写了一封信，结果同第一次一样被婉拒了。在以后的日子里，约翰逊每隔半个月就会给总统夫人写一封言辞更加恳切的信。

终于有一天，罗斯福夫人到芝加哥市来办公事。约翰逊得知她会在该市逗留两天，立即给她发了一份电报，态度谦卑地请她在芝加哥期间抽空给《黑人文摘》写篇文章。这一次罗斯福夫人没有拒绝，她给《黑人文摘》寄出了那封被期待已久的信。消息传出后，全国上下都知道了《黑人文摘》。仅仅一个月的时间，《黑人文摘》的销售量就从2万份激增到15万份。

我举这个故事意在说明，有时不是你的模式不够好，而是你的运气不佳，或者你当前的思路有问题。你只需稍微坚持一下，或采取某些更为灵活的经营策略，情况就会大不相同。假如约翰逊在一次次的婉拒中放弃了，估计《黑人文摘》早就从杂志市场上消失了。但是他能坚持下来，并且获得了成功。他并没有质疑杂志的经营思路，而是从不利的环境中找办法，用较低的成本获得一个成功的机会。

不仅仅是创业，在生活中，我们也经常因为没有机会的光临而气急败坏——机会都去哪里了？为什么别人的运气那么好而我的运气如此糟糕？其实，我们更多的时候不是缺乏机会和运气，而是缺乏不断尝试的勇气和坚持下去等待冬天过去的信心。

也许其他人和你一样，都经历了100次跌倒，但是别人尝试了

101次，而你永远的在100次定格了。所以，他成功了，你却成了彻头彻尾的失败者。

记住我的建议，当你感到心灰意冷的时候，别忘记对自己说一句：我要再试一次。千万不要对现在辛苦积累的东西轻易放弃，因为你不知道什么奇迹将会在下一秒发生。

永远都是开始，永远不会结束

创业是一种情怀。

创业是一种普通人早已缺失的精神，简单干脆，从不拖泥带水，永远都在不知疲惫地奔跑，永远都在无所畏惧地战斗。

创业是一种纯粹的血性，是乐观和无畏的结合体。在创业者的世界里，似乎永远都不会出现疲累，也永远不会让好奇止步。

人的独立与空间

我认识的一位秦女士是时尚美女。她长期在互联网圈混，做过编辑，从事过市场和营销工作，爱好广泛，但她开始创业了。她的项目是什么？不是在高大上的一线城市写字楼租个办公室搞IT，也不是玩影视和市场，而是回到农村承包了几个村子的枣树，当起了人们眼中的“村姑”。

她做的是“原生态枣树”的生意。2014年的年中，她的事业开始筹备，当年12月份正式决定创业，做农产品相关的O2O项目。她先后于京东发起众筹以及股权众筹，共计融资100万元左右，如今已发展壮大，除了卖枣，还开始卖枣树，没错，就是“卖树”的买卖。在互联网创业大行其道的今天，她可能是国内第一个把树作为新型创业公司主营项目的人。

一位爱漂亮、重感情的姑娘宁肯住到村里，在农村创业，策划营销自己的枣和树，因为她有自己的情怀。她想要对人们说明的是：

单身女性、单亲妈妈、非职场女性们，她们这群人也可以依靠自己的努力而独立生存。这个世界上的每一类女性都能拥有自己的品牌。

齐先生在哈佛大学毕业后没有像他的同学一样留在美国，而是返回北京，开启自己的创业之旅。他对人生有自己的情怀。他想要说明，从北京到美国，再从美国到北京，哪怕居无定所，没有稳定的工作，他也能营造出自由和幸福。

他做的是咖啡生意，而不是人们到处在讨论的各种高端的商业模型和科技产品。在谈到自己的创业时，他说：

用一杯咖啡的价格，换自己一个更加自由、开阔的生活空间，你换不换呢？

创业的最终目的是什么？除了赚钱，我们的内心还需要有一些更恒久的东西。如果找不到深层的意义，创业这件事就不可能帮我们实现人生的满足。

看，60 岁还要创业的人

王祖光（Peter Wang）是被评为美国 50 名华裔杰出成功企业家之一的商界风云人物，UT 斯达康（UTStarcom）曾经在他的领导下成功上市。通信市场的变化向来是风起云涌的，巨头诺基亚也逃避不了衰败的结局。后来，UT 斯达康不复往日的辉煌，包括王祖光在内的一批创始元老也逐渐退出了管理岗位，开始了各自新的生活。

2013 年，王祖光看到新能源车市场的广阔前景，决定重新创业。这时他已经 60 岁了，对于创业仍有满腔的激情。萌生这个想法不久，机会就自己找上了门。第二年，王祖光在法国发现了一款在轻量化、载重量和经济效用方面拥有巨大优势的“电动物流车”。没过多久，这款车的制造商 SITL-Brandt Motors 公司遇到了严重的问题，面临破产重组，他当即决定买下这家公司。

但是收购这家公司需要 800 万欧元，并且卖方要求第二天内收购款就要到位。此前，王祖光已经在李开复、徐小平、杨向阳、蔡文胜等 10 名中国天使会成员的共同投资下，成立了恒源电动汽车集团。为了筹集足够的资金，他立即给杨向阳等人打了电话，在一夜之内凑齐了卖方所要的收购款。

在公司成立的产品发布会上，有一位恒源电动汽车的投资人说，当王祖光找到他说要再次创业时，他惊讶极了，心情复杂，同时十分感慨。因为这个人已经60岁了还要创业，无论如何也要支持。当被问及如果又一次失败了怎么办时，王祖光的回答是：

> “失败对创业者就像伤风、吃饭一样，成功是偶然的，失败是必然的。目前来说，我们是在做值得做的事情，并不考虑得失。如果失败了，那哥就再来一次。”

如果失败了，那就再来一次。这便是创业者的情怀，是成功者必须具备的素质和心理准备。假如你没有这种豁达的心态，最好不要创业。

永远都是开始

同牛科技董事长朱晟卿说：“创业永远在路上。”是的，创业是一种精神，需要不断地传承和发扬下去。因为成功不是最后的结果，创业者始终停不下脚步。资本虽有寒冬，创业却无寒潮。

对任何一种市场来说，第一批吃螃蟹的人，自然是最大的获利者，但不代表后来者就没有自己的立足之地。同时你也要记住一个道理：创业可以发财致富，但绝不能一夜暴富。

这是写在本书最后的话。今天的创业大军早已经红海泛滥，被发现的“新大陆”也早已被开垦得只剩下残羹剩饭，但我仍然坚持这是属于创业者最好的时代。在移动互联网的巨轮之下，一切都百废待兴，处处都是待开发的领地。而对于个性鲜明的创业者，一切才刚刚开始，并且永远都是开始。

章总结：转型，是对创业公司最大的考验

转型是许多创业公司避免不了的问题，也是创业者所能经历的最大的考验。如果说转型不算太难，那也是因为你的公司有足够的底气——充裕的资金、时间和人才等耐折腾的本钱。可是大部分创业公司并不具备这些条件，经常是在“不转型就死”的绝境中做出A或B的单项选择。

公司转型的成功与否，意味着我们的事业能否继续下去。一家初创企业因为种种问题即将死亡，创业者却想让它活下去，希望自己的商业梦想走得更远。这种情况下的转型，就必须考虑诸多因素，争取最高的成功率。

是否经过了理性思考？

转型应该理性思考，沉着应对。公司到了生死存亡之时，特别是新创业者容易出现错判，慌乱中四处尝试，盲目转型，为了改变而改变。这样只会加速公司的死亡。就像已经是一具衰弱之体却还激烈活动，只会消耗自己更多的精力。

转型不亚于二次创业，与第一次创业相比的优势不过是现成积累的经验、资源及人才，但凶险却有过之而无不及。所以，转型时我们要解决的首要问题是，是否经过了系统的分析和慎重的思考——我究竟是否需要转型？

在产业链公司处于什么位置？

位置决定你所要面对的问题和环境，也就是先选择定位。公司当下在产业链中处于哪一环，想向哪个方向转变、提升？看清位置，就选择了你的身份，也决定了你的竞争对手，看到了市场的大小，同时明确了策略。

因此，转型时首先思考自己所在产业链的位置要不要动，能不能动，资源是什么，需要多少人，如何改革体制。这些都是极专业化的东西，你需要一个专业的团队和一批大无畏的优秀人才。如果有的人创业很久了也不知道自己是位于什么位置，是产业链条的哪个环节，却一根筋地谈转型，定思路，那么，他的发展方向一定不清晰，而且结果一定是令人失望的。

你的客户是谁？

很多时候，转型是由客户决定的。客户对我们的定位代表着“公司的市场是什么”，看到了客户，市场就自然确定了。接下来，需要考虑做什么客户，对客户的类型要有调整，对客户的需求也要重新研究。因为不同的市场，是由不同的客户主导的。

未来的市场怎么打开？

转型以后，如何打开市场？这属于运营技术层面的问题，有产品、营销、管理、公关等因素，取决于创业者本人和公司团队的能力，我无法提供太多的建议。大多数创业者面临转型时，头脑往往直接从中维和低纬切入进行思考，看不到全局。要学会高维思考，跳出当下的市场，站到更高的宏观层面，不仅要看到过去、现在，还要看到未来 10 年、20 年，才能看得更清楚。

我的忠告：

1. **转型的时机不由你决定。**要看市场的反应，听用户的声音，因为用户会用他们的行动对你说话。

2. **如何转型取决于你对行业的了解。**你对行业了解多少，决定了你转型的方式。但是没有办法，我们往往只有一次选择机会。你要根据自己对所在行业的了解，进行这“危险的一跳”。

3. **一旦决定便快速行动。**确定了就快速地做出改变，大胆地转型。最怕一边革新一边怀念过去，进退两难，优柔寡断。有时你的转型思路是对的，但慢了那么一两步也会一败涂地。

4. **转型并不意味着抛弃过去的一切。**要成为一名融合过去与未来的创业者，即便最彻底转型，以前的人、物、资源也都是有用的，特别是好的经验要承接过来，才能使公司越来越强大。

后记

我从10年创业史得出的最宝贵的结论只有一句话：专注才是创业公司唯一的出路。创业不仅是发家致富的冒险之旅，更是一种生活方式。作为创业公司的CEO，你觉得最大的误会不是自己能赚多少钱，而是人们总以为这个头衔就意味着坐在老板桌后面泡杯咖啡，动动鼠标，打个电话，风光无限。

关于创业，CEO们有很多话要说，也许满肚子都是浸满苦水的经验之谈。从办公选址到融资，从招聘到管理，从营销到售后，从成本到回款，每个环节都让你操碎了心。创业公司就好像平地起高楼，处处都要从零开始。CEO累得像条狗，客户和员工却总不满足。重要的是，投资人随时有撤资的危险。

只有你自己知道——在创业过程中自己过得有多么苦，员工的工资从来不能拖欠，自己却不拿一分钱，或者只能拿一份仅能满足基本生活开销的月薪。你每天跟天斗，跟地斗，跟员工和客户斗，还要跟合伙人和投资人扯皮。白天的时候，你是心灵大师，在会议室给员工画满了苹果；到了晚上，你就成了愁眉苦脸的大叔大婶，原地转几百个圈，为了过几天就要发放却还没有着落的工资而欲哭无泪，绞尽脑汁地思考在谁那里还能想到办法。

作为一个创业公司的CEO，本书只能以有限的篇幅讲出创业的种种不为人知的辛酸和不可预知的一面；本书对创业者来说并不是足以求经问道的商业教材，但它一定是绝佳的参照物：你能从中看到教训，发现一些不必走弯路的捷径，或者在某些相似的事件上恍然大悟，抑或会心一笑。创业当然不是笑话，但我们有时活得却像笑话一样。

可是我们知道，自己必须是整个公司坚持到最后的那一个人。创业公司的CEO和他的事业永远都是孤独地走在路上。

附录

创业公司 CEO 的 60 条经营铁律

1. 创业前要想好。你在创业之前请一定要想好各方面的事情，这是创业的首要前提。在没有想清楚之前，就敢一头扎到创业大军中的人，纯属找虐。

2. 锻炼几年再创业。对于个人而言，最好在正规公司踏踏实实地锻炼上三到五年，再正式加入创业行列。这样一来，在资源储备、沟通能力、协调技巧以及看待问题的思维和角度方面都会有一个积累，在项目运作细节上能够做得比较到位，更有利于创业的成功。

3. 钱能省就省。在创业的时候千万别装土豪，钱能省的时候一定要省。要知道创业就是一个无底洞，没有人可以用钱把这个洞填满，否则早晚有一天会遭雷劈的。

4. 时间就是生命。无论我们是做产品，还是做服务，要快，坚决不要磨叽。这应该是所有创业团队都信奉的一个理念。

5. 快速创业成功的关键是眼光要好。除了知识、人脉、营销能力以外，快速成功有一个前提，是大部分人没有发现的，这个关键就叫作“眼光好”。你比别人更快地看到赚钱的商机，就拥有了快速成功的前提。

6. 不是所有的行业都是一样赚钱。比尔・盖茨首先有一个概念：不是所有行业赚的钱是一样多的。创业者不要觉得自己有能力，做哪一行都可以。如果抱着这个心态创业，很可能血本无归。

7. 一定要先对你所从事的行业有所评估。当决定做一份事业时，我们要研究它是否适合自己，并对其做深入的调查。比如孙正义，他在 24 岁创业之前，

研究了 40 种行业，从中找出那种最能让他赚钱的行业。

8. 掌握“势”比掌握“资讯”更重要。对创业者来说，在信息时代掌握信息和掌握资讯重要不重要？事实上这个不太重要，只有掌握未来的趋势才是更重要的。

9. 成功的速度取决于我们是否拥有最好的工具。我们在市场上技术比较好，经验比较丰富，不一定就赚的钱比较多。只有当我们拥有了最好的工具的时候，我们的成功速度才是最快的。

10. 找最好的“产品马”来经营是 CEO 的责任。在一个公司当中，一个优秀的 CEO 要负责找到最好的产品来销售。这就是所谓的“产品马”。或是找到一个最有能力的人才来帮他工作，这是找到“人才马”。

11. 不要拍着脑袋做决定。创业中必然会遇到各种选择和决定，有些选择和决定将会影响整个创业进程，甚至会直接导致预料不到的后果。所以在做出这些具有转折意义的决定时，创业者，尤其是具有最终决策权的公司创始人，一定要三思而后行。

12. 用户是最好的老师。无论创业者有多少个理由，认为自己的创业想法有多么棒，多么出色，多么了不起，多么不可思议，如果用户不接受，不认同，一切都是白搭。

13. 做好最坏的打算。最坏的事情是什么？无非就是创业失败。而且创业失败的概率还是很高的。因此作为一名合格的创业者，一定要做好万一创业失败了该怎么办的打算，包括但不限于以下几点：需要面临哪些问题，需要承担什么样的后果，需要处理哪些事情，关于未来的规划，等等，都要先期做好应对的准备。

14. 任何项目都有导入期。在实现盈利之前，所需投入往往要远大于最初预想，创业者必须有足够的资金来确保能够顺利度过这一阶段。如果不能有效地做到这一点，前期无论投入多少，都将有去无回，石沉大海。

15. 成功的商业模式是你自己的，不是别人的。成功的创业往往是建立在对自己的原有资源整合基础上的。资源基础不同，商业模式理应不同。不顾自身条件，盲目跟风，复制别人的成功模式，即使做了适当的改良，自己也难以获得成功，最起码在方法论上就已经失败了一半。

16. 过犹不及的原理。这项铁律对质量问题同样适用，你切忌认为质量越高越好。质量超过了市场所能接受的程度，就是质量过剩，容易导致成本奇高和产品滞销，项目遭遇滑铁卢基本就没有什么悬念了。

17. 风险和利益共担。经营公司的一个重要原则，就是风险和收益均应该由利益相关方分担，将风险最大程度地放在自己或者别人身上，抑或收益尽量由自己或者别人分享，都是违背商业规律的行为，注定要受到惩罚。从长远来看，这个结果几乎没有什么例外。

18. 别妄想贯通产业链。公司发展到了一定的规模，贯通产业链是非常必要的。这在很大程度上有助于竞争力的提升。但对于创业者和中小企业而言，无疑又是一个巨大陷阱，极易造成人财物等宝贵资源的分散，甚至有可能会影响到项目运作的效率和竞争力的提升。

19. 老客户是公司成长的基础。公司没有老客户，口碑不太好，也并不意味着项目坚持不下去，但经营状况肯定不会理想，发展速度自然要慢得多。

20. 选址的技巧。在进行店面选址的时候，除了要关注位置和地段等重要因素之外，还须重点考虑其有效的营业时间。后者往往最关键。由于人们思考问题往往是按照常理展开的，所以经常会忽略一些非常关键的细节。

21. 别做过渡性产品。很多商品和服务看上去很有潜力，但实际上属于特定时期的暂时性过渡型产品。一旦过渡期完成，无论市场潜力挖掘到了什么程度，也不管之前多么火暴，整个行业都会迅速走向衰落，投资者的巨大投入亦将永远无法收回。

22. 多和讨厌的人打交道。擅长与自己不喜欢甚至是极为讨厌的人打交道，是合格的创业者所应具备的一项基本素质。情感和好恶服从于理性，服从于利益，是商业本质内在的要求。

23. 一边亲力亲为，一边培养团队。在创业初期，很多事情确实需要创始人的亲历亲为，但同时也应该刻意培养自己的团队来分担各种事务。随着事业的不断发展，创始人应当逐渐从重要性不是太大的琐事中解放出来，将精力集中在更为重要的事情上。

24. 不要成为“经验主义者”。现实中人们往往都是经验主义者，而很多创业者更是容易沉湎于自己的成功经验，将原有的成功模式扩大化，认为这个就是真理。但任何经验都是有适用范围的，随着时间的改变，以往的成功经验可能失去了效力。倘若继续沿用，势必会带来祸端。

25. 不要轻易调整定位。项目的定位一旦确定之后，就不能轻易地改来改去，胡乱调整，特别是向截然不同的方向变动。那样不但会使受众觉得定位模糊不清，而且还会引起原来定位消费群体的误解和反感，造成公司资源投入的巨大浪费。

26. 不要回避沉重的话题。心态真正成熟的创业者，他们不会回避沉重的话题。沉重的话题之所以沉重，就是因为它们非常棘手，难以解决，又非常重要，往往也是影响公司生存发展的关键性课题。优秀的创业者，面对这些问题时，会选择寻求解决方案，而非实施鸵鸟战略。

27. 训练员工。一个合格的CEO，同时也应该是一个优秀的教练。他不会轻易否定员工，而是正视员工的不足，可以根据具体情况，给他们以针对性很强的训练和辅导，从而使员工的能力和业绩成长能够适应公司的发展需要，并与公司的成长同步。

28. 不要轻易多元化。多元化经营是迅速做大做强的一个捷径。我们虽然不能说多元化策略一无是处，但对于创业者而言，却不是一件好事，因为这非常容易导致资金、资源、精力分散。

29. 建立数据观念。创业者从一开始，就要树立比较严格的数据观念，应当将自己的各项收入、支出、业绩等各种数据建立相应的档案。这些数据的积累，可以为以后的相关分析和决策提供依据，从而使项目的发展建立在更为科学与理性的基础之上。

30. 不要先入为主。很多创业者，表面上是非常谦逊地向别人请教和探讨问题，而实际早就有了先入为主的判断。他们只是希望通过别人来论证自己想法的合理性。这是非常有害的一种倾向。

31. 主打一个卖点，有所不为。创业者应该抓准一个产品功能点把它做透，有所不为才能有所为。如果你什么都做，反而什么都做不好。

32. 如何拿到投资。你做的事情，方向与趋势是不是未来可发展的？能力和资源的相互匹配很关键。你要回答这个问题，你怎样才能拿到天使的钱。或者根据现有的资源，你自己一步一步地做起来，这样人家就会找到你。在制订计划、筹备资金的时候，一些最基本的资金、资源需要你自己能够首先配置到位。

33. 要有学习的能力。一个优秀的创业者，必须具备非常良好的学习能力和学习方法。学习当然也不仅仅是每天看看书，听听课，听到老师给你推荐什么书，每一本书都买来看。这也是没用的，必须深入实践地学习，从实战中学习经验。

34. 具备快速执行的能力。在北京很多人会犯一个错误，就是天天开会，天天学习。你会发现你今天要做这个事，明天人家提出另外一个建议，说可以做得更好，你又开始在想别人的建议的可行性。最后一两个月过去，什么事情都没怎么做，什么都没有进展。在南方的创业者，相对就比较务实。因为他们没有那么多的机会去参加会议，所以他们想到什么就做什么，会在做的过程不断地调整。

35. 具备组织优秀团队的能力。CEO 要有出色的组织能力，靠个人英雄主义很难成功。组织能力就是补充你的不足，因为人不是万能的。有的公司可能产品挺好，但是运营差，你就要想办法找到好的运营来弥补团队弱点。

36. 把复杂的问题简单化。今天的创业离不开互联网，也离不开因互联网而生的思维变革。不论你从事什么行业，很多东西都可以简单化，比如管理、运营等。

37. 利用互联网找人。方向对了，我们也有钱，人才怎么找？以前我们找人才的方式，就是上人才网站、招聘网等，现在既然有了互联网，为什么不充分地利用它？通过互联网，你完全可以在每个领域里找到最好的人才，也就是说你自己要知道要找什么样的人。当然你要花精力，不是随便就跟人家搭讪；“到我公司吧。”那很难吸引人才。你必须跟他耐心地磨。

38. 一定要富有激情。我们想做一件事，一定是充满激情的。但是在做的过程中，你会发现有挑战、有困难，包括合作不愉快等无数的问题。这就是创业中的困难，都可以跨过去，但唯一跨不过去的可能是“你不再充满激情了”。

39. 真正的决心。想要创业成功，必然是要有充足的决心——相信本人必然可以胜利的决心。许多人确实有决心，可是碰到一两次挫折，决心就变成了灰心。这种决心空有其名，实属外强中干。不能只相信本人必须胜利，也要有面临失利的决心，有经得起波折的决心，并在困境之中仍能保持斗志。

40. 不要好勇斗狠。创业需要热情，可是不需要好勇斗狠，不需要你像一个疯子一样，更不需要你像一个热血少年一样。创业者要让热情使自己的创业变得丰富多彩，而不是把创业搞成一条直线。千万不要横冲直撞，这么做的后果只会让你受伤。

41. 有些成功跟你无关。别人能够做好的那些事情，到你的手上未必就能做好。换句话说，如果现在把阿里巴巴交给你，市值接近千亿的公司，到你的手上也许一个月就会把它玩到破产。因此，有些成功跟你无关，不要盲目地效仿别人，还是先做好自己吧。

42. 先想到失败。首先能想到失败后会怎样，最后做成事的机会反而更大。从未思考过失败的创业者，基本上，前面没多远就有失败的粪坑在等待他了。

43. 创业是系统工程。如果你把创业看成一个灵感工程，那么恭喜你，你可以光荣地去死了。而如果你把创业看成一个系统工程，它不是以发财为导向，而是以自己的生命和青春“去完成一个事情”为导向，那么成为这样的创业者就有点意思了。

44. 和合伙人建立契约关系。在利益面前，友情毫无分量。每个人都有可能成为畜生，只是时间没到、利益没到、情绪没到而已。所以，为了不让自己因为创业而沦落为畜生，那就在合伙之前与合伙人就各种规则达成共识，形成协议。

45. 信誉是决定性的。作为年轻的创业者，肯定会面临如何赢得客户，甚至未来员工信任的问题，以及如何让他们相信你有创业的决心和兑现承诺的能力。因此，树立信誉对创业成功与否将起到决定性的作用。

46. 科技的力量。如果你手中没有大量的资金，又想自己创业并使业务能够成功运营下去，你可以利用科技的力量解决资金短缺的问题，目前来看这是最佳的方案。如果你的创意足够出色，还很有可能会引起其他投资人的兴趣。如果他们看好你的创意，会愿意为你提供足够的资金，并且帮助你实现盈利。

47. 建立自己的智囊团。CEO 要有一群谋士。这个智囊团不必很正式，成员之间也不必相互认识。在碰到关键性问题时，你可以咨询他们，向他们寻求解决问题的方案和建议。

48. 社交网络至关重要。在创业的过程中，社交媒体网络可能是你寻找合适人选和团队的最好途径。通过社交媒体网络的帮助，你可以招聘到最好的帮手，获得公司发展所需的投资和建议，吸引优秀的顾问人员加入团队，并且无需花费太多的成本，你就可以接触到很多目标客户。

49. 树立声望。创业者声望的提高需要“口口相传”的帮助。首先创业者要确定自己希望因为哪项才能或事件而被人尊敬，然后想办法让别人了解，并快速开始为自己在公司和行业内树立声望。

50. 有条理地做事。做事没有条理的人很难成为优秀的管理者。组织能力和目标设定对 CEO 来说是最大的挑战之一。创业者必须有能力为自己的目标制订短期和长期计划，以长期计划为指导，灵活地执行短期计划，并在条件允许的情况下进行适当合理的调整。

51. 不要依赖你的客户。如果创业的时候，对客户的依赖性太大，那么一定得选择好客户。创业者一定要想办法，与客户建立利益共存体，让客户对你形成依赖！

52. 不要因小而不为。做生意从小做起，做项目要从细节做起，不要因小而不为。从先挣几元钱开始，不忽视任何一个小项目、小单子，只要能赚钱就行。目标先定得低一点儿，才能增加成功的胜算，提升团队的信心。

53. 不要追求十全十美。准备到有 7 成的把握时，就要开始去做了，因为十全十美的准备是不可能的。

54. 减法思维。先设定好最终目标，再通过减法确定过渡目标，然后再开始迈步。普通人制订计划通常是："首先做什么，其次做什么。"但创业者的思考方式应该是反常规的："我要实现某项目标，在目标的前一阶段要做到什么？而要做到这一点，又要在它的前一阶段做到什么？"

55. 提供自己认可的产品。我们永远自己骗不了自己，最难说服的对象就是自己。如果一个产品你自己都不认可，就不要提供给客户。否则一味地追求己方利益，缺乏令对方信服的理由，只会让自己心虚，使对方戒备。

56. 快速做出决定，否则放弃。有些东西是"无法决定"的，这些因素要么是当时未掌握立刻决策所需要的资料，要么是尚在洽谈中，还有继续洽谈的必要。对此类事情不要快速决策，应暂时搁置。CEO 每天需要自己做出决策的事情数不胜数，如果思考良久依然无法得出结论，还是不要给出结论的好，应该关注那些立刻可以决定的事项。

57. 未来是不确定的，唯一确定的是行动。比方说，我们无法预测产品推出后竞争对手的反应、成本的变动等。但只需要按照自己的预定计划去做，就算做得不好，任何一件自己做过的事，也会为将来的你和公司积累经验。

58. 公布目标并努力实现。把目标公布出来的风险虽然更高，却值得一做。其他公司也可能默不作声地闷头苦干，但他们的经营资源可能足够丰富。风险型的创业公司却必须从聚合资源开始，公布目标有利于聚合人力、物力、资本、信息等经营资源，反而有可能走得更远。难点在于，我们的目标定到什么程度而不至于让外界根本不会相信？这是CEO要思考的。

59. 怎样才能做到？公司在扩张阶段，总会遇到各种各样的问题。此时，CEO不能问“为什么做不到”，而是必须不断地向自己抛出积极的问题，即：“怎样才能做到？”同时，CEO也不能疏远那些会解释“为什么做不到”的员工。如果团队中没人回答这个问题，公司就会生病，导致问题越滚越大。

60. 尽量多看几步。员工可以只看当前，CEO却要多看几步。你能够想到的未来发展情况有多远，那么你的成功就有多远。创业公司的成败，完全是由创始人和CEO的眼界决定的。